RESEARCH ON
THE RELATIONSHIP BETWEEN BOARD OF
SUPERVISORS AND CORPORATE PERFORMANCE OF
LISTED COMPANIES IN CHINA

U0828232

中国上市公司监事会与公司业绩的关系研究

陈祥义◎著

经济管理出版社
ECONOMY & MANAGEMENT PUBLISHING HOUSE

图书在版编目（CIP）数据

中国上市公司监事会与公司业绩的关系研究/陈祥义著．—北京：经济管理出版社，2021.1

ISBN 978-7-5096-7698-1

Ⅰ.①中… Ⅱ.①陈… Ⅲ.①上市公司—监事会—关系—企业绩效—研究—中国 Ⅳ.①F279.246

中国版本图书馆 CIP 数据核字（2021）第 018957 号

组稿编辑：郭丽娟
责任编辑：任爱清
责任印制：黄章平
责任校对：张晓燕

出版发行：经济管理出版社
（北京市海淀区北蜂窝 8 号中雅大厦 A 座 11 层 100038）
网 址：www.E-mp.com.cn
电 话：（010）51915602
印 刷：唐山玺诚印务有限公司
经 销：新华书店
开 本：720mm×1000mm/16
印 张：16.75
字 数：292 千字
版 次：2021 年 3 月第 1 版 2021 年 3 月第 1 次印刷
书 号：ISBN 978-7-5096-7698-1
定 价：88.00 元

序　一

我们需要这种扎实的实证研究

陈祥义博士的论文《中国上市公司监事会与公司业绩的关系研究》即将由经济管理出版社付梓，邀我作序。作为他的指导教师，我自然欣然同意。

祥义博士的论文研究的是上市公司的治理问题。这是个舶来品。其实，不仅监事会如此，包括监事会所依托的股份有限公司以及上市公司等都是舶来品。于是，研究此类问题，最重要的是回答：诸如上市公司、董事会、监事会等在西方发达经济体行之有效的公司治理机制，对于中国经济、中国资本市场、中国企业是否适用？

不仅如此。众所周知，即便在实行市场经济的发达国家之间，公司治理机制也不尽相同。金融体系的差别是造成这种区别的重要原因。在英、美国家，由于其金融体系以资本市场为主导，因此，对公司而言，投资者“用脚投票”和随时可能发生的敌意收购，是其主要的压力来源。这使公司所有者对来自资本市场的动态随时保持着警惕，同时，对那些熟悉法律、熟悉市场、熟悉管理的“职业经理人”更为重视。德国则不然。基于银行为主的金融体系，银行在德国公司的治理中发挥主导作用。银行不仅为公司提供融资，而且控制着公司的监事会，凭借掌控大量内部信息的优势，它们实际上控制着上市公司。因而我们看到，在德国，监事会是公司最高管理权力的掌控者。毋庸置疑，存在上述差别，要论证监事会对中国上市公司的重要性，又增添了一层难度。

中国的监事会制度显然较多地借鉴了德国的经验。1994 年 7 月 1 日生效的《中华人民共和国公司法》以法律形式明确了监事会在公司治理中的地位。然而，监事会制度在中国上市公司治理中的有效性问题，并未随《公司法》的颁行而解决。事实上，由于中国上市公司中同时存在着英、美特色的治理机制，例如，突出董事会的作用以及独立董事的设置等，源自德国的监事会制度的有效性问题一直受到学界和企业界的质疑。

显然，要科学回答这些具有颠覆性的问题，首先需要做的而且是最重要的工作，是基于中国的实践，用缜密、扎实的数据，实证地回答：监事会与上市公司的业绩是否存在关系，如果存在，这种关系是经由何种途径发生作用的。祥义博士的论文，做的就是这件事。这无疑是有意义的。

从文献上来看，国内学术界一直对监事会在公司治理中的作用以及监事会与公司业绩的关系存有疑问。这导致了对监事会的研究存在“三多三少”的问题，即理论和规范分析较多，实证研究较少；从法律和管理角度研究较多，从经济和公司财务角度研究较少；小样本、短时间、局部分析多，大样本、长时间、系统研究少。祥义博士的著作弥补了上述的不足。

作者采用2007年1月1日至2017年12月31日沪深A股上市公司的公开数据，以25776家上市公司为观测样本，对监事会、独立董事、监管处罚等与公司业绩的关系进行了实证研究，得出了多个有意义的结论，并展现若干与众不同的特点。

特点之一，从经济的角度，采用大样本、长时间、系统性的实证分析，讨论监事会与公司业绩的关系，避免了此类研究常见的“只见树木不见森林”的问题。为了使分析落在实处并便于发现因果关系，作者从监事会成员的个体特征入手，包括监事们的性别、年龄、学历、任期、专业、来源、薪酬、股权等，配之以监事会规模、监事会主席的个体特征等，根据专家意见和重要性程度，分别赋予数值，进行汇总统计和分析验证。为了反向检验和对比研究监事会特征的有效性，论文还极有启发性地把上市公司监事会不能有效履行职责而受到监管机构的处罚次数作为反向指标，进一步对监事会与公司业绩的关系进行了对比研究。这个分析思路值得肯定。

特点之二，首次对上市公司受到监管处罚的种类和数量进行了汇总分析，进而实证探讨了它们与公司业绩的关系以及影响公司业绩的路径。研究发现，上市公司受到处罚次数与公司业绩负相关且显著，这从负面反证了公司监事会的重要性。

特点之三，体现在方法上。在监事会、独立董事、监管处罚等与公司业绩关系的分析中，首次使用分位回归的论证模型，从分位结构中刻画了两者的关系，研究了在公司业绩处于不同分位点时，各因素对公司业绩的影响，从而更加细致和全面地阐释了上述特征与公司业绩的关系。由于分位回归是一种更稳健的回归方法，因此，会进一步增加研究结论的准确度和可信度。另外，还采用多元回归分析、Logistic检验和自变量滞后一期的稳健性检验等回归分析和检验方法，保证了回归结果的稳健性和可靠性。

以上特点，使本书在中国上市公司治理机制研究领域，走上了前沿。可以说，对完善上市公司治理机制、改进监事会制度建设、处理好监事会与独立董事的关系、促进上市公司提质增效，具有积极的参考意义。

2020 年是中国资本市场而立之年。经过 30 年的发展，中国上市公司从无到有，至今已成为全球第二大市场。截至 2020 年 10 月 30 日，我国境内上市公司已达 4082 家，市值已超过 73 万亿元。中国上市公司数量迅速增加，质量稳步提高。上市公司是资本市场的基石，提高上市公司质量是推动资本市场健康发展的内在要求，是新时代加快完善社会主义市场经济体制的重要内容。在这个意义上，陈祥义博士的论文值得一读。

国家金融与发展实验室　李扬

于北京紫竹公寓

2020 年 12 月 30 日

序　二

在中国经济的大盘子中，上市公司可以说是“基本盘”和中流砥柱。上市公司的发展状况，不仅对实体经济起到举足轻重的作用，其质量也是资本市场可持续发展的基石和生命线，是促进金融和实体经济良性循环的微观基础。

因此，对上市公司治理状况的研究，也是中国经济高质量发展和资本市场持续稳定健康发展的重要课题。

监事会作为现代企业制度的重要组成部分，在公司治理架构中起着重要作用。上市公司监事会治理，既是上市公司治理机制的必不可少的一环，又是提高上市公司质量的关键所在。

但在以往公司治理研究中，专注于监事会治理的论著并不多见。本书作者陈祥义博士在资本市场浸润多年，熟悉上市公司治理状况，又在金融机构监事会履职，这部以上市公司基本数据为基础的实证研究成果，可以说是切中肯綮，恰逢其时。

目前，国内监事会治理存在以下五个问题：

(1) 监事会的职责权限不清晰。监事会对于公司高管的监督职能与独立董事有重叠；对于公司财务监督的职能与公司内部审计部门有交叉；对公司决策的监督职能与公司的内控部门有重复。职责重叠使监事会监督功能的发挥受到了一定程度的限制。

(2) 履职充分性不够，实际履职开展与法定职能存在差异。最初引入监事会的目的之一是对公司的经营管理进行监督。但实际情况是，有些上市公司监事会由于受到人员规模、专业素质、监事来源等因素限制，没有能力对公司财务、内部控制、信息披露等方面工作进行监督。

(3) 监事会的独立性受到限制，监事人选决定权与监督职责形成悖论，监事的提名、选聘机制有待进一步完善。很多上市公司的监事包括股东监事和职工监事，主要是由公司大股东提名的，监事监督作用的发挥受制于大股东和董事会，“监督者”反而受制于“被监督者”，监事的独立性受到严重影响。

(4) 监事会的工作成效有待进一步提升。在实际工作中，监事会工作成果不明显、不被重视、不被使用的现象较为普遍。市场的参与者和相关利益者对于监事会的工作也不太重视，这些现象降低了监事会的工作热情。

(5) 监事会在不同公司受到的重视程度有差异，其发挥的作用也不同。总体来看，金融类上市公司、大型国有企业以及一些集团化的大型民营企业集团对监事会工作比较重视，作用发挥较好。一些小型上市公司、刚上市的公司，虽然也按照监管要求建立了监事会，但缺乏必要的机构和人员支持，个别公司监事会形同虚设，作用没有得到发挥。

针对上述问题，本书作者采用2007~2017年沪深A股上市公司的公开数据，以25776家上市公司为观测样本，对监事会、独立董事、监管处罚等与公司业绩的关系，特别是监事会的个体特征，例如，性别、学历、年龄、任期、来源、专业、薪酬、股权等进行了系统化的实证研究，得出了多个有意义的结论，并提出了中肯的六条政策建议：

第一，监事会治理是上市公司治理机制的重要组成部分，实证结果认为，监事会对于公司业绩的影响整体上是有效的。

第二，关于完善监事会治理的建议。经本书研究，建议选聘高学历的人担任监事，多选聘股东监事和外部监事，选聘经济、会计、工程师、教授专业背景的监事，增加监事薪酬数量和持股数量，增加监事会规模人数等有利于增加公司业绩。

监事任期时间与公司业绩呈U型关系，经论证，当监事平均任期小于5.7年时，平均任期对公司业绩有负向影响；当监事平均任期大于5.7年时，对公司业绩有正向影响，因此延长监事任职时间，有利于公司业绩增加。

监事的年龄、性别与公司业绩的关系有待进一步研究。

第三，关于减少监管处罚与加强监事会监督的建议。本书通过实证研究发现，公司受到监管机构的处罚与业绩呈负相关且显著，即上市公司受到监管机构的各种处罚会导致公司业绩下降。因此，加强监事会的监督，有利于完善公司治理机制，有利于减少公司受到的监管处罚，有利于提高公司业绩，同时也验证了加强监事会监督的必要性和实际意义。

第四，关于完善独立董事治理的建议。聘任博士等高学历的独立董事，聘任金融相关（经济、会计）专业、学术背景（教授、副教授）以及工程师等专业背景的独立董事，增加独立董事的薪酬等可以提升公司业绩。

独立董事性别、独立董事的规模人数与公司业绩关系有待进一步研究。

独立董事平均年龄越大，对公司业绩越会产生不利的影响，建议独立董事年轻化。

独立董事任期与公司业绩呈 U 型相关，当公司独立董事总任期大于 13.5 年时，会增加公司业绩。建议相关法律法规延长独立董事任期。

第五，妥善处理独立董事和监事会关系的建议。通过独立董事、监事会与公司业绩关系的实证研究比较发现，独立董事和监事会都是公司治理的重要组成部分，各自从不同的维度发挥了不同的作用。独立董事与监事会的关系不是相互取代，而是彼此共存、相互促进。

上市公司和相关部门应该正确理解和认识监事会与独立董事在公司治理方面彼此共存、相互促进的协同效应，妥善处理两者的关系。

第六，本书在论证方法上有创新。首次使用分位回归的论证模型，分析了监事会、独立董事、监管处罚等与公司业绩的关系。本书论证采用了多元回归分析、分位回归分析、Logistic 检验和自变量滞后一期的稳健性检验等回归分析和检验方法，保证了回归结果的稳健性和可靠性。

上市公司作为实体经济高质量发展的重要支持力量，面临着历史性发展机遇。本书对加强上市公司治理，完善监事会制度建设，提高上市公司质量和效益，具有重要的参考价值，值得仔细读一读。

《证券日报社》社长 

2020 年 11 月 26 日

前　言

监事会治理是上市公司治理机制的重要组成部分，监事会在公司治理中的作用，特别是监事会与公司业绩的关系，一直以来在学术界和产业界都存在不同意见。监事会作用的发挥，不仅与监事会个体特征相关，具体包括监事的性别、年龄、学历、任期、专业、来源、薪酬、股权等，而且与监事会规模、监事会主席的特征密切相关。对上市公司监事会与独立董事在公司治理中的作用，以及监事会与独立董事的关系，有的专家认为监事会与独立董事的作用彼此取代，有的专家认为相互促进。对监管处罚与公司业绩的关系，定性的研究多，定量的分析少。本书采用 2007~2017 年沪深 A 股上市公司的公开数据，以 25776 家上市公司为观测样本，对监事会、独立董事、监管处罚等与公司业绩的关系进行了实证研究，得出了多个有意义的结论。本书的主要创新点如下：

首先，本书探究了中国上市公司监事会与公司业绩的关系。本书首次采用大样本数据对中国上市公司监事会与公司业绩的关系进行了实证分析，实证结果为：监事会对公司业绩的影响整体上是有效的。具体表现为：上市公司监事的薪酬、持股数量与公司业绩正相关且显著，具有博士等高学历的监事，具有财务、会计、经济、工程专业背景的监事，股东监事和外部监事等与公司业绩正相关且显著；监事会的规模与公司业绩正相关且显著；监事的平均年龄、性别与公司业绩的关系有待进一步研究；监事的任期与公司业绩呈“U”形相关。

其次，本书对于独立董事与上市公司业绩的关系进行了论证。本书首次对独立董事与上市公司业绩的关系进行了对比研究，研究结果为：独立董事的高学历、薪酬、会计专业背景、教授职称等对公司业绩有正向影响且显著；独立董事的平均年龄对公司业绩负向影响；独立董事任期与公司业绩呈“U”形关系；独立董事的性别与公司业绩的关系有待进一步研究；独立董事规模对业绩的影响不稳定。实证结果为：独立董事作为公司治理的重要组成部分，可以独立存在，单独发挥作用；在公司治理中，独立董事和监事会可以并存，相互促进。

再次，本书在论证方法上有所创新。本书在监事会、独立董事、监管处罚等与公司业绩关系的分析中，首次使用分位回归的论证模型，从分位结构中刻画了两者的关系，研究了在公司业绩处于不同分位点时，各因素对于公司业绩的影响，从而更加细致和全面地阐释了上述特征与公司业绩的关系。由于分位回归是一种更稳健的回归方法，因此会进一步增加研究结论的准确度和可信度。

最后，本书首次对中国上市公司监事会主席与公司业绩的关系进行了实证分析，对上市公司受到监管处罚的种类和数量进行了汇总分析，并首次对处罚与公司业绩的影响进行了实证分析，认为公司受到处罚次数与业绩负相关且显著。

本书论证采用了多元回归分析、分位回归分析、Logistic 检验和自变量滞后一期的稳健性检验等回归分析和检验方法，保证了回归结果的稳健性和可靠性。

本书对于完善上市公司治理机制、改进监事会制度建设、处理好监事会与独立董事的关系具有指导意义。

目　录

第一章 绪 论

第一节 研究背景与研究意义

一、研究背景

（一）我国监事会制度的起源和发展

上市公司治理作为资本市场的基石，备受政府监管层、机构与投资者关注。上市公司治理机制的核心是股东大会、董事会、监事会等组织权利与义务的规范划分。①

目前世界上的公司监督治理模式主要有两种：一种是采取独立董事制度的单层监督治理模式，主要以英国、美国为代表；另一种是采取监事会制度的双层监督治理模式，主要以德国、日本为代表。除此以外，还有的国家，法律允许公司可以自己选择决定监督治理模式。公司监督治理模式的发展与选择，取决于所在国家的法律制度、经济环境、历史发展、文化传统等多种因素。

监事会制度起源于德国，至今已有150多年的历史，德国公司采取的双层监督治理模式，将公司的决策、执行、监督三种权力分开，分别由股东会、董事会、监事会行使，形成相互制衡的制度。

① 王文兵，张春强，干胜道．新时代上市公司治理：中国情境与国际接轨——兼评《上市公司治理准则》（修订版）［J］．经济体制改革，2019（2）：114-120.

中国的监事会制度伴随着我国改革开放、企业经营管理体制改革应运而生。我国选择了二元制的公司治理模式，在公司治理机制中采用了监事会作为主要监督机构。1992 年，国家经济体制改革委员会发布《股份有限公司规范意见》，首次提出“公司可设监事会，对董事会及其成员和经理等管理人员行使监督职能”。

1993 年，《中华人民共和国公司法》（以下简称《公司法》）进一步指出，“股份公司、有限责任公司设监事会”。

1994 年 7 月 1 日生效的《公司法》以法律形式明确了监事会在公司治理中的地位。

2015 年 12 月，经中国证监会批准，中国上市公司协会发布《上市公司监事会工作指引》（以下简称《指引》），为上市公司规范运作及相关人员充分有效履职提供自律指导。《指引》共分五章七十四条，分别对适用范围、监事会设立与监事任免、监事会职权及其行使、监事会会议召开、监事的义务与法律责任、自律措施及处分等进行了规定。

（二）我国监事会制度存在的问题

我国监事会制度已经实践了 20 多年，在完善公司治理、提高经营管理水平、保护投资者利益、规范财务运作等方面都发挥了非常积极的作用。但由于各种原因，我国监事会制度在实施过程中，也存在一些不足和需要改善的地方，还有很大的提升空间，具体如下：

（1）监事会的职责权限不清晰。监事会对于公司高管的监督职能与独立董事有重叠；对公司财务监督的职能与公司内部审计部门有交叉；对公司决策的监督职能与公司的内控部门有重复。职责重叠使监事会监督功能的发挥受到了一定程度的限制。

（2）履职充分性不够，实际履职开展与法定职能存在差异。最初引入监事会的目的之一是对公司的经营管理进行监督。但实际情况是，有些上市公司监事会由于受到人员规模、专业素质、监事来源等因素限制，没有能力对公司财务、内部控制、信息披露等方面工作进行监督。

（3）监事会的独立性受到限制。监事人选决定权与监督职责形成悖论，监事的提名、选聘机制有待进一步完善。很多上市公司的监事包括股东监事和职工监事，主要是由公司大股东提名的，监事监督作用的发挥，受制于大股东和董事会，“监督者”反而受制于“被监督者”，监事的独立性受到严重影响。

（4）监事会的工作成效有待进一步提升。在实际工作中，监事会工作成果不明显、不被重视、不被使用的现象较为普遍。市场的参与者和相关利益者对于监事会的工作也不太重视，这些现象降低了监事会的工作热情。

（5）监事会在不同公司受到的重视程度有差异，其发挥的作用也不同。总体来看，金融类上市公司、大型国有企业以及一些集团化的大型民营企业，对监事会工作比较重视，作用发挥较好。一些小型上市公司、刚上市的公司，虽然也按照监管要求建立了监事会，但缺乏必要的机构和人员支持，个别公司监事会形同虚设，作用没有得到发挥。

（三）监事会治理有效性的难点问题

1. 监事的独立性问题

《公司法》规定，股份有限公司的监事会应当由股东代表和适当比例的公司职工代表组成，其中，股东代表监事由股东大会选举产生，但在实际运行过程中，董事会和经理层掌握着监事的提名权。此外，在目前资方普遍强势的实际情况下，职工监事名义上由职工大会民主选举产生，但事实上也是由公司董事会和经理层决定的。

2002 年 5 月 23 日，中国人民银行公告〔2002〕第 15 号公布《股份制商业银行监事和外部监事制度指引》（以下简称“《指引》”）。该《指引》分监事、外部监事的任职资格，规定了监事、外部监事的产生、任职和免职，监事、外部监事的权利、义务和责任，监事、外部监事的报酬和费用等。该《指引》第七条规定商业银行监事会中至少应当有 2 名外部监事，第一次提出了外部监事的概念，并对外部监事的任职资格和任职限制做了详细的规定。但除了股份制商业银行以外，其他的行业和公司对外部监事并没有强制性的规定。

2015 年 12 月，中国上市公司协会发布《上市公司监事会工作指引》第五条关于监事会的组成原则及构成中，倡导推荐事项：公司可以根据行业特点和工作需要，从社会上遴选一定比例，具有会计、法律或行业背景的专家担任外部监事或独立监事。外部监事、独立监事相关制度的建立可借鉴《股份制商业银行监事和外部监事制度指引》（2002 年中国人民银行发布）。该倡导事项是建议事项，然而多数上市公司，并没有选聘外部监事和独立监事，在中国二元制的公司治理架构中，监事来源的独立性受到限制。

2. 监事的任职资格和专业能力发挥问题

根据《公司法》的规定，我国上市公司监事会人数规模一般是 3～5 人，达到了相关要求，根据 2015 年 12 月，中国上市公司协会发布《上市公司监事会工作指引》的监事任职资格中规定，监事应具有法律或会计等相关领域专业知识和工作经验以及独立、有效履职所需的判断、监督能力。目前多数上市公司已经聘请具有法律和会计专业资格的监事任职，但还有一些上市公司尚未聘请相关专业的人员任职监事，导致监事的专业监督能力受到限制。监事专业能力较弱，兼职人员较多。

3. 监事会的相关职权落地和有效实施问题

根据2015年12月中国上市公司协会发布的《上市公司监事会工作指引》（以下简称“指引”）的规定，监事会拥有以下职权：

（1）公司经营情况和重大决策事项的知情权。监事会对公司重大决策事项和经营情况拥有知情权，但也要承担相应的保密义务。公司的重大决策事项应在事前告知监事会，并向监事会提供相关信息。

监事有权列席董事会会议并对董事会决议事项提出质询或建议。董事会会议的相关通知和材料也应同时发给监事。

监事会可要求公司董事及高级管理人员，内、外部审计人员列席监事会会议，回答所关注的问题。

上市公司应协助监事正常履行职责，任何人不得干预、阻挠，应采取措施保障监事的知情权，及时向监事提供有关文件、信息和其他资料。

（2）建议和问询权。监事会根据需要，可以向董事会、高级管理层及其成员或其他人员以书面或口头方式提出建议、进行提示、约谈、质询并要求答复。

（3）调查权。当监事会发现公司经营情况异常时，可以进行调查。

工作方式不限于非现场检查、现场检查、审阅报告、调研、问卷调查、离任审计等，必要时，可聘请第三方专业机构提供协助。

（4）提案权。监事会有权向公司股东大会提出提案。

（5）报告权。当发现公司或公司董事、高级管理人员存在违反法律、法规或公司章程的行为时，监事会可以向证券监管机构、证券交易所或其他有关部门报告。

（6）提名和提议罢免权。监事会可以向上市公司股东大会提名具有上市公司监事任职资格的监事候选人。

监事会可以提议予以罢免违反法律、法规、部门规章、规范性文件及公司章程等规定，不适合继续任职的董事或监事。

尽管《指引》规定了监事会的上述职权，但在日常工作中，上市公司监事会会议频率较低，一般都是按照法律法规的规定召开会议；监事会工作基本流于形式，讨论的事项也基本是法律规定必须通过监事会决议的事项；对上述职权的落地方案以及相关职权实施，公司董事和高管不配合，《指引》规定监事会可以向证券监管机构、证券交易所和其他有关部门报告，并没有提供有效的解决办法。

二、研究意义

监事会治理是上市公司治理机制的重要组成部分，监事会在公司治理中的作用，特别是监事会与公司业绩的关系，一直以来在学术界和产业界都存在不同意见。1994 年监事会正式引入中国后，监督效果不佳和作用发挥不明显，甚至出现了监事会的“取消说”，于是中国政府借鉴英美国家公司治理模式，于 2001 年，又把独立董事制度引入中国，加强对上市公司大股东的监督和制约。但独立董事在公司治理中的作用发挥以及监事会与独立董事的关系，是相互取代还是相互促进，也一直存在争议，本书通过实证，试着来阐述和回答上述问题。

（一）监事会“取消说”

自 20 世纪 90 年代以来，随着经济环境的不断创新发展，监事会的治理目标与功能定位也不断有新的阐释。对监事会治理的必要性存在着“取消说”与“加强说”两种不同的争论。较早的“取消说”观点是日本公司在 1998 年 5 月 26 日公布的《公司治理原则：关于新的日本型公司治理的思考（最终报告）》中提出的，“在董事会中监事超过半数时，可以取消监事会，通过设置仅由监事所构成的监察委员会来进行监督”，这种对监事会弱化直至取消的建议，旨在要将日本公司治理模式美国化。2002 年日本商法改革使这一建议成为现实。我国监事会“取消说”的部分专家学者观点如下：

吴可夫（2010）指出，对维持上市公司现有内部监督体系的改进没有触及其制度缺陷的根本，经验证据和逻辑推导均表明取消监事会是理性的选择。①

王延增、曹雅玮（2008）研究指出，尽管银行公司治理改革取得了明显成效，但效率仍十分低下。应强化董事会的战略决策功能，提高决策效率。科学定位党委的角色，为公司治理各主体发挥作用创造条件。取消监事会，把内审部门划归董事会领导，强化董事会的监督功能，提高监督效率，加强分支行

① 吴可夫．我国上市公司内部监督体系亟需重构［J］．求索，2010（2）：141-143.

治理，提高公司治理的执行效率。加强企业文化建设，提升公司治理的效率基础。①

张旭（2006）认为，在我国现行的二元制公司治理结构中，监事会远未发挥人们预期的独立监督职能。近年来世界公司治理结构正在发生变化，出现了几个重要的趋同。我们完全可以借鉴国外的先进经验，推进国内上市公司治理结构改革，逐步取消监事会，建立一元制的公司治理结构。②

饶丽佳、王飞（2005）分析了目前我国监事会存在的问题及其失效的原因，并且对监事会和独立董事制度进行了优劣势比较分析，提出取消监事会、完善独立董事制度的建议。③

（二）监事会“加强说”

相比“取消说”而言，“加强说”在当前学术界占据着主流地位。王立彦等（2002）通过案例分析方法解析“美国安然公司的监事制度”和“中国PC股份有限公司的监事会运作”各自内部监控机制的成败之后，指出中国强化监事会的功能是必要的。实践工作者李克成（2004）根据自己对中国石油监事会运作的切身体会，指出公司的法人治理离不开监事会这一重要组成部分，应该予以加强。李维安、王世权（2005）则通过回归分析监事会治理绩效对财务安全系数的影响，认为监事会作为法定的公司监督机构，在中国经济转轨和公司治理复杂性日益增强的情况下，更应该发挥其不可替代的监督作用。

监事会在监督过程中，纵然出现了一些不和谐的声音，但这并不是监事会制度本身的问题，而是在治理过程中出了问题，这说明进一步完善监事会治理机制的重要性。

李维安、郝臣（2006）对监事会治理水平与公司绩效的实证关系分析显示，监事会治理水平对公司绩效有不可替代的监督作用，在我国经济转轨的背景下，监事会仍应作为法定的公司监督机构发挥其不可替代的监督作用。但在实践中，由于存在着运行过程中股权结构不合理等问题，因此，影响了监事会监督职能的发挥。④

① 王延增，曹雅玮．提高大型商业银行公司治理效率的思考［J］．上海金融，2008（5）：30-33.

② 张旭．从公司治理结构趋同看我国上市公司治理结构的一元化［J］．生产力研究，2006（4）：215-216，265.

③ 饶丽佳，王飞．论我国上市公司监事会的发展趋势［J］．沿海企业与科技，2005（11）：57-58.

④ 李维安，郝臣．中国上市公司监事会治理评价实证研究［J］．上海财经大学学报，2006（3）：78-84.

王世权、刘金岩（2007）基于现阶段中国控制权市场的不完备性和监事制度存在的“独立性悖论”的现实，在比较分析了中国监事会制度演进过程中的历史路径依赖特征以及控制权市场、监事与监事会制度之间的互补关系后，认为是非常有必要加强监事会的治理的。他们提出建议，要求以完善监事会制度为突破口来带动中国上市公司治理结构整体优化。① 日本学者西山芳喜（1995）从法律构造的视角研究了监事会制度，也得出了相似的结论，进一步论证了监事会监督的必要性。

白广明（2017）指出，随着国企改革的深入开展，为了维护国家资产不被流失，强化监事会制度建设，赋予监事会独立自主地行使监督权迫在眉睫。通过对国有企业监事会发展历程进行梳理，虽然取得了一些成就，但面对复杂的经济环境，国有企业监事会制度还有许多方面需要改进。②

时明涛（2016）指出，公司治理的核心问题在于监督机构的设立与有效运行，在我国当前的公司治理结构之中监事会未能发挥出应有的作用，主要表现在监事会未能有效地制衡董事会的权力膨胀，监事会的积极履职缺乏明确的保障，监事会的成员没有与其履职相对应的知识及能力。对此，应着重加强监事会的职权，包括加强监事会的独立性、强化监事会的监督手段、增加监事会的职权范围、规定监事失职的赔偿责任等。③

郭云川（2014）指出，在国有企业中，监事会具有保证国有资产安全，完善企业经营管理模式的目标。只有重视监事会作用，完善财务监督机制，在工作中以财务监督为核心，将财务检查与年报审计相结合，优化监事会监督工作方法，增强监督有效性与权威性，国有企业才能实现可持续发展，保证国有资产增值。④

张右蒙（2014）指出，虽然监事会制度在立法和学理上发挥的作用不明显，但在市场经济发展中却起了非常重要的作用。在制度设计和转轨时期，公司参与者与控制者的意识形态落后等因素导致监事出现了虚化的现象，但这与我国提出的以资源分配市场主导，全面推行经济制度改革和社会主义市场经济

① 王世权，刘金岩．控制权市场、独立董事制度与监事会治理——基于比较制度分析的视角［J］．山西财经大学学报，2007，29（4）：71-77.

② 白广明．新形势下如何加强国有公司监事会监督效力［J］．现代营销，2017（5）：190.

③ 时明涛．论公司治理中的风险防范——以加强监事会的职能为视角［J］．安徽警官职业学院学报，2016（6）：12-15.

④ 郭云川．发挥监事会作用加强国有企业财务监督的探索［J］．中国经贸，2014（15）.

的建设是背道而驰的，从《公司法》的角度来看，应当通过立法调整，使监事会制度能够为社会主义市场经济建设提供源源不断的动力。①

（三）监事会治理研究的新进展

监事会治理的研究由规范研究向实证与实验研究转换，最初大都运用规范研究的方法从法律视角关注监事会的治理问题。伴随着不断深入研究监事会治理问题，研究视角开始由法学转向管理学和经济学；在研究方法上，更加注重运用实证研究来验证监事会治理的效率、监事会与其他治理机制以及监事会的结构与行为之间的关系。②

（四）监事会治理实践的新进步

2014 年，中国上市公司协会进行的调查，包括投资者、上市公司管理人员、监事以及专家学者、监管部门人员等在内的被调查者，有 58%的被调查者认为监事会在促进公司治理方面发挥了“很好”或“较好”的作用，有 56%的被调查者认为监事会在保护中小投资者权益方面发挥了有效作用。对于监事会制度实施 20 多年来的总体评价效果中，有 12%的被调查者认为“很好”，47%的被调查者认为“较好”，37%的被调查者认为“一般”。可见，社会各界对于监事会在我国上市公司中发挥的作用总体上还是比较认可的，接近 60%的被调查者给出了正面评价。③

（五）监事会和独立董事关系

独立董事制度发源于美国，2001 年引入中国后，主要作用是加强对于上市公司大股东的监督和制约，弥补监事会监督的不足。但独立董事监督与监事会监督之间，又存在职能重叠与交叉，在实践中和理论界，大家对监督的认识不同，主要有三种观点，第一种观点认为，独立董事可以取代监事会，应该加强独立董事制度建设；第二种观点认为，独立董事制度是花瓶，不适合中国国情，应该加强监事会制度建设；第三种观点认为，独立董事监督和监事会监督之间是取长补短，相互促进的关系。监事会与独立董事的关系，需要进一步研究和实证来探究真相。

（六）监事会、独立董事与公司业绩关系的实证分析

根据中国上市公司协会的调查，监事会对于保护中小投资者利益、促进公

---

① 张右蒙．论监事会的法律地位［D］．西南政法大学硕士学位论文，2014.

② 王世权，李维安．监事会治理理论的研究脉络及进展［J］．产业经济评论，2009，8（1）：24-38.

③ 中国上市公司协会．上市公司监事会工作指引［M］．北京：中国财政经济出版社，2016.

司治理水平的提高、改善公司业绩起到了较好的作用，本书旨在通过实证分析研究来验证监事会、独立董事对于公司业绩提升是否有作用，以及发挥作用的特征和机理。

本书通过选取 2007~2017 年在中国境内上海证券交易所和深圳证券交易所公开上市的公司，对监事会、独立董事和公司绩效的关系，采用全部样本、建立模型、用计量经济学的方法进行实证分析，从而对完善上市公司治理机制、改进上市公司监事会制度建设和处理好监事会与独立董事的关系，提供建议和意见。

第二节　研究目标、研究思路与研究方法

一、研究目标

以前对监事会展开研究大多数是基于单一视角，从法律角度研究较多，从经济、管理角度的研究较少；理论及现状分析较多，实证研究较少。并且很少在监事会的本原性质与作用机理等关键理论层面有所突破，尚没有形成具有普遍指导意义的理论体系。①

对监事会治理的研究，很多学者的关注点是监事会的独立性、规模和比例、任职能力等部分特征对公司绩效的影响或是对于公司其他治理行为的影响。对监事会整体特征的研究不多，即便有些相关研究，也不够完整和系统。因此，本书系统构建监事会的特征指标体系，通过分析这些特征对公司绩效的影响，得出相关结论，为中国监事会制度的建设提供建议。

二、研究思路

根据 2005 年公布的南开大学公司治理评价系统优化后监事会指标设置状

① 王世权，李维安．监事会治理理论的研究脉络及进展［J］．产业经济评论，2009，8（1）：24-38.

况，王世权、李维安（2009）和有关专家的文献，结合我国《公司法》的要求，2014年8月中国上市公司协会发布的《上市公司独立董事履职指引》和2015年12月发布的《上市公司监事会工作指引》及2018年9月30日中国证监会发布的《上市公司治理准则》，本书把监事会的个体特征分为八类，监事会规模和主席的特征单独为一类。对监事会和独立董事的个体特征，根据专家意见和其重要性，分别赋予数值，进行汇总统计和分析验证。

为了反向检验和对比研究监事会特征的有效性，本书引入反向指标和对比研究指标，把上市公司监事会不能有效履行职责而可能受到监管机构的处罚次数作为反向指标；把独立董事的特征作为对比研究指标。具体特征分类如下：

（一）监事会的个体特征

监事会的个体特征是指与监事个人相关的一些特征，例如，性别、学历、年龄、任期、来源、专业、薪酬、股权，根据这些特征的具体差别，可分为三类，具体如下：

（1）监事的性别、学历、年龄：这些特征与监事的个体特点直接相关，是监事发挥作用的基础因素。

（2）监事的任期、来源、专业：《公司法》及相关法律和法规对于这些特征有明确的要求和规定，是为监事正常履行职责而提出的具体要求。

（3）监事的薪酬、股权：这些特征是监事会正常运行、有效发挥作用的保证。

（二）监事会规模、监事会主席特征

监事会的规模指监事会人数，监事会主席的特征包括监事会主席的性别、学历、年龄、任期、来源、专业、薪酬、股权等。

（三）公司受到的处罚

公司受到的处罚是指如果上市公司监事会不能有效履职尽责，公司可能会受到监管机构的处罚，本书对处罚的次数与公司业绩的关系进行验证，分析对业绩是否有影响，这是检验监事会监督作用是否有效的反向指标。

（四）独立董事的特征

独立董事的特征包括独立董事的性别、学历、年龄、任期、专业、规模、薪酬等。对于公司监事会和独立董事的关系，是同时并存，还是相互取代，一直存在争议。本书对比研究独立董事的特征对公司业绩的影响，通过实证提出建议。独立董事的特征是检验监事会监督是否有效的对比研究指标。

对上述特征进行分类后，借鉴有关文献，把相关特征指标的组成要素进行

量化，然后分别进行回归分析，检验这些变量与公司业绩的关系。

三、研究方法

（一）文献研究方法

监事会特征的有效性研究国内外已经有一些研究成果，例如，监事的学历、年龄、专业、薪酬、股权以及监事会的规模人数与公司业绩的关系等，因此，需要对这些理论文献进行分类、分析和归纳，并在此基础上借鉴这些成熟理论的成果。

（二）数理统计方法

根据大智慧公司和WIND公司的数据，结合上海交易所、深圳交易所相关数据库及国家统计局的公布数据，对中国上市公司监事会和独立董事特征进行指标量化，建立相应的统计模型，进行数量分析，从而得到相关结论。

（三）实证分析方法

采用了多元回归分析、分位回归分析等回归分析方法，同时为了保证回归结果的稳健性，运用了Logistic回归模型和自变量滞后一期的模型进行稳健性检验，增强实证结果的可信度。

（四）对比研究方法

分析论证了独立董事的特征对公司业绩的影响，对比研究了监事会与独立董事对公司业绩的影响，并得出了相关结论。

第三节 实证模型、变量选取和论证步骤

一、实证模型

（一）回归分析

回归分析是一种统计学方法，它研究了各个变量之间的关系。回归分析的变量分为因变量和自变量两种。因变量 y 又称为被解释变量，是随机的，自变量 x 也称为解释变量，是随机的或是非随机的确定性的变量。在回归模型中，

总是假定自变量 x 是确定性变量。于是，随机变量 y 对 x 的回归函数就被规定为给定 x 时 y 的条件期望，即：

$$f(x)=E(y|x) \tag{1-1}$$

如果因变量 y 和自变量 x_1，…，x_p 之间存在着一定的相关关系，那么可以建立一般形式的回归模型如下：

$$y=f(x_1,\cdots,x_p)+\varepsilon \tag{1-2}$$

其中，ε 为随机误差。该模型表示解释变量对被解释变量的影响由两部分组成：一部分由回归函数表示，是确定性部分；另一部分由随机误差项 ε 表示，是随机性部分。

建立回归模型进行分析所要研究的主要问题是建立回归方程，分析自变量 x 对因变量 y 的影响，并结合实际问题对因变量进行预测或控制。

本书使用的线性回归模型、分位回归模型以及 Logistic 回归模型都属于回归模型。

（二）线性回归模型

当自变量 x 与因变量 y 呈线性关系时，适合使用线性回归模型。在线性回归模型中，自变量个数只有一个时运用一元线性回归。当自变量个数大于一个时，使用如下的多元线性回归模型：

$$y=\beta_0+\beta_1x_1+\cdots+\beta_px_p \tag{1-3}$$

其中，β_0，…，β_p 是回归系数，是未知的参数。

（三）Logistic 回归模型

Logistic 回归是广义线性模型的一种。广义线性回归在普通回归的基础上引入了连接函数的概念，并且改变了响应变量的分布。不同于普通线性回归中响应变量服从正态分布，在广义线性回归中，响应变量需要服从指数分布族中某一特定分布，通过连接函数 $g(x)$，广义线性模型建立了充分统计量 $T(y)$ 的期望与自变量 x 的线性组合 θ^Tx 之间的函数关系。即：

$$E(T(y)|x)=g(\theta^Tx) \tag{1-4}$$

Logistic 回归模型可以由广义线性模型推导而来。可知 Logistic 回归模型就是广义线性模型的一个推广，它以 Logistic 函数

$$g(x)=\frac{1}{1+e^{-x}} \tag{1-5}$$

为连接函数，并且它的随机误差项服从二项分布。Logistic 回归模型将取值与（-□，+□）上的 θ^Tx 转化为（0，1）区间上的函数。如下的条件概率为其回

归模型形式：

$$P(y=0|x)=\frac{1}{1+e^{-\theta x}}$$

$$P(y=1|x)=1-\frac{1}{1+e^{-\theta x}}=\frac{e^{-\theta x}}{1+e^{-\theta x}} \quad (1-6)$$

其中，θ 为待估参数，y 是二分类因变量，可取 0，1 两个值。

（四）线性回归模型与 Logistic 回归模型的区别与联系

与线性回归模型不同的是 Logistic 回归适用于因变量为离散型变量的情况，而线性回归模型适用于因变量为连续型变量的情形。由于本书中所使用的公司业绩指标作为因变量均为连续型变量，为了更精确地反映自变量对因变量的影响，使用多元回归以及分位回归进行建模。本书收集了 11 年的上市公司数据，需要进行稳健性检验，因此，考虑将因变量划分为两分类变量进行 Logistic 回归，从趋势上反映出所建立的多元回归模型是否具有稳健性。

这些回归模型被国内外许多学者应用于研究影响上市公司业绩的因素问题。部分学者的研究成果如下：

张俊瑞、赵进文等（2003）采用了线性回归模型研究上市公司高级管理层激励对公司绩效的影响，实证结果表明，高管年度平均薪酬的对数与公司绩效存在显著、稳定的正相关，而其与高管持股比例存在较为不稳定的负相关关系①。吴世农等（2001）基于多元回归和 Logistic 回归建立了上市公司财务困境的预测模型，该研究显示了回归分析在预测离散型因变量并进行控制时的准确性等优良特性②。饶育蕾等（2010）采用多元线性回归研究了在 CEO 过度自信的层面上 CEO 两职合一、独立董事比例和公司业绩的关系，并重新构建 CEO 过度自信指标，采用多元回归进行稳健性检验，实证结果发现，在 CEO 过度自信时，两职分离有助于提高公司业绩③。此外，扈文秀等（2017）采用 Logistic 回归和最小二乘回归研究了管理层是否会在草案公布前后操控业绩预

---

① 张俊瑞，赵进文，张建．高级管理层激励与上市公司经营绩效相关性的实证分析［J］．会计研究，2003（9）：29-34.

② 吴世农，卢贤义．我国上市公司财务困境的预测模型研究［J］．经济研究，2001（6）：46-55，96.

③ 饶育蕾，王建新．CEO 过度自信、董事会结构与公司业绩的实证研究［J］．管理科学，2010，23（5）：2-13.

测披露来压低行权价格①，孙秋枫等（2017）利用多元线性回归模型研究了上市公司高管股权激励与研发支出的关系②。

（五）分位回归模型

考虑到应用普通多元回归模型，可能会有部分自变量的显著性不理想，本书考虑使用其他方法估计参数，以达到更好的效果，因此，本书在多元回归的基础上，使用分位回归对相关问题进行分析。关于分位回归验证方法的概念介绍和特点如下：

1. 分位回归

分位数回归方法最早由 Koenker 提出，与传统回归方法的不同之处在于，它采用最小绝对偏差的概念，而非最小化残差平方和。与传统回归方法中，对误差项正态分布的假定不同，分位数回归方法没有对误差项的分布做出假定，而实际数据很多情形下并不服从正态分布，故使用分位回归往往能够得到更为精确的参数估计值，同时在理论上的一致性也能够得到满足。更为重要的是，分位回归考虑了因变量的不同分位数情况下，自变量对因变量的影响，因此，与传统回归相比，能够避免极端值的影响，是一种更为稳健的回归方法。同时在不同的分位点处，显著性与系数大小和方向可能会有所不同，与传统回归方法结合可以使对公司业绩影响因素的分析更为全面、准确、透彻。

Y 的第 τ 分位数可以表示为：

$$F^{-1}(\tau)=inf\{y:F(y)\geqslant\tau\} \tag{1-7}$$

其中，中位数可以表示为 F^{-1}（1/2），对于 Y 的一组随机样本 $\{y_1, y_2, \cdots, y_n\}$，样本均值是 $\min\sum_{i=1}^{n}(y_i-\xi)^2$ 的最优解。样本中位数是最小化残差绝对值和的解，即 $F^{-1}(1/2)=arg\min\limits_{\xi\in R}\sum_{i=1}|y_i-\xi|$，对于其他的第 τ 分位数，可以求解下式：

$$\min_{\beta\in R^p}\Big[\sum_{i\in\{i:y_i\geqslant\xi\}}\tau|y_i-\xi|+\sum_{i\in\{i:y_i<\xi\}}(1-\tau)|y_i-\xi|\Big] \tag{1-8}$$

等价的表示为：

$$\min_{\xi\in R}\sum_{i=1}\rho_\tau(y_i-\xi) \tag{1-9}$$

---

① 扈文秀，付强，吴婷婷．股票期权激励与管理层业绩预测披露的操控行为［J］．管理科学，2017，30（6）：142-158.

② 孙秋枫，孙识濛．高管股票期权激励与研发支出研究——基于国有上市公司的数据［J］．现代经济探讨，2017（7）：37-44.

其中，$\rho_\tau(z)=\tau zI_{[0,\square)}(z)-(1-\tau)zI_{[-\square,0)}(z)$。

对于一般的线性条件分位数函数为 $Q(\tau|X=x)=x'\beta(\tau)$，通过求解得到参数估计值：

$$\hat{\beta}(\tau)=argmin_{\beta\in R^p}\sum_{i=1}^{n}\rho_\tau(y_i-x'\beta) \tag{1-10}$$

其中，$\hat{\beta}(\tau)$ 称为第 τ 分位数下的回归系数估计。求解上述最优解即可得到分位数回归系数估计值，由于指示函数在最优解处不可求导数，无法采用传统的非线性优化方法来求解，一般采用线性规划的方法。鉴于本书的研究重点在于系数估计值与显著性，这里对具体的方法不再阐述。

2. 分位回归模型与多元回归模型的比较

实际上，使用分位回归建模，模型形式与普通多元线性回归并无本质的差别，两个模型的差别主要体现在目标函数的构建、最优化的问题以及问题的求解方法上。普通多元回归是一种均值回归，也就是说，其系数估计值反映的是自变量对因变量均值的影响，而分位回归通过构建上述目标函数，这一方面使模型的解释更加多元化，即可以分析在因变量的不同取值水平下，自变量对因变量的影响，如此更为全面地反映问题，使原本不显著的变量，可能在因变量的不同取值水平下变为显著，或者说不同的分位水平下显著性也有所不同，这样对于自变量对因变量的影响便有了更为全面的分析与了解。更为重要的一点，分位回归是一种更为稳健的回归方法，也即提出离群样本对估计精度的影响，使估计的结果有更小的误差，对与公司业绩相关的样本数据难免会由于个别极大值与极小值而造成离群点问题，直接使用最小二乘法估计会使得估计的精度大打折扣。综上所述，采用分位回归不失为一种很好的选择，此外，国内有很多学者在研究公司业绩的影响因素问题上也采用了类似的方法。

3. 国内学者使用分位回归模型研究文献

王新利、王凯（2008）采用分位回归方法研究了智力资本对企业绩效的影响，实证结果表明，在两行业中的物质资本和人力资本与企业绩效间有不同程度的正效应，结构资本对纺织服装业的绩效具有正效应，只有业绩最好的信息技术业公司中结构资本才对企业绩效有显著正效应①。黄永兴等（2010）采用同样的方法研究了企业国际化程度对经营业绩的影响，研究发现，企业在经

① 王新利，王凯．智力资本对企业绩效贡献的实证研究——基于分位数回归的两行业对比分析［J］．统计教育，2008（10）：41-44.

营中是否应该贯彻国际化战略，对不同类型的企业，存在不同的答案。这正是基于分位回归方法具有的特征，才能得出多元化的研究结果①。万平等（2012）使用分位回归方法研究了资本结构与高新技术企业绩效的关系，通过对沪深两市 341 家高新技术上市公司 2006~2009 年的相关数据进行分位回归分析发现，国有股比例、流通股比例、长、短期资产负债率对企业绩效有着显著的负向效应，在 50%~75%的分位点上企业绩效与股权集中度呈显著正相关，高管持股比例对企业绩效的敏感性缺失。并基于该回归结果提出了企业人力资本股权化、建立知识产权保护体系、加速发展风险投资业等优化高新技术企业资本结构，提高企业绩效的相关建议②。此外，葛萍萍（2017）基于分位数回归研究了股票价格对公司绩效的影响③，张玉臣等（2018）基于分位数回归研究了科技创业企业的创新行为与成长绩效④。

可见通过分位回归方法研究公司业绩的影响因素一直是一个比较热门的方向，故本书对此方法的选取无论是在理论上还是在实际中都有很坚实的根基。

二、变量选取

关于自变量、因变量和控制变量等变量，本书综合各种文献，根据专家意见，选取如下：

（一）自变量（解释变量）的选取

选取以下变量为自变量：

（1）监事会的个体特征。包括监事的性别、学历、年龄、任期、来源、专业、薪酬、股权。

（2）监事会的规模和监事会主席的特征。包括监事会的规模人数、监事会主席的性别、学历、年龄、任期、来源、专业、薪酬、股权。

（3）反向指标。上市公司受到的监管部门处罚次数。

（4）对比研究指标。独立董事的特征包括独立董事性别、学历、年龄、

① 黄永兴，顾京宇．企业国际化与经营绩效：基于分位数回归的角度［J］．合肥工业大学学报（社会科学版），2010，24（3）：5-9.

② 万平，陈共荣，杨娅琴．基于分位回归的资本结构与高新技术企业绩效相关性研究［J］．财务与金融，2012（6）：89-95.

③ 葛萍萍．基于分位数回归的股票价格对公司绩效影响研究［J］．财讯，2017（1）.

④ 张玉臣，杜千卉．科技创业企业创新行为与成长绩效——基于分位数回归法的实证研究［J］．科技进步与对策，2018（5）.

任期、来源、专业背景、薪酬、规模人数。

（二）因变量（被解释变量）的选取

关于公司业绩指标，本书仅研究公司经济效益方面的指标，对反映公司综合能力的社会贡献度、环境治理等其他指标没有纳入研究。综合各种文献，根据专家意见，选择以下业绩指标为被解释变量，采用上市公司每年末基本每股收益、净资产收益率、总资产收益率、托宾Q值这四种指标变量表示公司业绩。具体如下：

（1）每股收益（Earning Per Share，EPS），采用上市公司年报公开的基本每股收益数值，即采用上市公司截止到每年12月31日的基本每股收益指标。

（2）净资产收益率（Return On Equity，ROE），采用平均净资产收益率指标，计算如下：年末净利润/(年初净资产+年末净资产)/2。

（3）总资产收益率（Return On Assets，ROA），采用平均总资产收益率指标，计算如下：年末净利润/(年初总资产+年末总资产)/2。

（4）托宾Q值，采用托宾Q值作为业绩指标之一，具体计算如下：(公司市值+负债总额)/资产总额。

本书采用了2007~2017年中国A股沪深股市25776家上市公司的业绩数据，上述因变量的描述性统计分析结果，详见本书附录。本书论证方法之一是采用了分位回归论证模型，按照公司业绩处于不同分位点进行回归。

（三）控制变量的选取

控制变量的选取，根据各种文献和专家意见，采用以下变量为控制变量。

（1）资产总额。上市公司年报公开披露的资产总额。

（2）资产负债率。采用资产负债率指标，具体计算如下：年末总负债/年末总资产。

（3）营业总收入。采用上市公司年报公布的营业收入总额。

（4）总资产周转率（次数）。采用总资产周转率指标，具体计算如下：营业收入净额/平均资产总额。

（5）净利润增长率。采用净利润增长率指标，具体计算如下：(本年净利润-上年净利润)/(上年净利润)×100%。

（6）市盈率（P/E），亦称本益比。采用上市公司公布的年末市盈率，具体计算如下：股票价格/每股盈利。

（7）GDP增长率。考虑到多年时间数据，上市公司的业绩与宏观经济相关，所以采用国家统计局公布的每年GDP的增长率作为控制变量。

（8）年份虚拟变量。由于本书采用 11 年的统计数据，考虑到数据之间的内生性，把年份虚拟变量，加入到控制变量，以消除各年度之间数据指标的相互影响。

（四）样本选取时间和范围

本书采用中国沪、深股市全部上市公司，从 2007 年 1 月 1 日至 2017 年 12 月 31 日，以 25776 家上市公司作为观测样本进行分析，有效克服了相关指标因为年限较短、指标不全而带来的片面性、波动性问题，能够比较客观地反映上市公司实际情况。

三、论证步骤

（一）描述性统计分析

对有些数据如年龄、薪酬、持股数量等，考虑到差异比较大，在汇总分析之前，按照 1%和 99%的水平进行极端值处理。

（二）多元回归分析

首先进行多元回归分析，观察自变量对于因变量影响的显著程度。需要说明的是，由于相关性分析和回归分析没有必然联系，且变量太多，仅侧重于回归结果的分析，因此未进行相关性分析。

（三）分位回归分析

对在多元回归分析中不显著的自变量对相应因变量进行分位回归，以探究自变量对于因变量在不同分位水平下的显著程度。

（四）稳健性检验

（1）使用 Logistic 回归模型，稳健性检验。

（2）自变量和控制变量，滞后因变量一年，稳健性检验。

第四节　研究逻辑和文章结构

本书按照以下逻辑和结构展开研究论述（见图 1-1）。

第一章为绪论，主要概述了整体研究情况，包括研究背景、意义、目标、思路和方法等，并介绍了整体结构。第二章为文献综述，对研究相关的文献资料进行了归纳和分析。第三章至第六章对监事会个体特征、监事会主席的特征、监事会规模等与公司业绩的关系展开了研究。其中第三章主要研究监事会成员的性别、学历、年龄与公司业绩的关系；第四章主要研究监事会成员的任期、来源、专业背景与公司业绩的关系；第五章主要研究监事会成员的薪酬、股权与公司业绩的关系；第六章主要研究监事会的规模以及监事会主席的个体特征与公司业绩的关系。第七章主要研究公司受到的处罚与业绩之间的关系。第八章主要研究独立董事的个体特征与公司业绩的关系，分析独立董事与监事会的关系。第九章为结论与建议，对全书的实证研究结果进行总结，并提出了建设性的建议。①

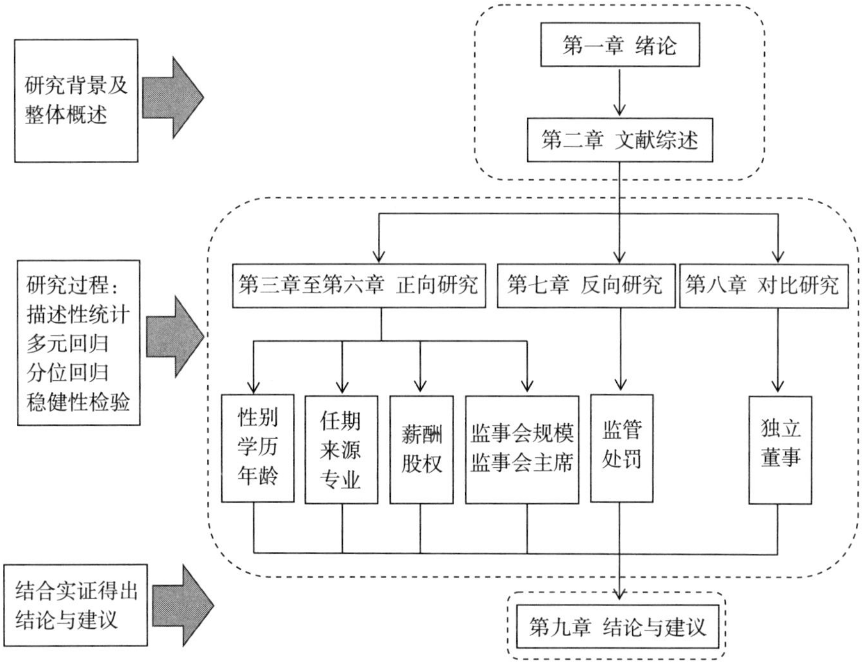

图 1-1 本书的研究逻辑和结构

① 本书使用的各种图表，如果没有单独注明来源，都是笔者编制，以下文章的图表来源，不再说明。

第五节 创新与不足

一、创新点

本书主要创新之处体现在以下七个方面：

第一，探究了中国上市公司监事会与公司绩效的关系，首次、全面、大样本对中国上市公司监事会与公司绩效的关系进行了实证分析，实证结果为：上市公司监事的薪酬、持股数量与公司业绩正相关且显著；具有博士等高学历的监事、具有财务、会计、经济、工程专业背景的监事、股东监事和外部监事等与公司业绩正相关且显著；监事会的规模与公司业绩正相关且显著；监事的年龄、性别与公司业绩的关系，有待于进一步研究；监事的任期与公司业绩呈 U 形相关。

采用 2007 年 1 月 1 日至 2017 年 12 月 31 日沪市和深市全部上市公司的数据，共计汇总统计了 25776 家上市公司的数据。

第二，对于独立董事与上市公司业绩的关系进行了论证，首次对于监事会、独立董事与上市公司业绩的关系进行了对比研究。研究结果为：独立董事的高学历、薪酬、会计专业和教授职称等对于公司业绩有正向影响且显著；独立董事的平均年龄对公司业绩负向影响且显著，独立董事任期与公司业绩呈现 U 形关系，独立董事的性别与公司业绩的关系有待于进一步研究；独立董事的规模对于业绩的影响不稳定。实证结果证明：独立董事在公司治理中可以独立存在，单独发挥作用，监事会和独立董事之间不是相互取代的关系，而是可以并存，相互促进。

第三，首次对于中国上市公司监事会主席与公司业绩的关系进行了实证分析。实证结果为：上市公司监事会主席的薪酬、持股数量与业绩正相关且显著；高学历的监事会主席、具有财务、会计、经济、工程专业背景的监事会主席、外部监事来源的监事会主席与公司业绩正相关且显著；监事会主席的年龄、任期、男性性别的监事会主席与公司业绩负相关。

第四，论证方法有创新，在监事会、独立董事、公司处罚次数等与公司业绩关系的分析中，首次使用分位回归的论证模型，从分位结构中刻画了两者的关系，研究了在公司业绩处于不同分位点时，各因素对公司业绩的影响，从而更加细致和全面地了解了上述特征与公司业绩的关系。更为重要的是，分位回归是一种更为稳健的回归方法，可以避免极端值对于估计结果的影响，进而使分析结论更加准确可信。

第五，对上市公司受到监管处罚的种类和数量进行了汇总分析，并首次对监管处罚与公司业绩的关系进行了实证分析，实证结果为公司受到处罚次数与业绩负相关且显著。

第六，在稳健性检验方面，在传统方法的基础上引入 Logistic 模型，将数值型变量转化为分类变量，从回归结果的显著性与系数正负两个角度进行了稳健性检验，与滞后一期自变量的稳健性检验方法结合，从统计学意义和经济学意义的双重角度保证了其稳健性。

第七，对于完善公司治理机制，改进监事会制度建设，处理好监事会和独立董事的关系，具有指导意义。

二、不足之处

本书不足之处主要体现在以下两个方面：

第一，对上市公司监事会和公司业绩之间的关系进行了实证分析，对独立董事的影响进行了对比研究，对上市公司受到的处罚进行了反向研究，但影响上市公司业绩的因素很多，对影响公司业绩的经济环境、法律环境、监管环境等，没有进行量化分析，研究范围较小。可能存在研究结果不全面和不完整的情况。

第二，从统计学角度来看，对模型的构建尚有一些检验没有进行，从而对模型可能存在的内生性等问题没有进行详细的研究。此外，对本书使用的面板数据，假定跨期与同期的自变量之间均不相关，从而使用了混合面板的模型，下一步可以考虑其他情形综合分析结果，这也是笔者需要继续研究和完善的一些方向。

本章小结

本章介绍了本书的研究背景及研究意义，对监事会制度的起源、在中国的发展、存在的问题和不足进行了描述和说明，对本书的研究目标、研究思路、研究方法及创新和不足之处也作了解释说明。

本章对采用的统计方法进行了解释和说明，包括回归分析方法、线性回归方法、分位回归方法、Logistic 回归方法，并对上述各种方法之间的关系以及使用该方法进行业绩论证的文献进行了简单梳理和说明。

本章对数据来源、指标获取、自变量、因变量、控制变量进行了解释和说明，对采用的论证步骤进行了描述。

第二章　文献综述

本章汇总和梳理了上市公司治理机制、监事会治理、监事会、监事会规模、监事会主席、独立董事、公司处罚次数等与公司业绩关系的文献，监事会与独立董事关系的文献，公司业绩定义和考核的文献，并对上述文献进行了相关归纳和分析。

第一节　公司治理机制、监事会治理与公司业绩

一、公司治理机制

影响公司治理机制的因素很多，良好的公司治理机制有利于公司经营的良性运转。

夏宏（2018）研究发现，通过完善公司治理机制和建立现代金融企业制度，可以深化商业银行改革。明晰化、多元化的股权结构是商业银行的基础，商业银行要健全各项规章制度使董事会、监事会、股东大会和高管权责明确、制衡有序，从而实现股东和公司价值最大化。我国现有的商业银行体制因为经历了不断的变迁，又加之经济体制在转轨过程中存在着诸多矛盾和利益博弈，所以出现了一些问题。因此，要实现金融制度的变迁，我国商业银行公司在治理机制过程中，应兼顾到各利益主体，并与我国的经济、金融改革结合

起来①。

沈倩岭（2018）以中国上市民营企业数据为研究样本，通过跨层次模型分析，基于实证的角度，研究了公司治理机制对民营企业成长的影响。研究发现，金融市场竞争不仅能够显著促进民营企业的发展，而且还能强化公司治理对民营企业成长的积极效应，弱化公司治理对民营企业成长的消极效应。此外，民营企业的发展需要扩大监事会规模、适度缩小公司董事会规模、增加董事长和总经理权力以及提高高管薪酬等。所蕴含的重要政策启示是通过提高金融市场竞争取代扭曲的“关系资本”来促进民营企业成长可谓是一种帕累托改进策略②。

陆旸、刘振艳、丁棠丽（2018）通过研究 2014~2016 年在我国沪深 A 股上市的公司及在沪深交易所和证监会指定信息披露网站上发布的企业社会责任报告，得出企业的社会责任受到公司治理机制和外部治理环境的影响。董事会规模、股权集中度、管理层持股比例、法律监管情况、高管薪酬和监事会规模对企业履行社会责任具有非常明显的正面影响，债务融资对企业履行社会责任有显著负面影响。另外，为了保证研究结果的完整性，要从公司内部治理角度和外部治理环境两个因素进行回归模型分析，从而更加全面地分析公司治理对企业社会责任的影响③。

史金艳等（2019）选取 2002~2016 年中国 A 股上市公司数据，研究高管薪酬和强制性变更在公司治理中的共同作用，探讨强制性变更能否成为高管薪酬的补充机制。研究发现，高管薪酬和强制性变更对公司绩效均存在显著正向影响④。

霍晓萍等（2017）指出，公司治理机制是上市公司治理问题研究的焦点，直接影响上市公司的治理水平。国内外学者已经从多个视角探讨了内部治理机制和外部治理机制对公司治理的影响。本书立足于高管薪酬、董事会和股权结构并结合产品竞争市场、投资者法律保护及公司控制权市场三个角度，系统归纳和对比评价了公司内、外部治理机制与资本成本之间的关系。研究启示是公

① 夏宏．我国商业银行公司治理机制分析［J］．商业会计，2018（12）：89-90.

② 沈倩岭．金融市场竞争、公司治理机制与中国民营企业成长：跨层次模型［J］．云南财经大学学报，2018（4）：56-69.

③ 陆旸，刘振艳，丁棠丽．公司治理对企业社会责任的影响研究［J］．商业会计，2018（24）：44-49.

④ 史金艳，郭思岑，张启望等．高管薪酬、强制性变更与公司绩效［J］．华东经济管理，2019（2）：54-62.

司治理机制的研究应结合我国的制度环境与企业实践，应关注内外治理机制的关联关系，应重视资本成本在公司治理建设中约束作用的构建①。

徐虹等（2017）通过研究2008~2014年有风险投资参与的在深圳中小板上市的202家公司，实证分析了风险投资机构对被投资企业IPO前的盈余管理，研究表明，风险投资机构向企业派出董事比例和风险机构的持股比例及对风险企业IPO前盈余管理无显著影响。通过进一步细化研究不同背景的风险投资机构得到：具有政府背景的风险投资向企业派出专业董事、董事及其持股比例有助于减轻企业IPO前盈余管理程度，但上述研究结果并未出现在独立背景风险投资和企业背景风险投资中。②

毛建辉（2018）研究指出，股权的高度集中会导致大股东侵占公司利益常态化，引起严重的公司治理问题。如何通过有效的公司治理机制抑制大股东掏空行为、提高上市企业盈余质量、保护中小股东的利益变得尤为关键。因此，笔者以2011~2015年在我国中小板上市的企业为样本，基于公司治理机制中的独立董事制度视角，探讨独立董事声誉能否有效抑制大股东掏空行为。研究结论表明：不同背景的独立董事声誉可以不同程度地抑制大股东掏空的行为，实务独立董事声誉比学者独立董事声誉能更好地抑制大股东掏空行为③。

郝臣等（2016）指出，伴随着公司治理观念的深入和公司治理结构与机制的建立，公司治理有效性问题逐渐成为监管部门和上市公司关注的焦点。运用面板数据回归方法，选取2003~2013年上市公司的公开数据，考察决策机制、监督机制、运作机制、股权结构和激励机制等要素对两种股权代理成本的影响，得出：尽管我国上市公司治理要素能够有效降低代理成本，但仍有部分治理要素存在无效性，甚至董事薪酬与第一种代理成本呈现正相关关系。因此，为进一步提高我国公司治理的有效性，应该在树立正确的公司治理思维、控制董事会会议次数、完善监事会制度等方面予以加强④。

殷雪松等（2018）指出，我国上市公司独立董事与监事会双重监督的功

① 霍晓萍，邱赛，李华伟．公司治理机制对资本成本的影响研究述评［J］．会计之友，2017（2）：64-69.

② 徐虹，林钟高，朱雅萍．风险投资异质性、公司治理机制与企业IPO前盈余管理［J］．财经论丛，2017（12）：69-78.

③ 毛建辉．独立董事声誉能抑制大股东掏空行为吗？——基于中小板的经验数据［J］．南京审计大学学报，2018（15）：66-74.

④ 郝臣，刘芯蕊，白丽荷等．公司治理机制及其治理效应研究——基于2003~2013年上市公司的公开数据［J］．南京审计大学学报，2016（4）：52-63.

效饱受质疑，公司治理的“标准化”难以适合不同股权结构下的公司。本书回顾了德国、日本和美国公司治理模式的形成及变迁，结合我国上市公司的股权特点，认为我国上市公司治理应推动混合模式向选择模式转变，立法应给予上市公司治理模式选择权：对控股股东支配下的董事会的监督应强化监事会监督职能；对股权分散导致的董事会失控和内部人控制，应由独立董事代为行使监督权。建立公司治理有效性信息披露制度与监管评价督导机制，促使上市公司将优化资源配置与实现股东财富最大化更好地统一起来①。

二、监事会治理

关于监事会对公司经营业绩影响的分析，历史上不同专家学者做了很多论述，基本上证明了监事会制度对于提高公司的经营业绩具有正向推动作用。

王淑慧、童宁、周昭（2009）选取 2005~2007 年 1128 家上市公司的数据作为样本，研究了可能对公司业绩产生影响的外部监事比例、持股监事人数比例、监事会持股比例、监事会规模和监事会年度会议次数五个因素。结果显示：除了监事会规模对业绩影响不显著以外，其余四个因素均与公司业绩显著正相关，说明自新的《公司法》实施以来，监事会在公司治理中发挥了较大的作用，其存在是必要的②。

张敏（2018）通过研究 2012~2016 年全部 A 股上市公司，运用因子分析，选取股权结构、董事会、监事会以及经理层四个方面 10 个指标构建公司治理指数模型，并设计了多元回归模型，以检验公司治理结构与内部控制、盈余持续性之间的关系。得出结论：在公司治理中监事会发挥着至关重要的作用，能够促进公司内控质量的提高③。

镡晓艳（2018）指出，监事会通过行使其职能可以缓解代理问题，降低避税伴生的代理成本，进而调节企业避税与企业价值的关系，是公司治理的重要组成部分。基于此，采用固定效应模型选择了 2011~2015 年 2363 家中国 A 股上市公司 9552 个观测值，分析了企业避税与企业价值的关系以及监事会治

① 殷雪松，黄申，袁显朋．混合模式向选择模式的转变——我国上市公司治理的制度创新［J］．中国注册会计师，2018（4）：39-43.

② 王淑慧，童宁，周昭．我国上市公司监事会治理评价实证研究［J］．河北大学学报（哲学社会科学版），2009（4）：61-65.

③ 张敏．公司治理、内部控制与盈余持续性［D］．中国矿业大学硕士学位论文，2018.

理在其中的调节作用，研究发现：监事会治理能够缓解避税对企业价值的负向影响，在分组研究中，在弱征管环境中，监事会治理可以缓解避税与企业价值的负向关系；在国有企业中，监事会治理能够改善避税对企业价值的负向影响。监事会持股这个指标可以调节企业价值关系与企业避税①。

朱信贵（2017）运用该基本分析框架，从影响监事会治理的三个有效性条件入手，通过检验和讨论我国现存的监事会制度，得出目前我国公司的监事会并不具有积极性、权威性、独立性的条件。文章还选取我国上市公司2007~2014年的相关数据为研究样本，使用STATA12.0软件进行数据处理，采用LSDV方法进行参数估计后，发现监事会对公司绩效有正向影响②。

王砚书、武侠、于佳欣（2009）从2004年1月至2006年12月在深圳和上海证券交易所上市的公司中的具有一定普遍性和代表性的120家上市公司进行实证研究，研究发现：监事会制度能够帮助提高公司的经营绩效，最终实现公司整体价值提升③。

关月琴（2015）从沪深两市A股制造业上市公司中选取了6577个样本数据进行研究分析，通过数据包络模型和DEAP2.1软件对筛选得出的4130个观测值进行筛选计算，获得2847个有效值，对我国制造业上市公司企业效率状况进行分析。通过研究表明：监事会会议次数、监事会规模与企业效率显著正相关④。

仲帅（2015）以中国沪市A股上市公司为样本，通过数据的筛选与处理获得2038个样本总数，以净资产收益率和每股收益为公司绩效的衡量指标，运用回归分析的方法，进行相关性分析、描述性统计、回归分析，分析了公司内部治理主要组成部分的董事会治理、股权治理和监事会治理与企业绩效的关系，得出以下结论：监事会规模与公司绩效存在正相关关系；监事会会议次数与公司绩效呈正相关关系⑤。

周玲（2014）用SPSS19.0进行因子分析、相关分析和回归分析等对深沪

① 镡晓艳．企业避税、监事会治理与企业价值［D］．山东大学硕士学位论文，2018.

② 朱信贵．股权结构、监事会治理机制与治理绩效研究［D］．华南理工大学博士学位论文，2017.

③ 王砚书，武侠，于佳欣．上市公司监事会制度与经营绩效关系研究［J］．经济与管理，2009（11）：37-39.

④ 关月琴．生命周期视角下公司治理对企业效率的影响研究［D］．中国矿业大学硕士学位论文，2015.

⑤ 仲帅．我国上市公司内部治理与绩效的相关性研究［D］．山东财经大学硕士学位论文，2015.

两市旅游上市公司的实际数据进行实证研究，得出：我国旅游上市公司监事会治理以及高级管理层与核心竞争力之间具有相关性①。

Chan、Kam.、Fang、Qiaoling.、Luo、Shuai 和 Ran、Guanggui（2015）选取了 1999~2012 年所有中国上市公司的相关数据作为样本，并使用线性回归得出结论：公司业绩与监事会成员的年龄、会议次数、学历、女性成员占比、拥有 MBA 硕士文凭成员占比、拥有法律、会计与金融相关从业背景成员占比及成员持股比例呈正相关关系②。

第二节　监事会与公司业绩

一、监事的性别

监事会成员性别的差异性有利于更好地发挥监事会的监督作用，对于公司业绩的提升具有积极的推动作用。

田冬丽（2014）以女性高管参与作为解释变量，选取 2012 年医药生物行业上市公司作为研究对象并分维度对女性高管进行研究。经过实证分析发现，女性监事参与与公司绩效之间有着显著的正相关关系③。

Adams 和 Ferreira（2009）指出，从性格的角度来说，女性通常更细心、谨慎和倾向于规避风险。女性成员有着更高的监事会会议参加记录，从而说明女性更热衷于监事工作。这些性格特征有助于发现违反公司相关章程的现象和检查公司财务。监事会的女性成员占比与公司业绩呈正相关关系④。

① 周玲．我国旅游上市公司治理结构与核心竞争力关系的实证研究［D］．南京财经大学硕士学位论文，2014.

② Chan，Kam.，Fang，Qiaoling.，Luo，Shuai & Ran，Guanggui. Supervisory Board Characteristics and Accounting Information quality：Evidence from China［M］. Gordon Ford College，2015.

③ 田冬丽．医药生物行业上市公司女性高管参与与公司绩效关系研究［D］．西南财经大学硕士学位论文，2014.

④ Adams，R. B.，& Ferreira，D. Women in the Boardroom and Their Impact on Governance and Performance［J］. Journal of Financial Economics，2009，94（2）：291-309.

二、监事的学历

监事会成员的学历水平影响着监事会成员作用的发挥，监事会成员学历越高越有利于发挥监事会作用，促进公司业绩的提升。

张琳飞（2018）从财务重述的角度出发，深入研究了上市公司监事会特征对财务重述的影响。监事学历越高，公司越不容易发生财务重述①。

刘蓉、燕田子（2014）在区分了国有企业和非国有企业的情况下，重点研究了监事会人力资本对公司业绩的影响，得出结论：监事会成员受教育程度与公司业绩正相关，受教育程度越高，公司业绩越好②。

Joachim（1991）指出，监事为了履行相关的监管义务，需要拥有相关的教育、金融、商业管理和法律知识，而这些能力与教育背景息息相关。研究认为，取得工商管理学硕士可以增强监事的监管能力和对公司运营的评估能力。因此，公司业绩与监事的学历呈正相关关系③。

三、监事的年龄

监事会成员的年龄与公司的经营业绩呈正相关关系。监事会成员年龄越高越有利于更好地发挥监事会的作用。

张琳飞（2018）从财务重述的角度出发，研究得出，监事会成员年龄越高，公司越不容易发生财务重述，公司治理机制越好，业绩表现也更好④。

刘蓉、燕田子（2014）研究监事会人力资本对公司业绩的影响，区分了国有企业和非国有企业，得出结论：监事的平均年龄与公司业绩正相关，监事的平均年龄越大，公司业绩越好⑤。

Chan、Kam.、Fang、Qiaoling、Luo、Shuai 和 Ran、Guanggui（2015）研究发现，年龄在一定程度上可以作为资历与能力的考量。通常来说，监事的业

①④ 张琳飞．上市公司监事会特征对财务重述的影响研究［D］．河北经贸大学硕士学位论文，2018.

②⑤ 刘蓉，燕田子．监事会人力资本、股权性质与公司业绩的关系研究［J］．会计师，2014（4）：7-9.

③ Joachim，W. The Liability of Supervisory Board Directors in Germany［J］. International Lawyer，1991（25）：41-67.

务能力和专业知识是随着年龄的增长而增长的。监事会成员的年龄与公司业绩呈正相关关系①。

四、监事的任期

监事会任期一般为每届三年，可以连选连任。张棚（2000）指出，监事会应根据公司的章程规定，由一定比例的股东代表和公司职工代表组成。通过民主选举选出监事会中的职工代表。根据我国《公司法》第一百二十四条的规定，股份有限公司应当设立成员不得少于 3 人监事会，当监事会人员达到 3 人以上时，应在组成人员中相互推选 1 名召集人。每届监事会的任期为 3 年，当任期届满时，连选可以连任②。

五、监事的来源

监事会中外部监事和职工代表监事的参与有利于公司业绩提升。

王文莉、王秀萍、张艳（2017）以 2010~2014 年陕西省 44 家农村信用社的调研数据为例，运用平衡计分卡原理与熵值法测度了样本农信社的绩效水平，并用多元回归模型研究了董事会、监事会特征对农信社绩效的影响，得出结论：外部监事人数与农信社绩效显著正相关③。

刘名旭（2007）从 2005 年沪深两市的民营上市公司中经过筛选剔除，选取了 249 家研究样本，通过实证分析来研究监事会与公司绩效之间的关系，研究结果表明：在监事会独立特征方面，监事会的外部监事比例对公司业绩具有正相关的影响④。

王淑慧、童宁、周昭（2009）选取 2005~2007 年我国 1128 家上市公司作为研究样本，把每股收益（EPS）作为公司业绩代理变量，通过实证分析研究

① Chan, Kam., Fang, Qiaoling., Luo, Shuai. & Ran, Guanggui. Supervisory Board Characteristics and Accounting Information Quality: Evidence from China [J]. Gordon Ford College of Business, Western Kentucky University, KY, USA., 2015, 28 (1): 18-32.

② 张棚. 公司监事会，监事及相关问题 [J]. 中国石化，2000 (5).

③ 王文莉，王秀萍，张艳. 董事会、监事会特征对农村信用社绩效影响的研究——以陕西省的调研数据为例 [J]. 生产力研究，2017 (1): 26-30.

④ 刘名旭. 监事会、公司治理与公司绩效——基于民营上市公司的研究 [J]. 华东经济管理，2007 (10): 95-98.

了监事会治理情况对公司业绩的影响，其结果表明：持股监事人数、外部监事比例与公司业绩显著正相关①。

耿逢春（2012）运用主成分分析法对该指标体系进行了综合评价，评价结果用以衡量公司治理的效率在实证研究我国创业板上市公司治理结构与成长性的关系中，主要从股权结构、董事会、高层管理与监事会四个维度进行了研究。研究发现：监事会方面，外部监事比例与成长性存在正相关关系②。

职工监事在公司治理中是否很好地发挥了作用，历史上的研究有不同的结果，其中，一种认为职工监事存在形式化的问题，没有很好发挥作用。

杨瑞龙、刘诚、党力（2017）指出，职工监事作为一项体现经济民主的重要公司治理机制，其效果却普遍不被看好，而且缺乏相关实证检验。以中国2005~2014年上市央企及其子公司为样本，用企业内部收入分配情况测度经济民主实现程度的研究发现：职工监事没有起到缩小职工和高管收入差距的经济民主作用，职工监事的权力只是名义上的；职工监事可能被高管俘获，脱离经济民主的本意；职工监事的设置存在“形式化”问题③。

Rose（2005）认为，从员工参与感的角度来说，职工代表参与监事会工作可以提高员工对公司的认同感和归属感。同时，职工代表可以提高信息的有效流动并且促使员工参与公司决策。这样一来，公司的重大决定会更加民主与开放，监事会对公司管理层的监管也会更有效。因此，公司业绩与职工代表在监事会中的比例呈正比关系④。

六、监事的专业

监事的专业背景对公司业绩具有正向影响，具有金融、法律、财务、会计等相关专业背景的监事更有利于提升公司的经营业绩。

姚伟峰等（2010）运用随机前沿分析模型（SFA）分析了中国企业监事

① 王淑慧，童宁，周昭．我国上市公司监事会治理评价实证研究［J］．河北大学学报（哲学社会科学版），2009（4）：40-41.

② 耿逢春．我国创业板上市公司治理结构与成长性关系的研究［D］．天津师范大学硕士学位论文，2012.

③ 杨瑞龙，刘诚，党力．职工监事、经济民主与企业内收入分配——央企上市公司的经验证据［J］．中国人民大学学报，2017，31（4）：48-62.

④ Rose，C. The Composition of Semi-Two-Tier Corporate Boards and Firm Performance［J］. Corporate Governance，2005，13（5）：691-701.

会建设对企业效率的影响。研究发现：当前监事会规模对企业效率的提高有负面影响，而提高监事会成员的“质量”则有利于企业效率的提高①。

Guanggui、Ran、Qiaoling、Fang、Nashua、Luo 和 Kam、Chan（2015）认为，拥有金融相关专业背景的监事可以促使公司决策层改良管理习惯。拥有会计相关专业背景可以及时发现公司在财务方面的不规范行为并及时纠正，从而提高公司财务审计的公正性、可靠性和可理解性。类似地，拥有法律相关专业背景的监事能够利用专业的法律知识来处理和规避公司运营过程中的法律争议从而减少风险。有时公司会从大学及学术机构聘请相关人员作为监事。这些人员一般来说是各自行业的学术权威。他们有足够的意愿对公司各个领域做出专业的监管以免名誉受损。另外，正式的政府职员有时被聘请成为公司的外部监事，这类外部监事的专业知识、政治背景和社交网络可以帮助公司规避一些相关的政治风险②。

Chaney、Faccio、Parsley（2011）的研究表明，与政府有联系的公司的盈利能力大大高于与政府毫无联系的公司。根据以上论述，公司的业绩与监事会成员拥有金融、会计、法律或政府工作的教育与工作背景的比例呈正相关关系③。

七、监事的薪酬

合理的薪酬激励更有利于监事发挥作用。

卢俊、王汝成（2015）通过选取 2011～2013 年度我国国有企业的面板数据，通过实证分析，研究我国国有企业中长期激励与经营绩效和监事评价薪酬的关系。得出以下结论：国有控股上市公司的利润总额对监事会绩效奖金总额具有正相关影响，这从实证的角度证实了采用多元化的薪酬结构，将评价报酬与中长期激励引入监事的报酬结构的做法能够有助于激励监事更好地行使监督职权，促进企业利润水平和经营绩效的提升④。

---

① 姚伟峰，鲁桐．监事会建设与企业效率［J］．南京社会科学，2010（7）．

② Chan，Kam.，Fang，Qiaoling.，Luo，Nashua. & Ran，Guanggui. Supervisory Board Characteristics and Accounting Information Quality：Evidence from China［J］. Gordon Ford College of Business，Western Kentucky University，KY，USA. 2015，28（1）：18-32.

③ Chaney P. K.，Faccio M.，Parsley D. The Quality of Accounting Information in Politically Connected Firms［J］. Journal of Accounting and Economics，2011（51）：58-76.

④ 卢俊，王汝成．国有企业监事薪酬结构问题研究［J］．产业经济评论，2015（6）：47-56.

Xiao, J. Z. -Z.、Dahya, J., 和 Lin, Z. -J. (2004) 研究发现，薪酬是公司对监事的工作态度与工作成绩及效益所产生的回报。高薪酬可以吸引具有较高工作能力与教育背景的人员从事监事工作。而给予工作态度认真、工作成绩优异的监事以丰厚的薪酬也可以激励员工的工作动力①。

八、监事的股权

监事持股有利于增加监事的主人翁意识，调动监事的工作积极性，对监事进行股权激励有利于公司业绩的提升。

刘名旭（2007）通过实证分析 2005 年沪深两市的民营上市公司，经过剔除后的 249 家为研究样本，得出：在监事会激励特征方面，监事会成员持股比例与公司业绩正相关②。

卿石松（2008）通过实证分析 2000～2004 年中国 A 股非金融上市公司，采用每股收益（EPS）作为公司绩效指标来研究我国上市公司监事会特征与公司绩效的关系，得出结论：监事会持股比例与公司绩效显著正相关，监事会规模（人数）与公司绩效存在 U 形关系。③

王淑慧、童宁、周昭（2009）通过研究 2005～2007 年 1128 家上市公司三年的数据，发现：监事会规模、监事会年度会议次数、监事会持股比例、外部监事比例和持股监事人数比例五个因素对公司业绩具有影响。其中，监事会持股比例与公司业绩呈显著正相关关系④。

Shleifer, A., 和 Vishny, R. W. (1998) 指出，委托代理理论认为公司的所有权与公司的实际控制呈发散关系。给予监事一定的股份是一种有效的激励其监管公司管理者的方式。对监事股份激励可以使公司产生健康的会计系统和信息披露制度。一般认为，公司的业绩与监事会成员的股权占比呈正相关

① Xiao, J. Z., Dahya, J. & Lin, Z. A Grounded Theory Exposition of the Role of the Supervisory Board in China [J]. British Journal of Management, 2004 (15): 39-55.

② 刘名旭．监事会、公司治理与公司绩效——基于民营上市公司的研究 [J]. 华东经济管理, 2007 (10): 95-98.

③ 卿石松．监事会特征与公司绩效关系实证分析 [J]. 首都经济贸易大学学报, 2008 (3): 51-55.

④ 王淑慧，童宁，周昭．我国上市公司监事会治理评价实证研究 [J]. 河北大学学报（哲学社会科学版）, 2009 (4): 40-41.

关系①。

周超（2013）选取了2005~2011年在沪深两市上市的1236~2107家公司作为研究样本，研究了公司治理、高管薪酬以及公司业绩之间的关系，得出结论：监事会持股监事与高管薪酬之间具有显著的负向影响，且因公司治理引起高管获得的超额薪酬对公司业绩具有显著的负相关影响②。

第三节　监事会规模、监事会主席特征与公司业绩

一、监事会的规模

监事会规模人数与公司经营业绩成正比，但并不是人越多越好。

赵美辰（2017）选取2010~2016年A股国有上市公司作为研究样本，分析了监事会特征与监事会治理效果之间的关系，研究发现：①监事会规模与每股收益正相关但不显著；②监事会规模与资产减值损失显著负相关；③工业监事会规模与每股收益显著正相关③。

Lipton和Lorsch（1992）认为，监事会的规模人数很大程度上影响了监事会监管的效率，监事会成员不发声的概率随着监事会成员的增加而提升，监事会理想的成员人数为10人以内④。

Jensen（1993）也认为，对于大公司来说，如果监事会有超过9名成员，监事会将不能有效率地运转。随着监事会成员的增加，大部分公司的市值呈下降的趋势⑤。

---

① Shleifer, A., & Vishny, R. W. The Grabbing Hand: Government Pathologies and Their Cures [M]. Cambridge, Mass: Harvard University Press, 1998.

② 周超. 高管薪酬、公司治理与公司业绩——基于沪深两市上市公司的研究 [J]. 经济与管理, 2013, 27 (10): 76-81.

③ 赵美辰. 国有上市公司监事会监督效果的实证研究 [J]. 商业会计, 2017 (19): 29-31.

④ Lipton, M., & Lorsch, J. W. A Modest Proposal of Improved Corporate Governance [J]. Business Lawyer, 1992, 48 (1): 59-77.

⑤ Jensen, M. C. The Modern Industrial Revolution, Exit, and the Failure of Internal Control System [J]. Journal of Finance, 1993, 48 (3): 831-880.

二、监事会主席特征与公司业绩

关于监事会主席的特征与公司业绩的文献相关研究较少，监事会主席的特征主要包括性别、学历、年龄、股权等，下面分别叙述一下监事会主席特征与公司业绩的文献。

（一）监事会主席的性别

在公司的治理结构中，监事会主席发挥了重要的内部监督作用，监事会主席的性别不同，发挥的监督作用也不同。不同性别的监事会主席各有特色。

曹建安、李枭姬、王兰兰（2018）通过对 2005~2015 年上市公司监事会主席特征的研究发现：监事会主席性别以男性为主，但近年来女性比例有所上升①。

（二）监事会主席的学历

监事会主席的学历在一定程度上影响着公司的经营业绩。监事会主席的学历越高越有利于提高公司的经营业绩。

杨金等（2014）采用实证研究的方法，以 2009~2011 年我国沪深两市 A 股上市公司为研究对象，建立实证模型，利用回归分析法对管理者背景特征对内部控制质量的影响进行检验。研究发现：监事会主席的学历和工作经历与内部控制质量之间均呈现显著的正相关关系②。

（三）监事会主席的年龄

监事会主席作为公司高管，其年龄越高，工作经验越丰富，更加能够发挥作用，对公司经营业绩的提升有更好的促进作用。

查美萍（2016）通过研究 2006~2014 年农业上市公司的 244 个年度样本数据，选取董事长、总经理、监事会主席、财务总监四名核心高管的性别、年龄、任期、学历为主要变量，并结合经营特征、财务状况和公司治理，选取高管薪酬、高管权力、公司规模、高管规模、成长机会、股权集中度、上市时间、盈利能力及财务杠杆作为控制变量，建立多元回归模型。实证分析得出：

① 曹建安，李枭姬，王兰兰．上市公司治理结构中监事会主席特征：动态发展及趋势［J］．财会通讯，2018（11）：53-56.

② 杨金，池国华，邹威．管理者背景特征对内部控制质量的影响研究：来自中国 A 股上市公司的经验证据［J］．会计研究，2014（11）：67-74.

高管年龄对内部控制有效性有显著的正向影响①。

（四）监事会主席的股权激励

对监事会主席进行股权激励，尽管有利于提高企业的创新效率，但对公司绩效的影响不显著。

张洪辉、夏天、王宗军（2010）立足于公司治理结构视角，运用实证分析，研究和探讨公司治理结构与公司创新效率之间的关系，得出结论：监事会主席持股比例对公司创新效率具有正向影响②。

万国强（2011）采用因子分析法对家族企业公司治理变量进行分析，研究发现：监事会主席持股数量对公司绩效的影响不显著③。

第四节　公司处罚与公司业绩

公司受到处罚对公司的经营业绩会产生不利的影响，监事会监督作用的发挥有利于减少公司受到处罚的概率，提升公司内部控制制度的有效性。

林思轶（2012）通过评价 2006~2011 年被证监会处罚的上市公司，根据内控制度的有效性选取了 73 家上市公司进行实证研究。研究发现：需要加强董事会、独立董事成员以及监事会成员的专业比例来弥补我国上市公司的内部控制制度不完善的问题，需要进一步通过激励董事会和监事会成员来提升公司内部控制的有效性④。

崔彦、王砚书（2010）通过实证分析在 2004~2006 年因为信息披露违规或财务舞弊而遭到中国证监会处罚的 109 家 A 股上市公司，研究发现：上市公司违规行为的发生与监事年薪和监事会提出异议次数之间具有较显著的相关性⑤。

① 查美萍．高管背景特征与内部控制有效性研究——以农业上市公司为例［D］．安徽农业大学硕士学位论文，2016.

② 张洪辉，夏天，王宗军．公司治理对我国企业创新效率影响实证研究［J］．研究与发展管理，2010（3）.

③ 万国强．家族企业公司治理与公司绩效关系研究［D］．沈阳工业大学硕士学位论文，2011.

④ 林思轶．董事会、监事会特征对我国上市公司内部控制有效性的影响研究［D］．东华大学硕士学位论文，2012.

⑤ 崔彦，王砚书．上市公司监事会制度特征与违规相关性的实证研究［J］．生产力研究，2010（9）：208-210.

Hannes、Köster 和 Matthias、Pelster（2017）研究了公司处罚与银行业绩的关系。研究选用了 2007~2014 年施加给 68 家国际银行行业上市公司的 671 则处罚及公司的税前盈利率和税后盈利率为样本。结论是公司处罚和税前盈利率呈反比关系，公司处罚与税后盈利率无显著关系。两者的不同结论源于税收开支的减少，银行业上市公司可以从税前收益扣除部分处罚金额。另外，根据公司的股票表现，发现公司的持有期收益率与公司处罚呈正比关系。意味着部分公司的处罚要小于其进行不当行为所获得的经济收益。在经历过处罚之后，大部分公司也可以成功处理不当行为所造成的法律后果①。

第五节　独立董事特征与公司业绩

独立董事的特征，包括独立董事性别、学历、年龄、专业、任期、规模、薪酬、股权激励等，对公司业绩都具有不同程度的影响，下文将对历史上研究独立董事特征与公司业绩的文献进行汇总分析。

一、独立董事的性别

专业知识丰富和社会阅历丰富的女性独立董事加入董事会，并很好地履行职责，能够为董事会的决策带来更多的备选方案，带来更多的不同意见和信息，有利于董事会进行科学的决策，对公司治理产生积极的效应，但对信息披露质量并没有显著影响。

王隆隆（2014）基于代理理论和高阶梯队理论，以 2009~2012 年沪深两市 A 股上市公司 13638 个观察值为研究样本，考察独立董事性别与公司现金股利分配之间的关系。研究得出：女性独立董事比例与公司现金股利显著正相关，对公司治理产生了积极效应。说明女性独立董事提高了董事会的监督力度②。

---

① Hannes，Köster. & Pelster，Matthias. Financial Penalties and Bank Performance ［J］. Journal of Banking and Finance，2017（79）：57-73.

② 王隆隆 . 独立董事特征与上市公司现金股利政策的实证研究［D］. 西南财经大学硕士学位论文，2014.

黄当（2015）结合2007~2013年我国16家上市商业银行的面板数据对商业银行独立董事异质性与银行绩效进行了实证分析，研究结果发现：性别异质性能够给银行治理带来不同的效果，它们对银行绩效产生显著的正向效应①。

李艳（2014）采用了实证分析的方法进行分析研究，通过构建Logistic回归模型，利用统计软件SPSS19.0进行回归分析，研究发现：女性独立董事占董事会的比例并没有对会计信息披露质量产生显著影响②。

二、独立董事的学历

独立董事的学历与公司经营业绩呈正相关关系，独立董事的学历越高，越能够更好地发挥作用，从而有利于公司经营业绩的提升。

袁萍、刘士余、高峰（2006）实证研究了我国上市公司董事会和监事会的结构特征对公司业绩的影响，通过采用大样本Panel数据（所有A股上市公司1999~2003年共3589组“公司—年度”Panel数据），并引入年份虚拟变量，发现：董事的学历水平对公司业绩具有显著的正向影响③。

张丽（2012）通过实证研究得出结论：在我国民营上市公司中，独立董事的学历与公司业绩呈正相关关系。

三、独立董事的年龄

独立董事的年龄对公司绩效的影响，历史上有两种截然不同的结论，有的学者认为，独立董事年龄的大小对公司绩效具有负面的影响，独立董事的年龄越大，越不利于公司业绩的提升。有的学者认为，独立董事的年龄与公司绩效呈显著的正相关关系，独立董事的年龄越大，经验越丰富，越有利于提高公司的经营业绩。

郭新磊（2018）以2011~2016年的A股上市公司为研究样本，对独立董事年龄与公司绩效的关系进行了检验，得出如下结论：上市公司独立董事的平

---

① 黄当．独立董事异质性与我国商业银行绩效的实证研究［D］．湘潭大学硕士学位论文，2015.

② 李艳．董事会特征对我国上市公司会计信息披露质量的影响研究［D］．西南大学硕士学位论文，2014.

③ 袁萍，刘士余，高峰．关于中国上市公司董事会、监事会与公司业绩的研究［J］．金融研究，2006（6）.

均年龄与公司业绩之间存在着负相关关系①。

韦瑞平（2018）通过运用描述性统计分析、相关性分析、多元回归分析、稳健性检验等方法对企业经营情况进行分析，研究发现：财务独立董事的年龄越大，越能够有效地抑制股价崩盘的发生，因为阅历和经验越丰富，对公司的决策建议、会计质量、信息披露越有提升作用②。

彭岱冉（2013）指出，年龄较大的独立董事可以通过自己丰富的经验和社会阅历帮助公司提高业绩。进而得出研究结论：独立董事的平均年龄与公司绩效呈正相关关系③。

四、独立董事的专业

独立董事的专业背景对公司绩效的提升具有很大的影响，独立董事的学历越高越有利于公司经营业绩的提升。独立董事引入中国的时间并不长，所以很多公司都把学历的高低作为挑选独立董事的依据，从一定程度上导致学历越高的独立董事越有更多的任职机会和从业经历。更多的从业经历直接带来了更多的经验。从业经验越丰富、学历越高、专业背景越强的独立董事，越能够通过发挥自己的专业水平帮助公司提高经营业绩。但受多种因素的制约，也存在独立董事的专业水平制约公司业绩提升的情况。

赵晋琳、刘蓝琦、温燕华（2018）以 2013~2015 年中小板和创业板高新技术企业数据为样本，通过描述性分析、多元回归分析研究独立董事的特征与公司绩效的相关性。研究发现：具有海外背景的独立董事占比越高，企业绩效越好。具有技术背景的独立董事所占的比例越高，越有利于提高公司的绩效④。

陈洁（2017）通过相关和回归分析实证查验创业板上市公司独立董事特性与公司业绩的关系。研究发现：①文凭越高、来自学术机构的独立董事对公司业绩越具有显著的正面作用；②具有会计相关知识的独立董事能有助于公司

---

① 郭新磊．内部控制质量、独立董事背景与公司绩效［D］．广西大学硕士学位论文，2018.

② 韦瑞平．财务背景独立董事人口统计特征对股价崩盘风险的影响研究［D］．山东大学硕士学位论文，2018.

③ 彭岱冉．独立董事特质与公司绩效的关系［D］．西南财经大学硕士学位论文，2013.

④ 赵晋琳，刘蓝琦，温燕华．创业板公司独立董事的特征分析［J］．赤峰学院学报（自然科学版），2018（2）.

业绩提高①。

李亚利（2015）以 2013 年深圳证券交易所主板 A 股上市公司为研究样本，利用实证的研究方法，从公司制度特征、个体特征和行为特征方面入手，全面细致地分析了学者型独立董事的比例、年薪、专业背景、年龄、性别、兼职情况、出席会议情况这 7 个特征对上市公司信息披露质量的影响。实证结果表明，学者型独立董事的比例、专业背景与上市公司的信息披露质量显著正相关②。

曾惜（2011）以市场业绩作为衡量标准进行回归分析，研究发现：独立董事的学历水平与公司业绩呈负相关关系③。

五、独立董事的任期

独立董事的任期与公司的经营业绩具有一定的相关性，并不是独立董事的任期越长越好，合理期限的任期有利于公司业绩的提升，所以独立董事的任期要把握好“度”的问题。

王隆隆（2014）指出，如果独立董事具有较长的任期，虽然能够保证独立董事有足够的时间来熟悉公司的内部控制、风险流程和战略以及企业外部竞争环境等信息，但是根据社交网络理论，独立董事与管理层等内部人长期共事会建立起密切关系，从而导致其独立性受损，无法对内部人进行有效监督，因此，独立董事任期与现金股利之间具有显著负相关关系，独立董事任期越长，现金股利的水平越低④。

杨凯越（2017）从独立董事比例、独立董事人物特征、独立董事任职特征和独立董事职业背景四个方面出发，以 2014~2016 年 A 股上市非金融上市公司的财务数据为研究样本，通过实证检验的方法对研究样本进行实证分析，研究结果表明：独立董事的平均任期越长，企业财务风险越低⑤。

---

① 陈洁．独立董事特征对公司业绩影响研究——来自中国创业板上市公司的数据分析［D］．西北农林科技大学硕士学位论文，2017.

② 李亚利．学者型独立董事特征与上市公司信息披露质量关系的实证研究［D］．河北大学硕士学位论文，2015.

③ 曾惜．独立董事制度对公司业绩的影响研究［D］．西南财经大学硕士学位论文，2011.

④ 王隆隆．独立董事特征与上市公司现金股利政策的实证研究［D］．西南财经大学硕士学位论文，2014.

⑤ 杨凯越．独立董事特征与企业财务风险［D］．吉林大学硕士学位论文，2017.

六、独立董事的薪酬

合理的薪酬体系设计能够调动独立董事工作的积极性，从而有利于独立董事更好地发挥监督作用。

李晋丰（2017）选取2015年国有上市公司数据，在研究国有上市公司的独立董事薪酬对企业绩效的影响时发现，国有企业独立董事薪酬的高低与企业绩效具有相关性，独立董事的薪酬越高，企业绩效越好①。

曾惜（2011）指出，独立董事的薪酬与公司的业绩呈现显著的相关性，具有显著的正相关关系②。

王隆隆（2014）通过研究发现，实施物质激励能够促进独立董事履行监督职责。独立董事薪酬与公司现金股利之间具有显著的正相关关系，独立董事薪酬越高现金股利也越高③。

韩瑞铭（2012）以2002~2010年上市公司为样本进行面板回归发现：独立董事平均薪酬与公司绩效显著正相关④。

七、独立董事的来源

独立董事的来源在一定程度上影响着公司的经营业绩，但在不同维度发挥着不同的作用。

郑振刚、徐海涛（2008）通过八个回归模型检验公司经营业绩与独立外部董事比例之间的关系，研究发现：中国上市公司的独立董事在“对上市公司重大事项发表独立意见”“独立履行职责”和“对公司关联交易的监督和检查”三个方面具有明显的作用⑤。

陈聪（2015）将独立董事的专业背景划分为政府类独立董事、支撑类独

① 李晋丰．国有上市公司独立董事薪酬与公司绩效实证研究［J］．河北地质大学学报，2017（2）．

② 曾惜．独立董事制度对公司业绩的影响研究［D］．西南财经大学硕士学位论文，2011.

③ 王隆隆．独立董事特征与上市公司现金股利政策的实证研究［D］．西南财经大学硕士学位论文，2014.

④ 韩瑞铭．独立董事特征与公司绩效研究［D］．山东大学硕士学位论文，2012.

⑤ 郑振刚，徐海涛．外部独立董事对中国跨国公司治理绩效影响分析［J］．经济师，2008（12）．

立董事和管理类独立董事，利用 2010~2013 年中国上市公司相关面板数据进行实证检验，发现这三类专业背景与企业绩效之间都没有显著相关关系，但与企业每股收益之间存在着显著的负相关关系①。

八、独立董事的股权

独立董事持有公司的股票，从法律上来讲，不利于独立董事保持独立性。

邓杰（2013）以中国深沪两市 A 股上市公司为样本，共选取了 5262 个样本，采用回归分析法，进行描述性统计、相关关系分析、回归分析，以净资产收益率作为公司绩效的衡量指标，探讨了公司治理结构的主要组成部分，得出结论：在目前的企业制度下，独立董事持股比例对业绩的影响为负②。

九、独立董事的规模

独立董事规模人数对公司业绩的关系研究，不同的学者有不同的研究结论，大致分为两种：一种是独立董事的规模人数对公司业绩具有正向影响，另一种是独立董事的规模人数对公司业绩具有负向影响。

徐云燕（2016）从董事会规模、董事会结构、董事长总经理任职情况等方面分析我国董事会特征，在理论分析的基础上选取相关指标对公司业绩的影响进行实证分析，研究发现：独立董事占比与公司业绩呈正相关关系③。

杨之祺等（2014）以 2012 年度沪深两市主板中已实施股权激励的上市公司为研究对象，实证分析了股权激励与公司业绩之间的相关性。研究发现：独立董事规模与公司业绩呈微弱的负相关关系④。

刘海运（2007）运用描述性统计的方法，从纵向和横向分别分析了资产负债率等变量之间的差异和变化，研究发现：独立董事比例与公司绩效之间存

① 陈聪．梯度嵌入视角下独立董事制度影响企业绩效的机理分析［D］．浙江工商大学硕士学位论文，2015.

② 邓杰．公司治理与上市公司绩效关系的实证分析［D］．江西财经大学硕士学位论文，2013.

③ 徐云燕．我国上市公司董事会特征与公司业绩的实证研究［J］．江苏经贸职业技术学院学报，2016（2）：9-14.

④ 杨之祺，韩朝，奚奇．上市公司股权激励与公司业绩相关性实证研究［J］．商业会计，2014（12）：95-98.

在正相关关系，但受到行业差异的影响[①]。

第六节 监事会与独立董事的关系

独立董事和监事会对加强公司监督和提高公司经营业绩能够同时存在还是两者互相替代，不同的专家学者进行研究得出了不同的结论。

一、分别存在的观点

尹涛（2012）指出，独立董事的发展是一个逐步演变进化的过程，如果不加以改造就全盘引入新的独立董事制度，并试图取代现有的监事会制度，这会冲击我国传统的公司制度，难以起到预期的作用。因此，强化我国公司内部监督机制，必须坚持和完善已有的监事会制度[②]。

高明华、刘金玲（2006）指出，由于二元公司治理模式固有的矛盾以及现有相关法律的不健全，独立董事和监事会存在着明显的职权冲突，我们应该区分长期和短期两种制度安排，解决两者之间的冲突不能急功近利。短期内要形成协调机制，明确界定独立董事与监事会两种制度的不同性质与功能；长期则要实现两者职能的融合，向单一监事会制度过渡[③]。

二、相互促进的观点

独立董事制度和监事会同时存在，充分发挥独立董事制度和监事会制度的作用，让两者发挥各自的作用，实现相互促进。

庞礴（2018）认为，虽然独立董事制度和监事会制度起源于不同的法系，

---

① 刘海运．基于行业差异的独立董事制度与公司绩效的实证研究［D］．湖南大学硕士学位论文，2007.

② 尹涛．反思我国公司法上的独立董事制度［J］．湖北经济学院学报（人文社会科学版），2012（7）：97-99.

③ 高明华，刘金玲．独立董事和监事会的职权冲突及制度选择［J］．中国社会科学院研究生院学报，2006（6）：29-35.

但通过发挥独立董事制度的优点并完善我国传统的监事会制度，可以合理地分配两者之间的权限，让两者的分工更加合理，使得两者能够互相配合、充分发挥各自的作用①。

宋洪吉等（2013）指出，独立董事与监事会双重监督与制约着董事会。在现实情况下，两者并存是必要的，需要进一步完善企业的内部监督机制，加强监事会与独立董事制度间的协调配合②。

胡齐琪（2017）指出，根据《公司法》规定，我国存在着独立董事制度与监事会制度并行的状态，两者并行的优势在于互相取长补短，缺陷在于权责不明引发争端③。

王世权等（2007）针对监事会“加强说”和“取消说”的争论，运用比较制度分析方法，分析了我国监事会制度演进过程中的历史路径依赖特征以及控制权市场、独立董事与监事会制度之间的互补关系，阐明了加强监事会治理是必要的，提出了通过完善监事会制度作为突破口，以整体优化中国上市公司治理结构的建议④。

周作斌、史卫民（2003）指出，独立董事不能取代监事会，引进独立董事也只是一种探索，其实际成效还有待通过实践来检验。但无论如何，应坚持双管齐下来完善公司的内部监督机制，引进独立董事与不断完善现有的监事会制度要同步推进⑤。

董佰壹（2008）指出，应该努力协调独立董事制度和监事会制度的关系，实现功能上的互补与相辅相成。监事会是我国公司的传统监督机关，独立董事制度因为引入时间尚短，现在还有很多不足之处，需要不断完善。这就要求我们不能因为引入独立董事制度而降低或者放弃对监事会这一传统监督机关的

---

① 庞礴．论我国公司内部监督机制的完善——独立董事制度与监事会制度的协调［J］．法制与社会，2018（17）：43-44，51．

② 宋洪吉，金鑫，吴晓静．监事会与独立董事两种制度间关系的探析［J］．中国市场，2013（5）：27-28，41．

③ 胡齐琪．我国上市公司中监事会与独立董事制度并行存在的问题与完善对策［J］．福建质量管理，2017（18）：1-2．

④ 王世权，刘金岩．控制权市场、独立董事制度与监事会治理——基于比较制度分析的视角［J］．山西财经大学学报，2007（4）：71-77．

⑤ 周作斌，史卫民．独立董事制度与监事会制度的冲突与协调［J］．当代经济科学，2003（4）：61-63．

关注①。

三、相互取代的观点

独立董事制度执行至今，仍处于不断探索的阶段，所以对独立董事的界定还是很模糊，在企业的实际运行中，往往出现独立董事与监事会职能重叠的现象。独立董事和监事会都对董事会进行监督检查，工作中难免出现冲突。

王银燕（2016）指出，独立董事制度和监事会同时存在，一方面，降低了企业运行效率，有时可能出现独立董事与监事会“踢皮球”的情形；另一方面，也是对企业人力资源的浪费，没有对人才进行有效利用②。

冉光圭（2015）通过引入会计信息质量，实证检验了监事会的治理效率和独立董事及其交互效应，研究发现：在国家宏观层面，引入独立董事制度，优化了制度结构，增加了治理监督的制度供给，监事会治理效率得到了明显改善，获得了制度竞争带来的“红利”；在公司微观层面，独立董事和监事会之间却是一种替代关系③。

史原（2011）通过理论和实证方法的分析得出：独立董事在降低隐性代理成本时发挥了更为积极的作用，独立董事的规模越大，越有利于降低监事会代理成本，但如果独立董事参加董事会会议次数较多，则对监事会会议降低代理成本起到削弱的作用；监事会并未发挥积极作用，而且大规模的监事会会减弱独立董事降低代理成本的作用，监事会会议次数较多也会减弱独立董事降低代理成本的作用。在降低显性代理成本时，监事会发挥更为积极的作用，大规模的监事会可提升监事会降低代理成本的作用；独立董事并未发挥积极作用，而且大规模的独立董事会减弱监事会降低代理成本的作用，独立董事参加董事会会议次数较多也会减弱监事会降低代理成本的作用。独立董事与监事会之间的促进作用说明两者定位有一定合理性，但两者间主要存在相互抑制的作用④。

① 董佰壹．论我国独立董事与监事会的冲突与协调［J］．河北大学学报（哲学社会科学版），2008（5）：78-81.

② 王银燕．我国上市公司独立董事制度——基于与监事会职能重叠的研究［J］．商情，2016（30）：89.

③ 冉光圭．会计专长、独立董事治理与会计信息质量［J］．会计之友，2015（17）：2-13.

④ 史原．独立董事与监事会的关系研究［D］．重庆理工大学硕士学位论文，2011.

第七节 公司业绩

对于公司业绩的研究，一般采用每股收益、净资产收益率、总资产收益率、托宾 Q 系数等指标。

郑振刚、徐海涛（2008）采用学术界中普遍使用的托宾 Q 系数来衡量公司的经营业绩。其中托宾 Q 系数可定义为：托宾 Q 系数 = 公司资产的市场价值/资产的重置成本。其中，公司资产的市场价值包含了公司股东股票的市场价值和债务的市场价值，资产重置成本包括实际折旧率、资本支出、通货膨胀以及各个公司使用存货估价方法后分别估算出的存货及固定资产的成本。①

HELFERT，E.（2001）对公司业绩的评估是每个公司管理不可缺少的一部分。相关评估可以有效反映公司管理层的决策得失和监事会的监管力度。相对传统来说，公司业绩可以由一些金融意义上的绩效指标决定。利润率是税后净收益与销售额之比，其评估了公司定价政策的有效性、购买或生产成本的控制能力和公司实际盈利的能力。资产回报率是税后净利率与公司总资产之比，其评估了公司利用资产盈利的效率。这是业界最为广泛的权衡公司盈利能力的指数，对股东和债权人的决定有重要影响。净资产回报率是公司税后净利润和股东权益之比，其评估了公司对股东投入的回报率。因为这是有关股东投资收益的指数，所以对公司潜在投资者至关重要②。

Hayat M. Awan，M. Ishaq Bhatti 和 Zahid Razaq（2015）研究了提高公司盈利能力所涉及的财务管理指标。该论文采用分层随机抽样方法，选取 200 家采用过程绩效管理系统（Performance Management System，PMS）标准的制造企业为样本，采用 ROE、ROA 等方法对绩效指标对企业整体绩效指标的影响进行检验③。

---

① 郑振刚，徐海涛．外部独立董事对中国跨国公司治理绩效影响分析［J］．经济师，2008（12）．

② HELFERT，E. Financial Analysis：Tools and Techniques：A Guide for Managers［M］. Praha：Grada，2001：485.

③ Hayat M. Awan，M. Ishaq Bhatti，Zahid Razaq. Financial Management：The Impact of Performance Indicators on the Organizational Profitability［J］. 2015，13（1）：84-96.

Manokaran K R 等（2018）研究探讨了企业社会责任披露对马来西亚保险业上市内资公司财务绩效的影响，对 2008~2017 年 13 家马来西亚国内保险公司的年度报告进行分析，研究企业社会责任对财务绩效的影响。在将调查结果与财务绩效指标（资产回报率（ROA）、股票回报率（ROE）和每股收益（EPS））相匹配之前，将内容分析数据进一步转换为 GRI、CSR 披露指数表。通过相关分析，检验了企业社会责任与资产回报率、净资产收益率和每股收益的关系①。

Kiss Agota 和 Orban Ildiko（2015）认为，衡量企业绩效、效率和有效利用资源在当今社会具有越来越重要的作用。公司绩效的解释有很多种方式，有大量的文献讨论绩效衡量，根据目标和利益相关方，有几种方法，从简单的指标到更复杂的模型。根据最常用的定义，绩效衡量是活动有效性和效率的衡量过程（Neely 等，1995）。根据公司的会计信息，可以制定许多绩效指标，这些指标可能是有用的基准。在证券交易所上市的公司必须特别重视与非上市公司相比业绩的衡量及其在财务报表中的列报，因为投资者的首要目标是使投资回报最大化。这一领域的国家级法规不统一，公司比较存在问题。上市公司必须按照国际财务报告准则（International Financial Reporting Standards，IFRS）的规定提交财务报表。标准董事会意识到由于业绩衡量不统一，缺乏可比性。他们的观点是每股收益（EPS）是一个可比较的指标，显示了公司收益的一致性，因此，1997 年他们发布了 IAS 33“每股收益”标准。国际会计准则第 33 号提供了一种计算每股收益的标准化方法，该方法能够可靠地告知投资者其股票收益。本书的目的是介绍国际会计准则委员会（International Accounting Standards Committee，IASC）颁布的准则的理论框架，介绍基本和稀释每股收益指标的计算方法。我们还将通过对德国阿克蒂尼德克斯（DAX）30 家公司的财务报表进行分析，探讨该方法的实际应用。目前的研究主要集中在国际会计准则委员会支持的绩效衡量方法上，该方法减轻了公司之间的比较，与财务学科中采用的绩效衡量方法不一致②。

Camelia-Daniela Hategan 等（2017）研究了罗马尼亚上市公司的慈善捐款、业绩和市场价值之间的关系。为实现这一目标，对 2011~2016 年在布加

① Manokaran K R，Ramakrishnan S，Hishan S S，et al. The Impact of Corporate Social Responsibility on Financial Performance: Evidence from Insurance Firms [J]. Management Science Letters, 2018: 913-932.

② Kiss Agota, Orban Ildiko. The EPS of the IFRS as a Benchmark of Corporate Performance Annals of the University of Oradea [J]. Economic Science, 2015, 25 (1): 944-948.

勒斯特证券交易所上市的一组公司进行了面板数据分析。实证分析指出，运用逻辑回归分析，部分财务指标和非财务指标有助于公司做出慈善捐款的决定。他们还测试了这些指标和企业给予活动［如企业社会责任（Corporate Social Responsibility，CSR）活动］对以托宾Q值表示的公司价值的影响，以及以净资产回报率（ROE）表示的公司绩效的影响。结果表明：罗马尼亚上市公司的慈善捐款、业绩和市场价值之间存在正相关关系①。

LuZhang等（2012）认为，托宾Q值作为企业绩效指标，与其他会计指标相比，具有一定的内在优势，能够更好地反映ERP投资对企业绩效的贡献。本书采用多元回归模型，探讨企业资源规划投资对托宾Q值的影响，样本包括1999~2007年在上海、深圳证券交易所上市的126家制造业公司。实证结果表明：在ERP实施后的前三年，托宾Q值没有显著变化，但在第四年，托宾Q值显著增加。ERP作为一种战略性的长期投资，伴随着大规模的业务流程再造和组织学习，其实施具有滞后效应，但最终产生了显著的效益②。

Su J与Ji X（2013）研究了权力制衡是否以及如何影响日本上市公司的业绩。根据东京证券交易所上市公司的样本数据，可以解释为ROA（资产回报率）可以分别在TOP1（最大股东的无线电）、TOP2（第二股东的比率）和TOP3（第三股东的比率）上回归。实证结果表明：TOP1与ROA呈负相关；TOP2与ROA呈正相关；TOP3与ROA呈负相关。这些结果表明，降低交叉持股比例，增强第二大股东的影响力是提高公司盈利的有效途径③。

本章小结

本章对于公司治理机制、监事会治理、监事会个体特征、监事会规模与监事会主席特征、独立董事特征、处罚次数与公司业绩关系的相关文献进行了汇

① Camelia-Daniela Hategan，Ruxandra-Ioana. Testing the Correlations between Corporate Giving，Performance and Company Value［J］. Cornell Hospitality Quarterly，2017，9（7）：1210.

② LuZhang，JinghuaHuang，XinXu. Impact of ERP Investment on Company Performance：Evidence from Manufacturing Firms in China［J］. Tsinghua Science and Technology，2012，17（3）：232-240.

③ Su J，Ji X. Power Balance of Equity and Corporate Performance［C］// International Conference on Industrial Engineering & Engineering Management. Springer Berlin Heidelberg，2013.

总、梳理、分析和归纳，总体来看分为三种情况，有的专家认为，上述相关特征与公司业绩正相关，有的专家认为不相关，有的专家认为负相关。

公司业绩一般采用每股收益、净资产收益率、总资产收益率、托宾 Q 系数等指标。

第三章　监事会与公司业绩：性别、学历、年龄

监事的性别、学历、年龄，监事会这些个体特征与监事的个人特点直接相关，是监事会发挥作用的基础因素。

本章对监事的性别、学历、年龄等与公司业绩的关系，进行汇总分析和实证研究。其中，监事的性别分为男、女；监事的学历分为博士及以上、硕士、本科、大专及以下四类；监事的年龄用实际年龄分段统计来表示。

第一节　研究假设

根据相关文献，本章对于监事会成员与个人特点相关的个体特征与公司业绩的假设如下：

假设1：监事的性别与公司业绩呈现正相关关系。

假设2：监事的学历与公司业绩呈现正相关关系。

假设3：监事的年龄与公司业绩呈现正相关关系。

第二节　监事会个体特征的汇总依据、选取范围和选取原则

一、监事会个体特征的数据汇总依据

监事会个体特征包括监事性别、年龄、学历，按照不同的汇总方法，分别进行汇总和计算。

（一）关于监事性别汇总依据

（1）监事的性别分类。男、女、未公布三种。

（2）根据专家意见和相关文献，赋予性别系数。男性为 1、女性为 1、未公布性别为 0 ，在做性别系数占比统计时不包含未公布性别人数。

（3）监事性别具体汇总和计算方法如下：

男性人数=上市公司监事性别为男的人数合计

男性人数占比=男性人数/总人数×100%

男性系数合计=男性人数×男性系数

男性系数占比=男性系数/性别系数总数×100%

女性监事人数及性别数据汇总和选取算法与男性监事一致。

（二）关于监事学历汇总依据

（1）根据专家意见和相关文献，监事学历分为以下五类：博士及以上学历（以下简称博士）、硕士、本科、大专及以下学历（以下简称大专）、未公布 。

（2）赋予学历系数。博士为 4、硕士为 3、本科为 2、大专为 1、未公布为 0，在统计学历系数指标时不包含未公布数据。

（3）监事学历具体汇总和计算方法如下：

博士人数=上市公司监事学历为博士的人数合计

博士人数占比=博士人数/总人数×100%

博士学历水平=博士人数×博士系数

博士学历水平占比=博士学历水平/学历水平总和×100%

学历水平总和=博士学历水平+硕士学历水平+本科学历水平+大专学历水平

平均学历水平=学历水平总和/已公布学历人数

硕士、本科、大专学历的人数、水平和占比算法与博士的人数、水平和占比算法一致。

（三）关于监事年龄汇总依据

（1）根据专家意见和相关文献，对监事年龄进行分段汇总。按照已公布的年龄分为五个年龄区间：30岁及以下（以下简称30岁以下）、31~40岁、41~50岁、51~60岁、61岁及以上（以下简称61岁以上）。在统计监事年龄指标时不包含未公布数据。

（2）监事年龄的汇总和计算办法。

平均年龄=上市公司监事年龄总和/已公布年龄监事人数

年龄总和=上市公司已公布的监事年龄人数合计

已公布年龄人数=上市公司已公布年龄的监事人数总和

30岁以下人数=上市公司监事中已公布年龄在30岁以下的人数合计

30岁以下人数占比=30岁以下人数/总人数×100%

31~40岁、41~50岁、51~60岁、61岁以上年龄分段的人数与占比算法同30岁以下人数、占比算法一致。

二、监事会个体特征样本数据的选取范围

样本数据的选取范围为在大智慧公司和WIND数据库中，从2007年1月1日至2017年12月31日，在中国沪深两市上市的全部上市公司。在这期间已经退市的公司，从退市的第二年起，不再汇总数据。

三、监事会个体特征数据选取原则

（1）在统计监事性别时不包含未公布监事性别的样本。

（2）在统计监事年龄时不包含未公布监事年龄的样本。

（3）在统计监事学历时不包含未公布监事学历的样本。

（4）考虑到样本公司的全面性，在汇总上市公司相关监事学历、年龄、性别时，对ST公司和*ST的上市公司继续保留汇总和汇总数据。

第三节　监事会个体特征描述性统计分析

一、监事的性别

上市公司监事性别样本，从 2007～2017 年共有 25776 家公司，共计有 25776 个样本观测数据，按照公司数量统计的样本个数，用总样本个数减去观测样本个数即为缺失数据的个数。

（一）监事性别描述性统计表

监事性别描述性统计如表 3-1 所示。

表 3-1　监事性别描述性统计

变量名称	平均	中位数	众数	标准差	方差	最小值	最大值	观测数
男性人数	2.74	3.00	3.00	1.42	2.02	0.00	14.00	25776
男性人数占比	0.72	0.67	1.00	0.26	0.07	0.00	1.00	25776
男性系数	2.74	3.00	3.00	1.42	2.02	0.00	14.00	25776
男性系数占比	0.72	0.67	1.00	0.26	0.07	0.00	1.00	25776
女性人数	1.00	1.00	1.00	0.94	0.88	0.00	6.00	25776
女性人数占比	0.28	0.33	0.00	0.26	0.07	0.00	1.00	25776
女性系数	1.00	1.00	1.00	0.94	0.88	0.00	6.00	25776
女性系数占比	0.28	0.33	0.00	0.26	0.07	0.00	1.00	25776
未公布人数	0.00	0.00	0.00	0.07	0.01	0.00	4.00	25776
未公布人数占比	0.00	0.00	0.00	0.02	0.00	0.00	0.80	25776

（二）监事性别人数分布图

监事男性人数与女性人数分布如图 3-1 和图 3-2 所示，其中，横轴表示每个公司监事会中男性或女性的人数，纵轴表示公司数目。图 3-3 为男性监事和女性监事比例和构成图。

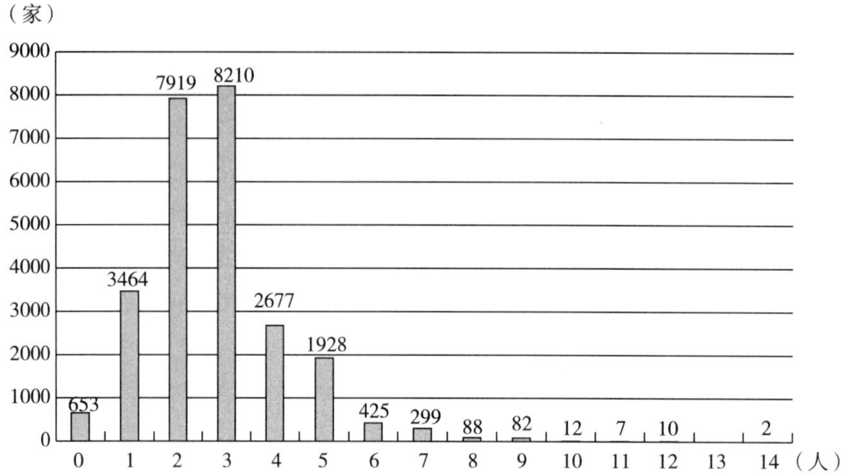

图 3-1　男性监事人数分布

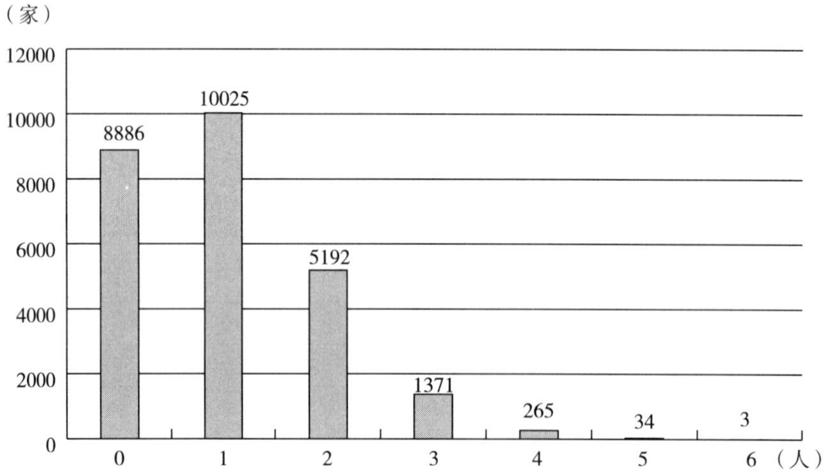

图 3-2　女性监事人数分布

（三）监事性别人数和比例的统计分析

（1）由于男性监事系数与女性监事系数赋值均为 1，结合上述图表发现，在上市公司监事性别分布中，男性人数多于女性人数，而且从整体来看，大部分上市公司监事的男性与女性人数分布为 1~3 人。

（2）结合表 3-1，在 2007~2017 年的数据中，每个上市公司中监事会男性人数最大值为 14 人，最小值为 0，众数为 3 人，监事平均人数为 2.74

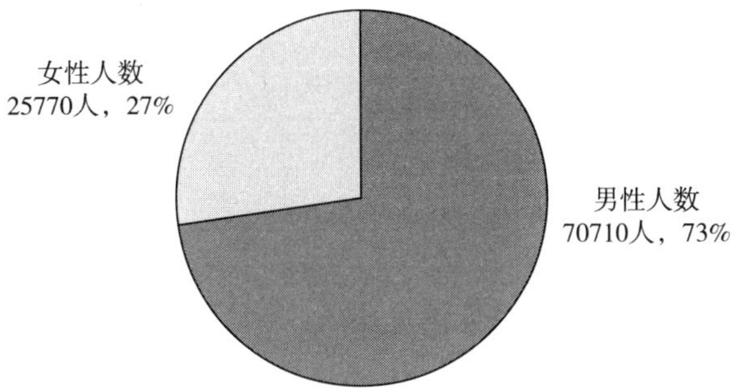

图 3-3 全部监事性别人数和比例分布

人。男性监事的最大值的公司为 14 人，来自泛海控股股份有限公司。男性人数为 0 的样本共有 653 个，例如，沪深 A 股主板中山公用事业集团股份有限公司、创业板广东国立科技股份有限公司等。每个公司监事中女性人数最大值为 6 人，最小值为 0，众数为 1 人，平均人数为 1 人。女性监事最多的公司人数为 6 人，来自浙江富润股份有限公司。同时有 8886 家公司没有女性监事，例如，万科企业股份有限公司、深圳市振业（集团）股份有限公司等。

（3）结合图 3-3，在已汇总的监事 96480 人中，男性监事人数为 70710 人，所占比例为 73%，女性监事人数为 25770 人，所占比例为 27%。

二、监事的学历

监事学历进行描述性统计分析的各指标说明与上文对监事性别的分析相同，描述性统计分析的结果如表 3-2 所示。

（一）监事学历描述性统计表及分析

（1）从表 3-2 来看，每个公司公布监事学历的平均人数为 3.27 人，其中，最大值为 15 人，最小值为 0，中位数和众数都为 3 人。

（2）每个公司监事专科学历平均人数为 0.75 人，占比为 21%；本科平均人数为 1.54 人，占比为 41%；硕士平均人数为 0.88 人，占比为 22%；博士平均人数为 0.09 人，占比为 2%；未公布学历人数为 0.48 人，占比约为 13%。通过数据统计可以看出，上市公司监事学历中本科人数及占比最多，博士人数及占比最少。

（3）根据不同学历水平，给予博士、硕士、本科、专科分别赋予数值为 4、3、2、1。结合表 3-2，每个公司监事的博士平均水平为 0.38，占比为

4%；硕士平均水平为 2. 63，占比为 30%；本科平均水平为 3. 08，占比为 47%；专科平均水平为 0. 75，占比约为 18%；未公布学历水平为 0，不纳入统计。通过监事各学历的平均水平来看，博士平均水平最低，本科水平最高，其次是硕士学历水平和专科学历水平。

表 3-2 监事学历描述性统计

变量名称	平均	中位数	众数	标准差	方差	最小值	最大值	观测数
学历系数	6. 85	6. 00	6. 00	3. 89	15. 16	0. 00	40. 00	25776
已公布学历人数	3. 27	3. 00	3. 00	1. 46	2. 12	0. 00	15. 00	25776
平均学历系数	2. 02	2. 00	2. 00	0. 61	0. 37	0. 00	4. 00	25776
大专人数	0. 75	1. 00	0. 00	0. 91	0. 82	0. 00	6. 00	25776
大专人数占比	0. 21	0. 14	0. 00	0. 25	0. 06	0. 00	1. 00	25776
大专水平	0. 75	1. 00	0. 00	0. 91	0. 82	0. 00	6. 00	25776
大专水平占比	0. 18	0. 07	0. 00	0. 27	0. 07	0. 00	1. 00	25776
本科人数	1. 54	1. 00	1. 00	1. 19	1. 41	0. 00	9. 00	25776
本科人数占比	0. 41	0. 33	0. 33	0. 29	0. 09	0. 00	1. 00	25776
本科水平	3. 08	2. 00	2. 00	2. 37	5. 62	0. 00	18. 00	25776
本科水平占比	0. 47	0. 50	0. 00	0. 33	0. 11	0. 00	1. 00	25776
硕士人数	0. 88	1. 00	0. 00	1. 09	1. 20	0. 00	12. 00	25776
硕士人数占比	0. 22	0. 20	0. 00	0. 25	0. 06	0. 00	1. 00	25776
硕士水平	2. 63	3. 00	0. 00	3. 28	10. 76	0. 00	36. 00	25776
硕士水平占比	0. 30	0. 27	0. 00	0. 32	0. 10	0. 00	1. 00	25776
博士人数	0. 09	0. 00	0. 00	0. 34	0. 11	0. 00	5. 00	25776
博士人数占比	0. 02	0. 00	0. 00	0. 08	0. 01	0. 00	1. 00	25776
博士水平	0. 38	0. 00	0. 00	1. 35	1. 83	0. 00	20. 00	25776
博士水平占比	0. 04	0. 00	0. 00	0. 13	0. 02	0. 00	1. 00	25776
未公布人数	0. 48	0. 00	0. 00	0. 80	0. 65	0. 00	7. 00	25776
未公布人数占比	0. 13	0. 00	0. 00	0. 23	0. 05	0. 00	1. 00	25776

（二）监事学历的分布图及分析

每个公司的监事学历，包括专科、本科、硕士、博士，具体分布如图 3-4

所示，其中，横坐标表示每个公司学历的监事人数，纵轴表示公司数目。

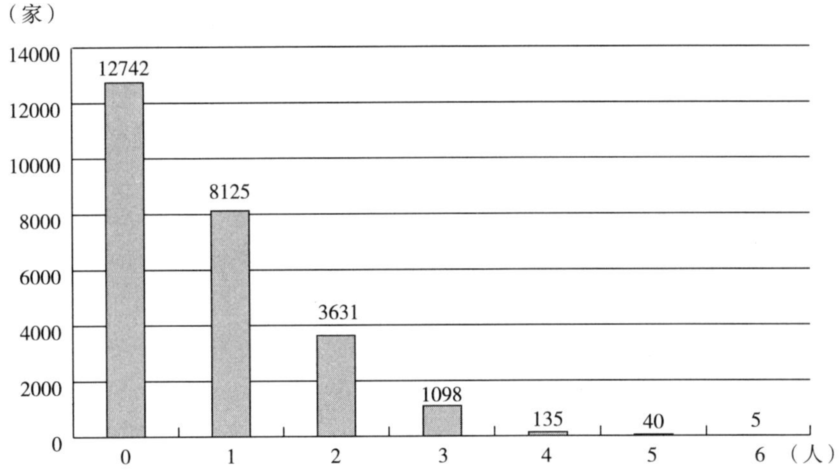

图 3-4　大专学历的监事分布

从图 3-4 中可知，在监事专科学历中，1 人的公司有 8125 家，为最多，2 人的公司有 3631 家，3 人的公司有 1098 家，4 人以上公司数很少。

从图 3-5 中可知，在监事本科学历中，有 1 人的公司为 8195 家，为最多，2 人的公司有 7212 家，3 人公司有 3620 家，4 人以上的公司数很少。

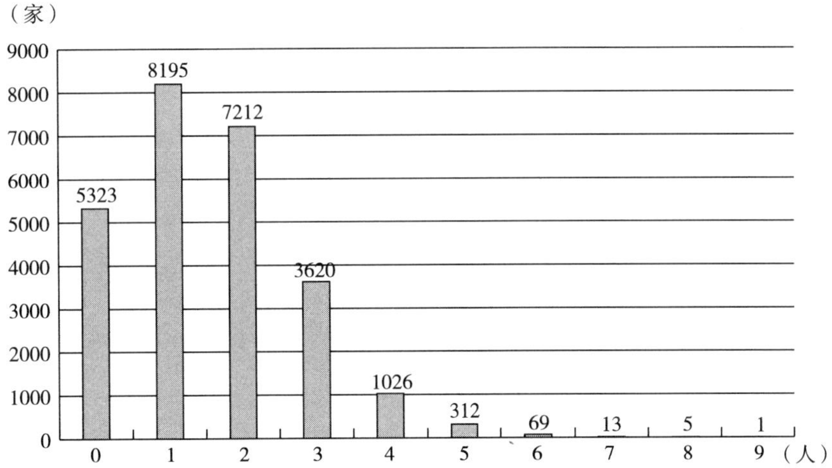

图 3-5　本科学历的监事分布

从图 3-6 中，在监事硕士学历中，首先是 1 人的公司有 7749 家，为最多，其次是 2 人的公司有 3789 家，3 人公司有 1380 家，4 人以上的公司数很少。

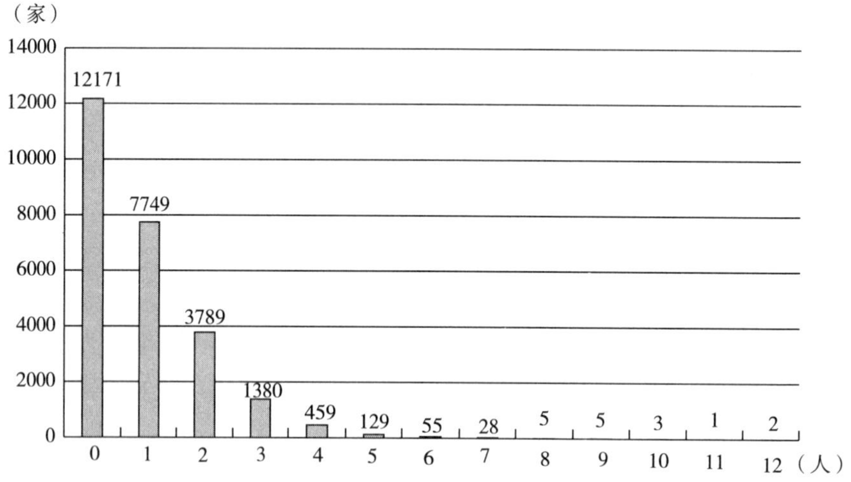

图 3-6　硕士学历的监事分布

从图 3-7 中，在监事博士学历中，有 1 人的公司为 1865 家，为最多，其次是 2 人的公司有 228 家，3 人以上公司数很少。

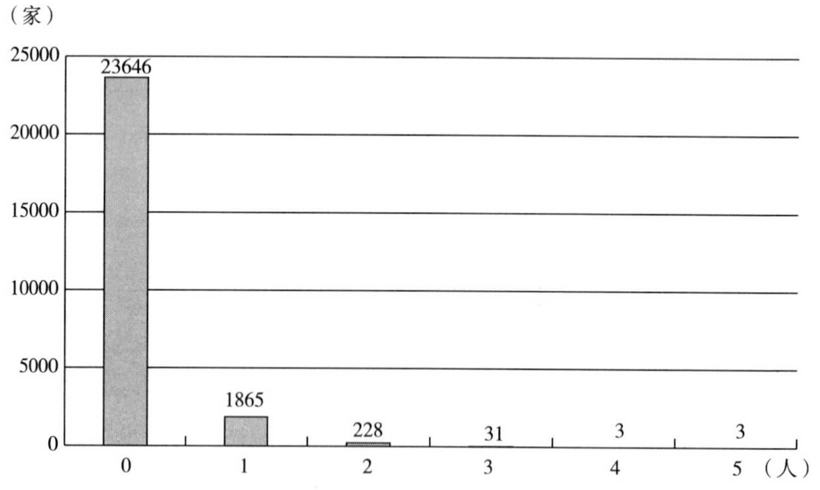

图 3-7　博士学历的监事分布

根据监事会的人数特征，结合上述图，专科和博士学历人数分布呈现左偏的状态，相比之下，本科学历和硕士学历的人数分布比较均匀。这是由于大部分公司监事会中，学历较低的大专学历与较高的博士学历人数较少，但本科学历与硕士学历人数较多，因此，总体分布会呈现上述状态。

图 3-8 表示所有监事中学历分布的比重（仅分析已公布学历的数据），监事学历汇总人数为 84213 人，其中本科学历人数最多，为 39697 人，占全部人数的 47%；博士学历人数最少，为 2441 人，仅占全部人数的 3%；硕士学历人数为 22624 人，占比为 27%；专科学历人数为 19451 人，占比为 23%。

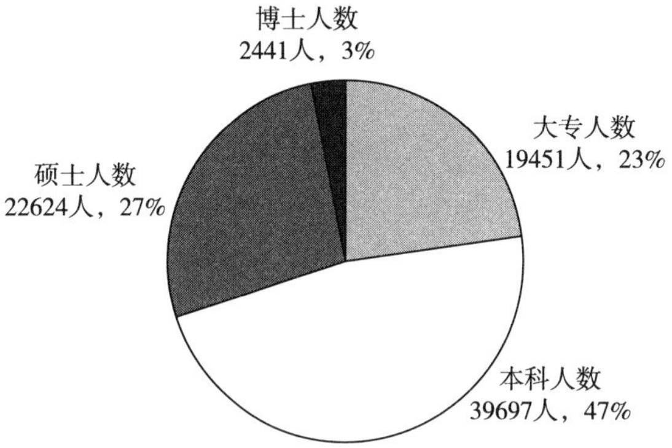

图 3-8　全部监事学历分布

三、监事的年龄

对监事年龄进行描述性统计分析，结果如下：

（一）监事年龄描述性统计表及分析

监事年龄的描述性统计如表 3-3 所示，全部样本为 25776 家公司，可以发现观测公司监事平均年龄为 66.36 岁，中位数为 66 岁，众数为 68 岁，监事的平均年龄较大。

每个公司已公布监事年龄的平均人数为 3.73 人，其中，30 岁及以下的监事，在每个公司的平均人数为 0.02 人，31~40 岁的监事平均人数为 0.45 人，41~50 岁的监事平均人数为 1.28 人，51~60 岁的监事平均人数为 1.33 人，61 岁及以上的监事平均人数为 0.64 人。

表 3-3 监事年龄描述性统计

变量名称	平均	中位数	众数	标准差	方差	最小值	最大值	观测数
平均年龄	66. 36	66. 00	68. 00	9. 21	84. 80	31. 25	145. 00	25776
年龄总数	245. 14	219. 00	208. 00	80. 33	6453. 55	44. 00	906. 00	25776
公布人数	3. 73	3. 00	3. 00	1. 27	1. 62	0. 00	15. 00	25776
30 岁及以下	0. 02	0. 00	0. 00	0. 16	0. 02	0. 00	3. 00	25776
占比	0. 01	0. 00	0. 00	0. 05	0. 00	0. 00	1. 00	25776
31～40 岁	0. 45	0. 00	0. 00	0. 73	0. 54	0. 00	5. 00	25776
占比	0. 14	0. 00	0. 00	0. 23	0. 05	0. 00	1. 00	25776
41～50 岁	1. 28	1. 00	1. 00	1. 07	1. 15	0. 00	9. 00	25776
占比	0. 35	0. 33	0. 33	0. 28	0. 08	0. 00	1. 00	25776
51～60 岁	1. 33	1. 00	1. 00	1. 23	1. 52	0. 00	10. 00	25776
占比	0. 34	0. 33	0. 00	0. 28	0. 08	0. 00	1. 00	25776
61 岁及以上	0. 64	0. 00	0. 00	0. 95	0. 90	0. 00	8. 00	25776
占比	0. 16	0. 00	0. 00	0. 23	0. 05	0. 00	1. 00	25776
未公布	0. 02	0. 00	0. 00	0. 16	0. 03	0. 00	4. 00	25776
占比	0. 00	0. 00	0. 00	0. 03	0. 00	0. 00	1. 00	25776

（二）全部监事年龄分布图及分析

由图 3-9 可知，全部监事年龄分布状况如下：30 岁及以下人数为 553 人，占比为 1%；31～40 岁人数为 11639 人，占比为 12%；41～50 岁人数为 33077 人，占比为 34%；51～60 岁人数为 34314 人，占比为 36%；61 岁及以上人数

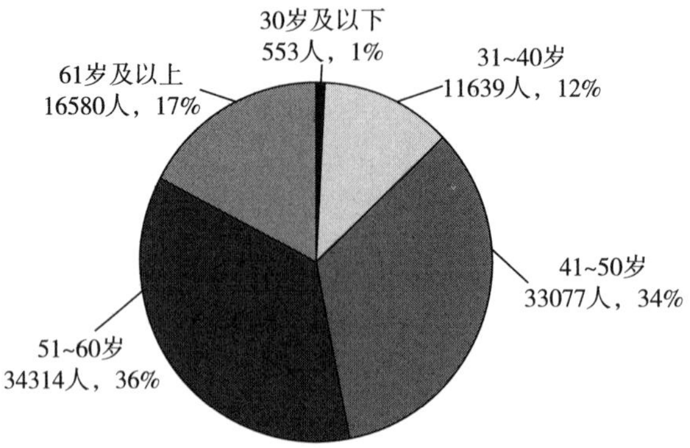

图 3-9 监事各年龄比例分布

为 16580 人，占比为 17%。可见，51~60 岁的监事人数最多，41~50 岁的监事人数其次，61 岁及以上的监事人数排名第三。通过上述统计数据，说明公司监事会中人数的年龄分布总体偏高。

第四节　多元回归分析及稳健性检验

一、变量确定

（一）因变量 y 确定

在进行回归时，首先确定因变量 y，具体如表 3-4 所示：

表 3-4　因变量确定

y1	基本每股收益	y3	平均总资产收益率
y2	平均净资产收益率	y4	托宾 Q 值

首先考虑将几个表征公司业绩的因变量采用主成分分析方法合并为一个主成分，经过主成分分析发现，将几个因变量合并的第一个主成分贡献率仅仅为 33.60%，所以不适合采用降维为一个主成分的方法。由于上述四个因变量均可表征公司的业绩，因此，采取任何一个因变量作回归都可以研究自变量对公司业绩的影响。所以本书采取用自变量对以上四个因变量分别进行回归的方法进行研究。

同时为方便进行 Logistic 回归，由于二元 Logistic 回归的因变量需要设置为 0 或 1，故本书设置 d1~d4 对应因变量 y1~y4，考虑到每个因变量的中位数不同，将中位数以上的样本设置为 1，中位数以下的样本设置为 0，1 表示高水平业绩，0 表示低水平业绩。

四个因变量描述性统计结果和分析，详见本书附录。

（二）控制变量确定

在本书的研究中确定控制变量 c，具体如表 3-5 所示：

表 3-5 控制变量确定

c1	公司总资产	c4	净利润增长率
lnc1	总资产对数值	c5	市盈率
c2	资产负债率	c6	总资产周转率
c3	营业总收入	c7	GDP 增长率
lnc3	营业总收入对数值		

除上述控制变量外，在回归中引入年份虚拟变量。

本书第四章、第五章、第六章的因变量和控制变量，与本章一致，后文不再赘述。

二、多元回归分析和稳健性检验

（一）对性别自变量进行多元回归分析和稳健性验证

1. 性别自变量多元回归分析

性别自变量 x 表示如表 3-6 所示：

表 3-6 性别自变量

x1	表示男性系数	x2	表示女性系数
x11	表示男性系数占比	x22	表示女性系数占比

多元回归结果如表 3-7 所示：

表 3-7 监事性别的多元回归结果

	(1)	(2)	(3)	(4)
	y1	y2	y3	y4
x1	-0.0194***	-0.775**	-0.344***	-1.074
	(0.00303)	(0.388)	(0.118)	(4.109)
x2	-0.00749*	-0.226	-0.208	-7.329
	(0.00429)	(0.549)	(0.168)	(5.821)
lnc1	0.0599***	3.440***	0.373	-26.74***
	(0.00680)	(0.902)	(0.266)	(9.220)

续表

	(1)	(2)	(3)	(4)
	y1	y2	y3	y4
c2	−0.0000967***	−0.570***	−0.00576***	3.465***
	(0.0000217)	(0.0237)	(0.000850)	(0.0295)
lnc3	0.0335***	4.233***	−0.671**	4.097
	(0.00669)	(0.876)	(0.261)	(9.062)
c4	0.0000473***	0.000951***	0.00105***	0.00514**
	(0.00000183)	(0.000237)	(0.0000717)	(0.00249)
c5	−9.26e−09	0.00000589	0.00000146	−0.00000515
	(0.00000017)	(0.0000217)	(0.00000667)	(0.000232)
c6	0.0556***	1.579	2.070***	−9.757
	(0.00922)	(1.195)	(0.361)	(12.51)
c7	−0.775***	−2.064	13.18	−1349.9***
	(0.237)	(30.79)	(9.280)	(322.1)
2007年	0	0	0	0
	(.)	(.)	(.)	(.)
2008年	−0.146***	8.639***	−1.855***	20.12
	(0.0163)	(2.111)	(0.638)	(22.16)
2009年	−0.0869***	7.520***	−1.192*	−38.65*
	(0.0159)	(2.048)	(0.620)	(21.53)
2010年	0.0175	8.199***	−0.291	15.14
	(0.0152)	(1.952)	(0.594)	(20.60)
2011年	0.00773	5.765***	1.050*	15.59
	(0.0141)	(1.811)	(0.552)	(19.17)
2012年	−0.0708***	2.630	−0.240	−2.612
	(0.0140)	(1.788)	(0.548)	(19.00)
2013年	−0.0980***	1.809	−0.0810	−0.490
	(0.0140)	(1.787)	(0.548)	(19.03)
2014年	−0.128***	1.953	−0.840	−13.67
	(0.0141)	(1.795)	(0.551)	(19.11)
2015年	−0.154***	0.133	−0.707	−5.225
	(0.0140)	(1.788)	(0.549)	(19.05)

续表

	(1)	(2)	(3)	(4)
	y1	y2	y3	y4
2016年	-0.104***	-0.641	-0.186	-1.406
	(0.0139)	(1.770)	(0.544)	(18.87)
2017年	0	0	0	0
	(.)	(.)	(.)	(.)
_cons	-1.542***	-138.5***	9.640***	473.7***
	(0.0606)	(8.459)	(2.371)	(82.28)
N	25687	25403	25701	25701
R^2	0.094	0.030	0.014	0.352

注：表中每个回归的自变量对应的数字，括号外的数字表示回归系数，括号内的数字表示系数的标准差，系数后面的星号表示不同的显著性，其中*表示在0.1的水平下是显著的，**表示在0.05的水平下是显著的，***表示在0.01的水平下是显著的，具体的显著性水平是通过回归结果中的t统计量以及对应的P值决定的，书中不再展示。

经过验证，对监事性别变量绝对值回归效果要明显优于对相对值进行回归。由表中结果可见对y1的回归中，x1与x2均显著，其余情形下x1也几乎都是显著的，可见监事会中性别变量对公司业绩是有显著影响的，且影响方向为负。

另外，R^2表示回归的拟合优度，即自变量对于因变量变化的解释程度，根据计量经济学相关理论，截面数据回归的拟合优度一般比较小，0.2左右可能就是一个相对较好的拟合优度，而时间序列数据回归的拟合优度相对较大，可能达到0.9以上。对本书的面板数据，采用混合回归方法，将不同年份的截面数据混合为一个大的截面数据集，所以拟合优度相对比较小，表3-7中，0.352已经是一个很好的拟合优度，后文的所有拟合优度都遵循此原则。

通过此结果，可以理解为监事会中男女性别比例要适当，保持一个性别总人数不变而只增加另一个性别的人数可能会起到相反的作用。

但是从另一个角度考虑，可能男性系数与女性系数对于公司业绩的影响是通过其他机制的作用而发挥的，因男性系数的显著性更优，故取男性系数的平方加入模型，继续选取显著的y1与y3变量的回归，结果如表3-8所示。

表 3-8　y1 与 y3 对于监事男性性别的回归结果

	(1)	(2)
	y1	y3
x1	-0.0318***	-0.687***
	(0.00669)	(0.262)
male2	0.00217**	0.0599*
	(0.000884)	(0.0346)
lnc1	0.0566***	0.280
	(0.00678)	(0.265)
c2	-0.0000983***	-0.00581***
	(0.0000217)	(0.000849)
lnc3	0.0354***	-0.617**
	(0.00669)	(0.261)
c4	0.0000473***	0.00105***
	(0.00000183)	(0.0000717)
c5	-1.02e-08	0.00000143
	(0.00000017)	(0.00000667)
c6	0.0541***	2.028***
	(0.00922)	(0.360)
c7	-0.791***	12.73
	(0.237)	(9.271)
2007 年	0	0
	(.)	(.)
2008 年	-0.147***	-1.875***
	(0.0163)	(0.638)
2009 年	-0.0870***	-1.196*
	(0.0159)	(0.620)
2010 年	0.0179	-0.279
	(0.0152)	(0.594)
2011 年	0.00815	1.061*
	(0.0141)	(0.552)
2012 年	-0.0706***	-0.234
	(0.0140)	(0.548)

续表

	(1)	(2)
	y1	y3
2013 年	-0.0979***	-0.0768
	(0.0140)	(0.548)
2014 年	-0.128***	-0.833
	(0.0141)	(0.551)
2015 年	-0.154***	-0.698
	(0.0140)	(0.549)
2016 年	-0.104***	-0.180
	(0.0139)	(0.544)
2017 年	0	0
	(.)	(.)
_cons	-1.501***	10.79***
	(0.0623)	(2.436)
N	25687	25701
R^2	0.094	0.014

男性系数的平方项为正数，可见前文的猜想是正确的，性别变量对于公司业绩的影响机制可能较为复杂，需要其他因素的综合作用。

表 3-7 和 3-8 分析样本量 N 的数量不同，原因在于虽然是对同一组样本回归，但是不同的因变量缺失情况是不同的，所以在回归分析中仅运用了不含缺失值的样本。

2. 监事性别特征分位回归分析

由于分位回归估计方法以及下文使用的 Logistic 回归方法是采用极大似然估计求解，在求解最优化问题时，采用数值分析中常用的最优化迭代算法，逐步寻找最优解。也即相邻两次的最优解差值在一个较小的临界值范围内结束迭代算法，考虑到变量个数、特征等问题，很多情况下算法无法收敛，也即无法得到最优解，所以要删掉某些变量，在此回归中，考虑到加入虚拟变量会导致分位回归的算法不能收敛，也即无法得到最终的回归结果，因此在分位回归中去掉年份虚拟变量。

在表 3-9 中，q1、q2、q3 分别表示因变量 y1 在 0.25、0.5 与 0.75 分位点下分位回归的结果，由于在统计软件中无法展示分位回归的拟合优度

(R^2)，分位回归采取线性规划等方法迭代求出最优解，无法像多元回归一样输出回归拟合优度，所以分位回归的拟合优度在回归结果表格中不予展示。后文中涉及分位回归的情形做相同的处理，不再赘述。

表 3-9　监事性别分位回归结果

	(1)	(2)	(3)
y1	q1	q2	q3
x1	-0.00977***	-0.0147***	-0.0182***
	(0.00128)	(0.00163)	(0.00333)
x2	-0.00323*	-0.00770***	-0.0110**
	(0.00184)	(0.00233)	(0.00473)
lnc1	0.0272***	0.0404***	0.0688***
	(0.00315)	(0.00368)	(0.00730)
c2	-0.00222***	-0.00155***	-0.000194***
	(0.00000573)	(0.0000118)	(0.0000391)
lnc3	0.0226***	0.0330***	0.0317***
	(0.00321)	(0.00363)	(0.00701)
c4	0.000141***	0.0000925***	0.0000513***
	(0.00000074)	(0.00000099)	(0.00000299)
c5	-1.14e-08	-7.81e-08	0.000000194***
	(7.87e-08)	(5.94e-08)	(7.10e-08)
c6	0.0277***	0.0479***	0.131***
	(0.00500)	(0.00501)	(0.00837)
c7	0.943***	1.001***	0.302
	(0.0829)	(0.101)	(0.202)
_cons	-0.942***	-1.334***	-1.742***
	(0.0238)	(0.0315)	(0.0679)

由表 3-9 中数据可见分位回归结果中，各变量显著性良好，而且结论与多元回归是一致的。以男性系数为例，可以将结果解释为，保持其他变量不变，在公司业绩水平较低（q1）的情形下，如果每增加一个单位的男性系数，公司业绩水平下四分位数会降低，而在公司的业绩水平处于中位数（q2）或者较高水平（q3）时，男性系数每增加 1 个单位，公司业绩水平中位数及上

四分位数也会降低，方向与多元回归一致。

而以对 y1 的中位数回归为例，引入男性系数平方这一变量，对男性系数、男性系数平方和控制变量做回归，可以发现男性系数的平方项系数为 0.00217（见表 3-8），故符合前文的猜测。

3. 监事性别的回归结果 Logistic 稳健性检验

考虑到 Logistic 回归算法的迭代收敛性问题，最终通过对 d4 做 Logistic 回归检验其稳健性。可以发现，回归之下 x1 与 x2 的显著性与方向均未发生变化，所以通过稳健性检验。回归检验结果，详细表见本章附录 1。

其中，Logistic 回归的结果与多元回归与分位回归的结果本质上并无差别，只是系数解释为对业绩高低方向的影响，也即如果系数为正即表示提高此自变量的值对业绩有正方向的影响，反之对业绩有负方向的影响。

按照本章附录 1 所示结果，保持其他因素不变，男性系数与女性系数的增加都会使公司的业绩降低。

（二）监事学历的多元回归分析和稳健性验证

在对监事学历的回归中，定义自变量如表 3-10 所示：

表 3-10　监事学历自变量

x3	表示平均学历水平	x6	表示硕士水平
x4	表示大专水平	x66	表示硕士水平占比
x44	表示大专水平占比	x7	表示博士水平
x5	表示本科水平	x77	表示博士水平占比
x55	表示本科水平占比		

1. 学历的多元回归分析

先对绝对值回归，回归结果显示，只有对 y1 回归，同时采取绝对值，才有最好的结果，表 3-11 中结果显示对 y1 回归，只有 x6，即硕士水平对公司业绩的影响是不显著的，但 P 值也仅为 0.16，且按照符号来看，平均学历水平、专科水平、本科水平为负，而硕士水平、博士水平为正，所以保证其他自变量不变的条件下，监事学历越高对公司的业绩是越好的。

具体分析，在保持其他因素不变的条件下，平均学历水平每增加一个单位，基本每股收益平均减少 0.0694 个单位，同样保持其他因素不变，大专水平、本科水平每平均增加一个单位，分别会使基本每股收益平均减少 0.0185、

0.0118 个单位，而硕士水平、博士水平每平均增加一个单位，会使基本每股收益平均增加 0.0021 和 0.0142 个单位。具体如表 3-11 所示：

表 3-11　监事学历多元回归结果

Number of obs						25687
F (2125665)						132.33
Prob > F						0.0000
R-squared						0.0977
Adj R-squared						0.0970
Root MSE						0.55354
y1	Coef.	Std. Err.	t	P>t	[95% Conf.	Interval]
x3	-0.0694039	0.0098812	-7.02	0.000	-0.0887716	-0.0500362
x4	-0.0185606	0.0050218	-3.7	0.000	-0.0284036	-0.0087176
x5	-0.0118232	0.0015867	-7.45	0.000	-0.0149332	-0.0087131
x6	0.0021259	0.0015289	1.39	0.164	-0.0008708	0.0051226
x7	0.0142254	0.0029887	4.76	0.000	0.0083674	0.0200834
lnc1	0.0541518	0.0069465	7.8	0.000	0.0405363	0.0677674
c2	-0.0000957	0.0000217	-4.42	0.000	-0.0001382	-0.0000532
lnc3	0.0364528	0.0067146	5.43	0.000	0.0232918	0.0496138
c4	0.0000474	1.83E-06	25.89	0.000	0.0000438	0.000051
c5	-6.09e-09	1.70E-07	-0.04	0.971	-3.40e-07	3.28e-07
c6	0.0532562	0.0092206	5.78	0.000	0.0351833	0.0713291
c7	-0.9398278	0.2356749	-3.99	0.000	-1.401764	-0.4778917
2008 年	-0.1526004	0.016285	-9.37	0.000	-0.18452	-0.1206809
2009 年	-0.0911226	0.0158111	-5.76	0.000	-0.1221132	-0.060132
2010 年	0.0147132	0.0151492	0.97	0.331	-0.0149801	0.0444065
2011 年	0.0052695	0.0140914	0.37	0.708	-0.0223504	0.0328893
2012 年	-0.0749692	0.013959	-5.37	0.000	-0.1023296	-0.0476087
2013 年	-0.1009166	0.0139859	-7.22	0.000	-0.1283299	-0.0735034
2014 年	-0.1306251	0.0140494	-9.3	0.000	-0.1581627	-0.1030875
2015 年	-0.1560198	0.0140035	-11.14	0.000	-0.1834674	-0.1285722
2016 年	-0.1048241	0.0138771	-7.55	0.000	-0.1320239	-0.0776243
2017 年	0	(omitted)				
_cons	-1.341876	0.0673018	-19.94	0.000	-1.473792	-1.209961

2. 对于监事学历进行分位回归分析

同样对 y1 基本每股收益分位回归，结果如表 3-12 所示：

表 3-12　监事学历分位回归结果

	(1)	(2)	(3)
y1	q1	q2	q3
x3	-0.0197*** (0.00407)	-0.0445*** (0.00518)	-0.0706*** (0.00949)
x4	-0.0118*** (0.00211)	-0.0240*** (0.00263)	-0.0291*** (0.00475)
x5	-0.00372*** (0.000650)	-0.00826*** (0.000831)	-0.0113*** (0.00153)
x6	0.000428 (0.000595)	0.00151* (0.000800)	0.00303** (0.00148)
x7	0.00814*** (0.00120)	0.0139*** (0.00157)	0.0198*** (0.00294)
lnc1	0.0259*** (0.00304)	0.0374*** (0.00364)	0.0617*** (0.00648)
c2	-0.00214*** (0.00000538)	-0.00147*** (0.0000114)	-0.000185*** (0.0000343)
lnc3	0.0212*** (0.00305)	0.0317*** (0.00352)	0.0358*** (0.00612)
c4	0.000141*** (0.00000069)	0.0000943*** (0.00000095)	0.0000528*** (0.00000262)
c5	-9.22e-09 (7.39e-08)	-7.41e-08 (5.73e-08)	0.000000190*** (6.24e-08)
c6	0.0285*** (0.00474)	0.0488*** (0.00483)	0.125*** (0.00736)
c7	0.860*** (0.0766)	0.921*** (0.0967)	0.196 (0.177)
_cons	-0.852*** (0.0256)	-1.162*** (0.0341)	-1.537*** (0.0655)

在表 3-12 中，q1、q2、q3 分别表示因变量 y1 在 0.25、0.5 与 0.75 分位点下分位回归的结果。对于显著的 x3 平均学历变量，在保持其他变量不变的条件下，平均学历水平每增加一个单位，平均每股收益在较低、中位数以及较高水平上平均分别降低 0.0197、0.0445 以及 0.0706 个单位；对于 x7 博士学历水平，在保持其他变量不变的条件下，博士学历水平每增加一个单位，平均每股收益在较低、中位数以及较高水平上平均分别增加 0.00814、0.0139 以及 0.0198 个单位，其他自变量解释与之类似。

3. 对于监事学历回归结果的稳健性检验

考虑到收敛性与显著性效果，以 d2 为因变量，进行 Logistic 稳健性检验，稳健性检验结果，详见本章附录 2，可见无论是在显著性与影响方向上均未发生变化，最终通过稳健性检验，且各变量的正负对于公司业绩影响的解释与上文相同。

（三）监事年龄多元回归分析和稳健性检验

界定监事年龄自变量如表 3-13 所示：

表 3-13　监事年龄变量

x8	表示平均年龄	x1212	表示 41~50 岁人数占比
x9	表示 30 岁及以下人数	x13	表示 51~60 岁人数
x99	表示 30 岁及以下人数占比	x1313	表示 51~60 岁人数占比
x10	表示 31~40 岁人数	x14	表示 61 岁及以上人数
x1010	表示 31~40 岁人数占比	x1414	表示 61 岁及以上人数占比
x12	表示 41~50 岁人数		

1. 监事年龄的多元回归分析

在对监事年龄的回归中，仍考虑分别使用绝对值与相对值进行回归，选取显著性好的自变量加入最终的回归模型（见表 3-14）。

表 3-14　监事年龄多元回归结果

Number of obs	25700
F（2125677）	17.50
Prob > F	0.0000
R-squared	0.0148
Adj R-squared	0.0139
Root MSE	21.689

续表

y3	Coef.	Std. Err.	t	P>t	[95% Conf. Interval]	
x8	-0.06978	0.0277004	-2.52	0.012	-0.1240742	-0.0154857
x9	-2.052777	0.9413417	-2.18	0.029	-3.897859	-0.207694
x10	-0.456503	0.3409864	-1.34	0.181	-1.124856	0.2118495
x12	-0.4480648	0.2064498	-2.17	0.030	-0.852718	-0.0434115
x13	-0.6298006	0.149318	-4.22	0.000	-0.9224724	-0.3371289
x14	-0.1317451	0.183841	-0.72	0.474	-0.4920838	0.2285937
lnc1	0.3755638	0.2668723	1.41	0.159	-0.147521	0.8986485
c2	-0.0057315	0.0008496	-6.75	0.000	-0.0073968	-0.0040661
lnc3	-0.6181549	0.2617921	-2.36	0.018	-1.131282	-0.1050275
c4	0.0010472	0.0000717	14.6	0.000	0.0009066	0.0011877
c5	1.19e-06	6.67E-06	0.18	0.859	-0.0000119	0.0000143
c6	2.008583	0.3608421	5.57	0.000	1.301312	2.715854
c7	18.39864	9.937963	1.85	0.064	-1.080325	37.87761
2008年	-1.626563	0.6529145	-2.49	0.013	-2.906313	-0.3468142
2009年	-0.9940741	0.6319365	-1.57	0.116	-2.232705	0.2445571
2010年	-0.1905987	0.5961112	-0.32	0.749	-1.35901	0.9778128
2011年	1.177104	0.556288	2.12	0.034	0.0867477	2.26746
2012年	-0.0689428	0.5565319	-0.12	0.901	-1.159777	1.021891
2013年	0.0694867	0.554842	0.13	0.900	-1.018035	1.157008
2014年	-0.7058236	0.5559572	-1.27	0.204	-1.795531	0.3838838
2015年	-0.6131276	0.5524358	-1.11	0.267	-1.695933	0.4696777
2016年	-0.1253111	0.5451551	-0.23	0.818	-1.193846	0.9432235
2017年	0	(omitted)				
_cons	13.1958	3.319739	3.97	0.000	6.688924	19.70268

经验证，发现使用多元回归只有对 y3 回归时变量显著性相对较好，且与年龄相关的各变量系数均为负值。以平均年龄 x8 为例，结果显示在保持其他变量不变的条件下，平均年龄每增加一个单位，会使平均总资产收益率平均降低 0.0698 个单位，即监事平均年龄每增加 1 岁，会使公司平均总资产收益率

降低0.0698%，而其他显著变量的结果，表明x9、x10、x12、x13、x14平均每增加一个单位，并保持其他变量不变会使平均总资产收益率分别降低2.0527、0.4565、0.4481、0.6298、0.1317个单位。

2. 监事年龄分位回归分析

使用分位回归，研究在业绩的不同分位水平下自变量对因变量的影响，仍然以y3为因变量，在表3-15中，q1、q2、q3分别表示0.25、0.5与0.75分位点。

表3-15　监事年龄分位回归结果

y3	(1)	(2)	(3)
	q1	q2	q3
x8	-0.00187 (0.00509)	-0.0153*** (0.00538)	-0.0265*** (0.00690)
x9	-0.348** (0.164)	-0.172 (0.182)	-0.353 (0.233)
x10	0.0283 (0.0617)	0.0670 (0.0663)	0.204** (0.0848)
x12	0.0299 (0.0374)	-0.0384 (0.0402)	-0.101* (0.0517)
x13	-0.264*** (0.0260)	-0.314*** (0.0290)	-0.380*** (0.0392)
x14	-0.141*** (0.0317)	-0.118*** (0.0352)	-0.0116 (0.0458)
lnc1	-0.0464 (0.0510)	-0.0224 (0.0517)	-0.429*** (0.0648)
c2	-0.0794*** (0.000115)	-0.0772*** (0.000165)	-0.0508*** (0.000348)
lnc3	0.735*** (0.0518)	0.417*** (0.0509)	0.322*** (0.0622)
c4	0.00248*** (0.0000119)	0.00181*** (0.0000139)	0.000891*** (0.0000273)

续表

y3	(1)	(2)	(3)
	q1	q2	q3
c5	-0.000000540 (0.00000129)	-0.00000126 (0.000000834)	0.00000460*** (0.000000774)
c6	0.124 (0.0795)	0.723*** (0.0699)	1.485*** (0.0764)
c7	23.43*** (1.447)	23.05*** (1.571)	22.05*** (2.027)
_cons	-10.74*** (0.600)	-1.891*** (0.630)	10.98*** (0.820)

综合表 3-15 所有的分位点，所有的自变量均达到显著，且除 x10 以外，其他显著自变量的系数均为负，最终通过 Logistic 回归进行稳健性检验。同理，以 x8 为例，考虑显著的情形，也即在平均总资产收益率处于中位数水平以及较高水平的情形下，平均年龄每增加一个单位，并保持其他变量不变，会使得平均总资产收益率降低 0.0153 与 0.0265 个单位。其他显著的变量的系数也可以做相同的解释。

3. 监事年龄回归结果的稳健性检验

监事年龄回归结果的稳健性检验详见本章附录 3，对 d1 与 d3 回归，由于算法的迭代次数与收敛问题，仍然无法得到最终的回归结果，对 d2 回归整体显著性不好，故选择对 d4 进行回归，发现 x9、x12、x13 与 x14 均显著，且 x9 的符号在这里发生了变化，结合上文内容，可以认为处于较低年龄的监事会成员对于公司业绩的影响不太稳定，可能需要综合考虑其他因素，才能准确分析对于公司业绩的影响。同时各变量系数代表的含义与上文均相同。

（四）对于性别、学历、年龄自变量滞后一期的稳健性检验

通过滞后一期的性别、学历、年龄自变量来进一步检验回归结果的稳健性，为方便起见，采用 2017 年公司业绩作为因变量，采用 2016 年自变量与控制变量，在回归之前先按照公司的名称将数据匹配，其中，匹配之后共有 3024 个样本（由于自变量与因变量的缺失值等问题，在回归过程中舍弃含有缺失值的样本，所以后文在回归中使用的样本量不足 3024 个样本）。

在此部分，分位数回归以及多元回归中，通过显著性检验系数的解释与前文部分完全相同，故此部分略去对于回归系数的具体解释。

1. 对于性别的回归结果采用滞后一期的稳健性检验

监事性别滞后一期的检验结果，详见本章附录4，对于监事性别变量，采用滞后一期的稳健性检验，选取了显著性较好的对y1回归及对y1做中位数q5回归的结果，可以看出性别变量（男性）仍然是显著的，而且影响依旧为负。

2. 对于学历的回归结果采用滞后一期的稳健性检验

监事学历滞后一期的检验结果，详见本章附录5，监事学历变量回归结果，对y4以及y4在0.25、0.5与0.75分位点处回归的结果，从整体来看，各学历变量x4~x7显著并且符号与上文相同，所以通过了显著性检验。x7博士学历水平和x6硕士学历水平与公司业绩正相关且显著，x3平均学历、x4专科学历、x5本科学历与公司业绩负相关。

3. 对于年龄回归结果滞后一期的稳健性检验

监事年龄滞后一期的检验结果，详见本章附录6，在对年龄的回归中，分别对y2与y3做回归以及对y3做0.25分位点处的回归结果。综合来看，显著性达到不错的效果。可能由于分位回归不同分位点处影响或者是作用机制是不同的，又加之年龄对于公司业绩的影响机制比较复杂，所以仅仅单独探究略有不稳健。

本章小结

本章对于上市公司监事会的个体特征：监事的性别、学历、年龄，分别进行了统计汇总分析，并对相关特征与公司业绩的关系进行了分析论证。本章分析论证采用了多元回归分析、分位回归分析、Logistic稳健性检验和自变量滞后一期的稳健性检验等回归分析和检验方法，保证了回归结果的稳健性和可靠性。

一、监事性别

（一）关于监事的性别汇总情况

已汇总25776家公司，监事人数共计96480人，其中男性监事人数为

70710人，所占比例为73%，女性监事人数25770人，所占比例为27%。

（二）监事性别对于公司业绩的影响

本章的分析论证结果认为在保持公司监事男女性别总比例平衡的情况下，监事的性别对于公司业绩的影响为负向，同时还发现公司监事性别变量，对公司业绩的影响可能需要通过其他机制的作用而发挥，有待于进一步研究和探讨。

（三）本章的假设1

监事的性别与公司业绩呈现正相关关系，通过分析证明该假设不成立。

二、监事学历

（一）关于监事学历的统计汇总情况

统计汇总监事学历人数为84213人，其中，本科学历人数最多，为39697人，占全部人数的47%；博士学历人数最少，为2441人，仅占全部人数的3%；硕士学历人数为22624人，占比为27%；专科学历人数为19451人，占比为23%。

（二）监事学历对于公司业绩的影响

本章的分析论证结果认为高学历的监事对公司业绩会有正向影响且显著，如博士学历水平和硕士学历水平；低学历的监事，对公司业绩有负向影响且显著，如本科学历水平、专科学历水平和平均学历水平。

（三）本章的假设2

监事的学历与公司业绩呈现正相关关系。通过本章的分析证明，假设2成立。

三、监事年龄

（一）关于监事年龄的统计汇总情况

汇总统计的全部公司监事年龄总人数为95610人，其中30岁及以下人数为553人，占比为1%；31~40岁人数为11639人，占比为12%；41~50岁人数为33077人，占比为34%；51~60岁人数为34314人，占比为36%；61岁及以上人数为16580人，占比为17%。可见，51~60岁的监事人数最多，41~50岁的监事其次，61岁及以上的监事排名第三。30岁及以下人数最少。通过上述统计数据，说明公司监事的年龄分布总体偏高。

（二）监事年龄对于公司业绩的影响

本章的分析论证结果认为监事的年龄对于公司业绩有负向影响且显著，对于监事平均年龄和各个阶段的年龄对于业绩的关系，都有不同程度的负向影响，即监事的年龄增加会导致公司业绩降低。同时还发现公司监事年龄，对于公司业绩的影响可能是需要通过其他机制的作用而发挥的，有待于进一步研究和探讨。

（三）本章的假设 3

监事的年龄与公司业绩呈现正相关关系，通过分析证明该假设不成立。

本章附录

附录 1　监事性别 Logistic 回归检验结果

Number of obs						25701
LR chi2（18）						12434. 53
Prob > chi2						0. 0000
Pseudo R^2						0. 3490
Log likelihood						-11597. 286
d4	Coef.	Std. Err.	z	P>丨z丨	[95% Conf. Interval]	
x1	-0. 1653564	0. 0159376	-10. 38	0. 000	-0. 1965936	-0. 1341192
x2	-0. 1394448	0. 0211402	-6. 6	0. 000	-0. 1808787	-0. 0980109
lnc1	-1. 627498	0. 0404948	-40. 19	0. 000	-1. 706866	-1. 54813
c2	-0. 0009466	0. 000115	-8. 23	0. 000	-0. 001172	-0. 0007212
lnc3	0. 1672067	0. 035119	4. 76	0. 000	0. 0983747	0. 2360388
c4	6. 70E-06	9. 39E-06	0. 71	0. 475	-0. 0000117	0. 0000251
c5	-6. 39E-07	1. 66E-06	-0. 38	0. 701	-3. 89E-06	2. 62E-06
c6	-0. 0285076	0. 0443188	-0. 64	0. 52	-0. 1153709	0. 0583556
c7	19. 2465	1. 154928	16. 66	0. 000	16. 98288	21. 51012
2008 年	0. 8238837	0. 0798922	10. 31	0. 000	0. 6672979	0. 9804694

续表

d4	Coef.	Std. Err.	z	P>丨z丨	[95% Conf. Interval]	
2009 年	0. 7928694	0. 0769604	10. 3	0. 000	0. 6420298	0. 9437089
2010 年	0. 3731046	0. 072564	5. 14	0. 000	0. 2308818	0. 5153274
2011 年	0. 4329084	0. 0666375	6. 5	0. 000	0. 3023014	0. 5635155
2012 年	0. 7403039	0. 0655663	11. 29	0. 000	0. 6117964	0. 8688114
2013 年	0. 6736429	0. 0652104	10. 33	0. 000	0. 5458329	0. 801453
2014 年	0. 6214553	0. 0652178	9. 53	0. 000	0. 4936308	0. 7492798
2015 年	0. 4901688	0. 0652639	7. 51	0. 000	0. 362254	0. 6180836
2016 年	0. 2250324	0. 0656219	3. 43	0. 001	0. 0964158	0. 353649
2017 年	0	(omitted)				
_cons	30. 61224	0. 4505044	67. 95	0. 000	29. 72926	31. 49521

附录 2　监事学历 Logistic 回归检验结果

Number of obs						25701
LR chi2（21）						1571. 81
Prob > chi2						0. 0000
Pseudo R^2						0. 0441
Log likelihood						−17026. 437
d2	Coef.	Std. Err.	z	P>丨z丨	[95% Conf. Interval]	
x3	−0. 2432966	0. 0379481	−6. 41	0. 000	−0. 3176735	−0. 1689197
x4	−0. 1434904	0. 0190487	−7. 53	0. 000	−0. 1808251	−0. 1061556
x5	−0. 0476125	0. 0059376	−8. 02	0. 000	−0. 0592501	−0. 0359750
x6	0. 0095404	0. 0057517	1. 66	0. 097	−0. 0017327	0. 0208135
x7	0. 0833036	0. 0115652	7. 2	0. 000	0. 0606361	0. 1059710
lnc1	−0. 0881833	0. 0289406	−3. 05	0. 002	−0. 1449059	−0. 0314608
c2	0. 0003804	0. 0001307	2. 91	0. 004	0. 0001243	0. 0006365
lnc3	0. 2683758	0. 0286306	9. 37	0. 000	0. 2122608	0. 3244909
c4	0. 0002149	0. 0000230	9. 33	0. 000	0. 0001698	0. 0002600
c5	−1. 27E−07	0. 0000006	−0. 2	0. 839	−0. 0000014	0. 0000011
c6	0. 2126381	0. 0428340	4. 96	0. 000	0. 1286851	0. 2965911

续表

d2	Coef.	Std. Err.	z	P>|z|	[95% Conf. Interval]	
c7	2. 687685	0. 8784037	3. 06	0. 002	0. 9660455	4. 4093250
2008 年	−0. 2021584	0. 0604799	−3. 34	0. 001	−0. 3206968	−0. 0836199
2009 年	0. 0540718	0. 0587175	0. 92	0. 357	−0. 0610124	0. 169156
2010 年	0. 445636	0. 0577497	7. 72	0. 000	0. 3324486	0. 5588234
2011 年	0. 2111206	0. 0526877	4. 01	0. 000	0. 1078545	0. 3143867
2012 年	−0. 175612	0. 0516265	−3. 4	0. 001	−0. 2767981	−0. 0744259
2013 年	−0. 3723446	0. 0519907	−7. 16	0. 000	−0. 4742444	−0. 2704448
2014 年	−0. 2917339	0. 0520728	−5. 6	0. 000	−0. 3937947	−0. 1896732
2015 年	−0. 2566813	0. 0518729	−4. 95	0. 000	−0. 3583502	−0. 1550124
2016 年	−0. 1346327	0. 0512656	−2. 63	0. 009	−0. 2351115	−0. 0341539
2017 年	0	(omitted)				
_cons	−3. 347776	0. 2550349	−13. 13	0. 000	−3. 847635	−2. 847917

附录 3 监事年龄 Logistic 回归检验结果

Number of obs						25700
LR chi2 (22)						12593. 92
Prob > chi2						0. 0000
Pseudo R^2						0. 3535
Log likelihood						−11516. 896
d4	Coef.	Std. Err.	z	P>z	[95% Conf. Interval]	
x8	−0. 0004519	0. 0035501	−0. 13	0. 899	−0. 0074101	0. 0065062
x9	0. 2249646	0. 109665	2. 05	0. 040	0. 0100252	0. 4399039
x10	0. 0514241	0. 0432415	1. 19	0. 234	−0. 0333277	0. 136176
x12	−0. 0657602	0. 0271106	−2. 43	0. 015	−0. 1188959	−0. 0126245
x13	−0. 1916222	0. 019738	−9. 71	0. 000	−0. 230308	−0. 1529364
x14	−0. 2386204	0. 0246083	−9. 7	0. 000	−0. 2868519	−0. 190389
lnc1	−1. 633963	0. 0406834	−40. 16	0. 000	−1. 7137	−1. 554225
c2	−0. 0009477	0. 0001185	−7. 99	0. 000	−0. 0011801	−0. 0007154
lnc3	0. 1961711	0. 0352888	5. 56	0. 000	0. 1270064	0. 2653358

续表

d4	Coef.	Std. Err.	z	P>z	[95% Conf. Interval]	
c4	5. 13E-06	9. 57E-06	0. 54	0. 592	-0. 0000136	0. 0000239
c5	-6. 50E-07	1. 65E-06	-0. 39	0. 694	-3. 88E-06	2. 58E-06
c6	-0. 0526997	0. 0446352	-1. 18	0. 238	-0. 140183	0. 0347836
c7	24. 13957	1. 239412	19. 48	0. 000	21. 71037	26. 56877
2008 年	1. 013932	0. 081912	12. 38	0. 000	0. 8533873	1. 174476
2009 年	0. 9695336	0. 078741	12. 31	0. 000	0. 815204	1. 123863
2010 年	0. 4486821	0. 073346	6. 12	0. 000	0. 3049266	0. 5924376
2011 年	0. 5170268	0. 0676822	7. 64	0. 000	0. 3843721	0. 6496815
2012 年	0. 8770521	0. 0671856	13. 05	0. 000	0. 7453707	1. 008733
2013 年	0. 7866186	0. 0665458	11. 82	0. 000	0. 6561912	0. 9170459
2014 年	0. 7214969	0. 0663352	10. 88	0. 000	0. 5914823	0. 8515115
2015 年	0. 5705569	0. 0660726	8. 64	0. 000	0. 4410571	0. 7000567
2016 年	0. 273888	0. 0660561	4. 15	0. 000	0. 1444204	0. 4033556
2017 年	0	(omitted)				
_cons	29. 55727	0. 5275142	56. 03	0	28. 52336	30. 59118

附录 4　监事性别滞后一期的检验结果

	(1)	(2)
	y1	q5
x1	-0. 0200 *	-0. 0132 **
	(0. 0119)	(0. 00559)
x2	-0. 0189	0. 00201
	(0. 0160)	(0. 00753)
lnc1	0. 0795 ***	0. 0635 ***
	(0. 0253)	(0. 0119)
c2	-0. 00581 ***	-0. 00349 ***
	(0. 000703)	(0. 000331)
lnc3	0. 0892 ***	0. 0350 ***
	(0. 0245)	(0. 0116)
c4	0. 0000121 **	0. 0000147 ***
	(0. 00000484)	(0. 00000228)

续表

	(1)	(2)
	y1	q5
c5	-0.000000603 (0.00000318)	-0.000000536 (0.000000915)
c6	0.0601 * (0.0363)	0.0835 *** (0.0171)
c7	0 (.)	
_cons	-3.038 *** (0.217)	-1.752 *** (0.102)
N	3020	3020
R^2	0.088	

附录5　监事学历滞后一期的检验结果

	(1)	(2)	(3)	(4)
	y4	q25	q5	q75
x3	-0.0382 (0.112)	-0.0118 (0.0271)	-0.0354 (0.0490)	-0.0457 (0.0848)
x4	-0.0655 (0.0633)	-0.0367 ** (0.0152)	-0.0540 * (0.0276)	-0.0727 (0.0477)
x5	-0.0130 (0.0191)	-0.0130 *** (0.00458)	-0.00988 (0.00834)	-0.0232 (0.0142)
x6	0.0419 ** (0.0173)	0.00612 (0.00396)	0.0139 * (0.00752)	0.0235 * (0.0130)
x7	0.160 *** (0.0328)	0.0450 *** (0.00745)	0.0706 *** (0.0143)	0.126 *** (0.0256)
lnc1	-0.353 *** (0.0826)	-0.335 *** (0.0190)	-0.357 *** (0.0362)	-0.298 *** (0.0658)
c2	0.00834 *** (0.00226)	-0.00340 *** (0.000503)	-0.00781 *** (0.000989)	-0.0112 *** (0.00189)

续表

	(1)	(2)	(3)	(4)
	y4	q25	q5	q75
lnc3	-0.591*** (0.0786)	-0.00805 (0.0186)	-0.0627* (0.0345)	-0.221*** (0.0599)
c4	-0.00000381 (0.0000155)	-0.000000721 (0.00000198)	-0.00000978 (0.00000602)	-0.0000155** (0.00000637)
c5	0.00000348 (0.0000102)	0.00000603*** (0.000000895)	0.00000516 (0.00000370)	0.0000121*** (0.00000384)
c6	1.086*** (0.116)	-0.00224 (0.0261)	0.0738 (0.0510)	0.353*** (0.0842)
c7	0 (.)			
_cons	22.09*** (0.795)	9.517*** (0.154)	11.77*** (0.348)	14.58*** (0.769)
N	3021	3021	3021	3021
R^2	0.240			

附录 6　监事年龄滞后一期的检验结果

	(1)	(2)	(3)
	y2	y3	y3 q25
x8	0.127 (0.247)	0.0525 (0.0351)	0.0295** (0.0126)
x9	2.246 (5.184)	-0.142 (0.736)	0.711*** (0.266)
x10	0.587 (2.530)	0.601* (0.360)	0.293** (0.133)
x12	-0.208 (1.543)	0.405* (0.219)	0.114 (0.0790)
x13	-1.078 (1.137)	-0.0312 (0.162)	-0.0828 (0.0583)

续表

	(1)	(2)	(3)
	y2	y3	y3 q25
x14	-3.763*	-0.200	0.160
	(2.062)	(0.293)	(0.105)
lnc1	5.530***	-0.813***	-0.245**
	(2.052)	(0.292)	(0.115)
c2	-0.596***	-0.102***	-0.0653***
	(0.0572)	(0.00806)	(0.00298)
lnc3	2.285	1.715***	0.807***
	(1.985)	(0.283)	(0.115)
c4	0.000308	0.000170***	0.000146***
	(0.000440)	(0.0000554)	(0.0000256)
c5	0.00000442	0.00000296	-0.000000478
	(0.000256)	(0.0000364)	(0.00000543)
c6	3.149	-0.147	-0.0938
	(2.930)	(0.417)	(0.203)
c7	0	0	
	(.)	(.)	
_cons	-152.2***	-14.72***	-9.349***
	(26.26)	(3.726)	(1.393)
N	3008	3021	3021
R^2	0.042	0.078	

第四章　监事会与公司业绩：任期、来源、专业

在中国《公司法》及相关法律和法规中，对于监事的任期、来源、专业背景等个体特征有明确的要求和规定，是为监事会正常履行职责而提出的具体要求。

本章对于上市公司监事的任期、来源、专业背景等进行统计汇总，以及与公司业绩的关系进行分析论证。

监事的任期。股份公司监事的任期，根据《公司法》规定，监事的每届任期为3年，可以连选连任，没有任期届数限制。

监事的来源。按照1994年生效的中国《公司法》规定，股份有限公司监事会应当包括股东代表和适当比例的公司职工代表，股东代表监事（以下简称股东监事）由股东大会选举产生，职工代表监事（以下简称职工监事）由职工大会民主选举产生。

2002年5月23日，中国人民银行公告〔2002〕第15号公布的《股份制商业银行监事和外部监事制度指引》，该指引第七条规定商业银行监事会中至少应当有2名外部监事。该指引第一次提出了外部监事的概念，但是除了股份制商业银行外，其他的行业和公司，对于外部监事并没有强制性的规定。

监事的专业。根据2015年12月中国上市公司协会发布的《上市公司监事会工作指引》中监事的任职资格规定，监事应具有法律或会计等相关领域专业知识和工作经验，以及独立、有效履职所需的判断、监督能力。

第一节　研究假设

根据相关文献，本章对于监事会的个体特征与公司业绩的假设如下：

假设 1：监事的任期与公司业绩正相关。

假设 2：监事的来源与公司业绩正相关。

假设 3：监事的专业与公司业绩正相关。

第二节　监事会个体特征样本数据的汇总依据和选取办法

一、监事任期汇总依据和处理原则

（一）监事任期数据汇总依据和处理原则

为更准确地对监事任期进行数据统计，对已公布数据中的监事任期进行以下三项处理：

（1）2014~2017 年度中有的监事任职截止日期没有公布，或监事任职截止日期在统计年度之前的数据，经查询上市公司，这些监事都是在任职并且下一个任职日期尚未确定，因本书分析数据截止时间为 2017 年 12 月 31 日，对于这样的数据样本，本书统一把上述监事的任职截止日期确认为 2017 年 12 月 31 日。

（2）在 2007~2014 年度中，共计监事 25 人未公布任职开始日期，经核实，这些人至少是从 2007 年开始就已上任，因本书统计数据起点为 2007 年 1 月 1 日，故将上述这些监事的任职开始时间确认为 2007 年 1 月 1 日。

（3）为统计 2007~2017 年的全部监事在一个公司的总任期，因此，从同一公司同一监事所有任职数据中，选择最早的一个监事任职开始时间为该监事在该公司的最早上任时间，选择同一公司同一监事所有任职数据中最晚的一个离任日期为该监事在该公司的离任日期，考虑到截止统计日期为 2017 年 12 月 31 日，如果监事的离任日期晚于 2017 年 12 月 31 日，本书按照 2017 年 12 月 31 日确认。

（二）监事任期汇总计算方法

监事任职年数：按照该监事在该公司最早上任时间开始统计，截止日为该统计年度 12 月 31 日，该监事任职时间，单位为年。

最大任期=该公司监事任职年数最大值

最小任期=该公司监事任职年数最小值

总任期年数=该公司所有监事截止该统计年度 12 月 31 日的任职年数合计

监事平均任期=监事任职年数合计/总人数

如任职时间不是整数，保留 2 位小数。

二、公司监事来源的汇总依据和选取办法

（一）公司监事的来源分析

1994 年生效的中国《公司法》规定，股份有限公司监事会应当包括股东代表监事（以下简称股东监事）和职工代表监事（以下简称职工监事）。

根据 1999 年国家经贸委、中国证监会《关于进一步促进境外上市公司规范运作和深化改革的意见》，在境外上市公司的监事会中，应有 2 名以上的独立监事（独立于公司股东且不在公司内部任职的监事）。

2002 年 5 月 23 日，中国人民银行公告〔2002〕第 15 号公布的《股份制商业银行监事和外部监事制度指引》中第七条规定商业银行监事会中至少应当有 2 名外部监事。

按照上述规定，监事来源可以进行如下分类：

非金融类上市公司监事来源分为：职工监事、股东监事。

金融类和境外上市公司监事来源分为：独立监事、外部监事、股东监事、职工监事。

（二）公司监事会主席的来源划分

关于公司监事会主席的来源，根据《公司法》规定，监事会主席由全体监事过半数选举产生，监事会主席是二次选举产生，首先被推选为公司监事，其次通过全体监事选举产生。

关于公司监事会主席的来源，根据监事会主席实际所担任过的监事职务种

类进行判断分类，如果实际担任过公司独立监事（外部监事/股东监事/职工监事），那么监事会主席的来源为独立监事（外部监事/股东监事/职工监事），如果未实际担任过独立监事（外部监事/股东监事/职工监事），那么监事会主席来源统一确认为股东监事（即由股东派出的）。

（三）监事来源的汇总和计算办法

根据相关文献和专家意见，给予公司监事来源系数赋值如下：股东监事系数为 1、职工监事系数为 1、独立监事系数为 1、外部监事系数为 1、未公布为 0，在监事来源系数分析时不包含未公布来源的监事人数。

股东监事人数=该公司来源为股东监事的人数合计

股东监事人数占比=股东监事人数/监事总人数×100%

股东监事系数合计=股东监事人数×股东监事系数

股东监事系数占比=股东监事系数/监事系数总和×100%

职工监事、外部监事、独立监事的人数、占比、系数合计、系数占比算法与股东监事的各指标算法一致。

三、公司监事专业背景的汇总依据和选取办法

（一）监事专业背景的要求

根据 2015 年 12 月中国上市公司协会发布《上市公司监事会工作指引》中监事的任职资格规定，监事应具有法律或会计等相关领域专业知识和工作经验以及独立、有效履职所需的判断、监督能力。

（二）监事专业背景和专业资格的分类

根据上市公司公布的监事实际专业背景和专业资格情况，本书把上市公司监事专业背景和专业资格分为会计专业、法律专业、经济专业、工程师专业、教授职称、副教授职称、其他、未公布。

考虑到有的监事具有多种专业资格和学业背景，有的监事只是公布了职称如教授、研究员等，没有公布专业，为了不重复计算，每个监事只确认一个专业背景，同时考虑到监事对于公司财务监督和合规性监督的要求，对监事具有各种专业背景中财务专业、会计专业和法律专业首先予以确认，具体区分规则和确认专业背景的顺序如下：

第一，公司监事的专业资格含有“会计和财务”专业的全部确认为会计专业；

第二，剩余的监事人员专业资格中含有“法律”专业的全部确认为法律专业；

第三，剩余的监事人员专业中含有“经济”专业的全部确认为经济专业；

第四，剩余的监事人员专业中含有“工程师”专业的全部确认为工程师专业；

第五，剩余的监事人员专业中含有“教授”或“研究员”职称的全部确认为教授职称；

第六，剩余的监事人员专业中含有“副教授”或“副研究员”职称的全部确认为副教授职称；

第七，剩余的监事人员的专业全部确认为其他专业。

（三）监事的专业系数和计算办法

根据相关文献和专家意见，本书赋予专业系数如下：

会计专业为1、法律专业为1、经济专业为1、工程师专业为1、教授职称为1、副教授职称为1、其他专业为1、未公布专业为0，在统计专业系数指标时不包含未公布数据。

会计专业背景人数=该公司监事为会计专业背景的人数合计

会计专业背景人数占比=会计专业背景人数/总人数×100%

会计专业背景水平=会计专业背景人数×会计专业系数

会计专业背景水平占比=会计专业背景水平/专业水平总和×100%

法律、经济、工程师、教授、副教授、其他专业的指标算法与会计专业算法一致。

第三节　监事会个体特征样本数据选取范围和指标选取原则

一、数据来源和样本数据的选取范围

样本选取范围为大智慧和WIND数据库中2007年1月1日至2017年12月31日的数据，在中国沪深两市上市的全部上市公司。在这期间已经退市的

公司，从退市的第二年起不再汇总数据。

二、选取原则

（1）在统计监事任期指标时不包含未公布监事任期的数据。

（2）在统计监事来源指标时不包含未公布监事来源的数据。

（3）在统计监事专业背景指标时不包含未公布监事专业背景的数据。

（4）考虑到样本公司的全面性，在汇总相关监事任期、来源、专业背景指标时，对于 ST 公司和*ST 的上市公司继续保留和汇总数据。

第四节　监事会个体特征数据描述性统计分析和回归论证结果

一、监事会个体特征的描述性统计分析

（一）监事任期的描述性统计分析

对监事任期描述性统计分析如表 4-1 所示，在观测值 25776 家公司中，共有 96590 位监事，每家公司监事的平均任期为 3.74 年，中位数为 3.37 年，众数为 3 年，25776 家公司平均任期最大值为 12.25 年。

表 4-1　监事任期的统计

	总计	均值	中位数	众数	标准差	方差	最小值	最大值	不为 0 数据公司	公司观测数
总人数	96590	3.75	3	3	1.28	1.64	1	15	25776	25776
总的任期	455560.28	17.67	15.89	12	9.85	96.94	0.01	83.55	25776	25776
最大任期	139262.10	5.40	5.53	3	2.70	7.26	0.01	18.13	25772	25776
最小任期	53333.06	2.07	1.71	3	1.62	2.63	0.01	11.76	25728	25776
平均任期	96325.54	3.74	3.37	3	1.87	3.50	0.01	12.25	25772	25776

监事总的任期为公司全部监事的全部任职时间之和；最大任期为公司全部监事中个人的最大任职时间；最小任期为公司全部监事中个人的最小任职时间；平均任期为全部监事的全部任职时间之和除以全部监事人数的平均值。由于个人监事任职时间从时间最小值开始即从 0.01 年开始，所以总的任期、最大任期、最小任期、平均任期的最小值均为 0.01 年（如图 4-1 所示）。

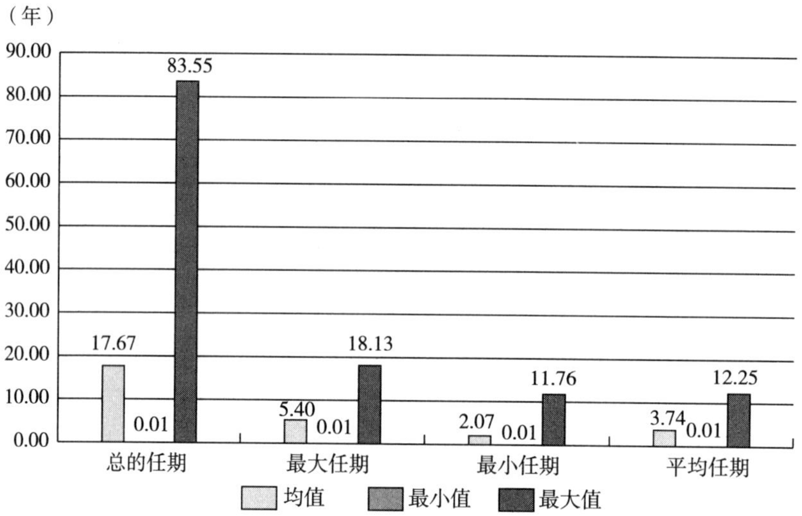

图 4-1　监事任期的分布

根据表 4-1 和图 4-1 任期的统计数据，在 25776 家公司全部监事任职时间如下：

全部监事总的任期最大值为 83.55 年，来自中小企业板山西证券股份有限公司；总任职时间的平均任期为 17.67 年。

个人最大任职时间最大值为 18.13 年，来自沪深 A 股主板贵州茅台酒股份有限公司；个人最大任期的平均任期为 5.40 年。

个人最小任职时间的最大值为 11.76 年，来自沪深 A 股主板厦门法拉电子股份有限公司；个人最小任职时间的平均任期为 2.07 年。

平均任职时间的最大值为 12.25 年，来自沪深 A 股主板北京华业资本控股股份有限公司；平均任职时间的平均值为 3.74 年。

最大任期、最小任期、平均任期的众数均为 3 年，《公司法》规定：监事的任期每届为三年，由数据可知，大部分监事可完成一届监事职责。

（二）公司监事来源描述性统计分析

关于监事来源的相关表格中，2007~2017 年共有 25776 家公司，所以观测数为 25776 个样本数据（按照公司数量统计的数据），对监事来源的描述性统计分析如表 4-2 所示。

表 4-2 公司监事来源的统计

	总计	均值	中位数	众数	标准差	方差	最小值	最大值	观测数
全部监事人数	96590	3.75	3	3	1.28	1.64	1	15	25776
独立监事人数	294	0.01	0	0	0.14	0.02	0	3	25776
独立监事系数	294	0.01	0	0	0.14	0.02	0	3	25776
股东监事人数	60461	2.35	2	2	0.81	0.66	0	10	25776
股东监事系数	60461	2.35	2	2	0.81	0.66	0	10	25776
外部监事人数	478	0.02	0	0	0.21	0.04	0	4	25776
外部监事系数	478	0.02	0	0	0.21	0.04	0	4	25776
职工监事人数	35357	1.37	1	1	0.66	0.44	0	6	25776
职工监事系数	35357	1.37	1	1	0.66	0.44	0	6	25776

由表 4-2 分析可知，每个公司监事的均值为 3.75 人，中位数和众数均为 3 人，最大值为 15 人，最小值为 1 人，由于公司监事会人数构成至少 3 人，因此，最小值为 1 人的公司，可能是由于换届时没有及时统计数据导致的，是不合规的样本公司。

公司全部监事人数中最大值为 15 人，来自沪深 A 股主板泛海控股股份有限公司，仅一家公司有 15 位监事会成员，且该公司同时为股东监事最大值 10 人的代表公司；独立监事人数的最大值仅为 3 人，来自沪深 A 股主板中国石油天然气股份有限公司等；外部监事最大值为 4 人，来自沪深 A 股主板华夏银行股份有限公司等；职工监事最大值为 6 人，来自沪深 A 股主板上海大屯能源股份有限公司等。

监事来源分布如图 4-2 所示，在监事来源分布图中横轴表示监事来源，纵轴表示人员数目。

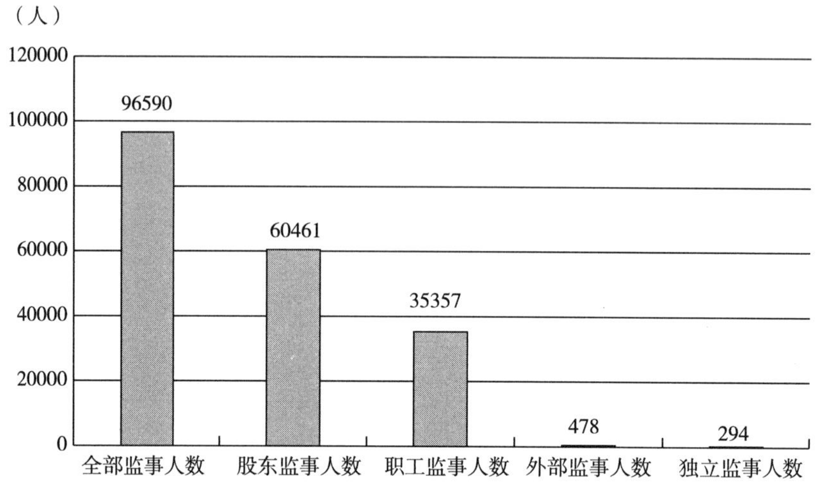

图 4-2　监事来源分布

图 4-3 为监事来源构成占比，在 2007~2017 年的数据样本 25776 家公司中，共有 96590 位监事成员，其中，股东监事人数为 60461 人，占比为 63%；职工监事人数为 35357 人，占比为 37%；外部监事人数为 478 人，独立监事人数为 294 人，数量过小占比约为 0。

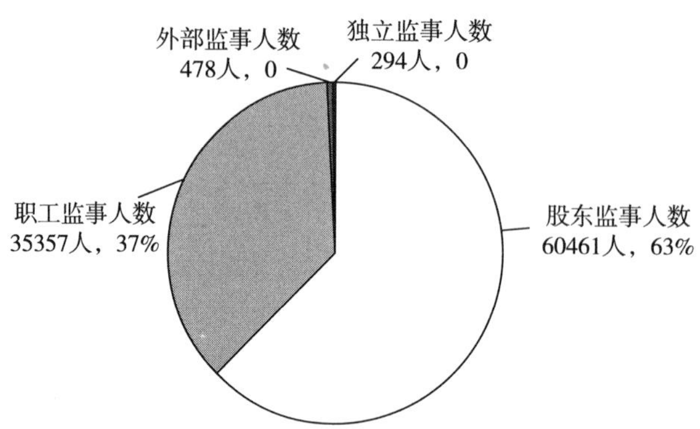

图 4-3　监事来源构成占比

（三）监事专业背景的描述性统计分析

对监事专业的描述性统计结果分析如表 4-3 所示。在 25776 家公司 96590 位监事中，有 45347 位监事成员未公布专业信息。

表 4-3　监事专业背景的统计

	总计	均值	中位数	众数	标准差	方差	最小值	最大值	观测数
全部监事人数	96590	3. 75	3	3	1. 28	1. 64	1	15	25776
会计专业人数	16413	0. 64	0	0	0. 84	0. 70	0	7	25776
会计专业水平	16413	0. 64	0	0	0. 84	0. 70	0	7	25776
律师专业人数	713	0. 03	0	0	0. 17	0. 03	0	2	25776
律师专业水平	713	0. 03	0	0	0. 17	0. 03	0	2	25776
经济专业人数	10497	0. 41	0	0	0. 71	0. 50	0	6	25776
经济专业水平	10497	0. 41	0	0	0. 71	0. 50	0	6	25776
工程师专业人数	13985	0. 54	0	0	0. 85	0. 72	0	9	25776
工程师专业水平	13985	0. 54	0	0	0. 85	0. 72	0	9	25776
教授职称人数	717	0. 03	0	0	0. 19	0. 04	0	3	25776
教授专业水平	717	0. 03	0	0	0. 19	0. 04	0	3	25776
副教授职称人数	861	0. 03	0	0	0. 21	0. 04	0	4	25776
副教授专业水平	861	0. 03	0	0	0. 21	0. 04	0	4	25776
其他专业人数	8057	0. 31	0	0	0. 64	0. 41	0	6	25776
其他专业水平	8057	0. 31	0	0	0. 64	0. 41	0	6	25776
未公布人数	45347	0	0	0	0	0	0	0	25776

监事专业背景分布如图 4-4 所示，横轴表示专业背景，纵轴表示人员数目。

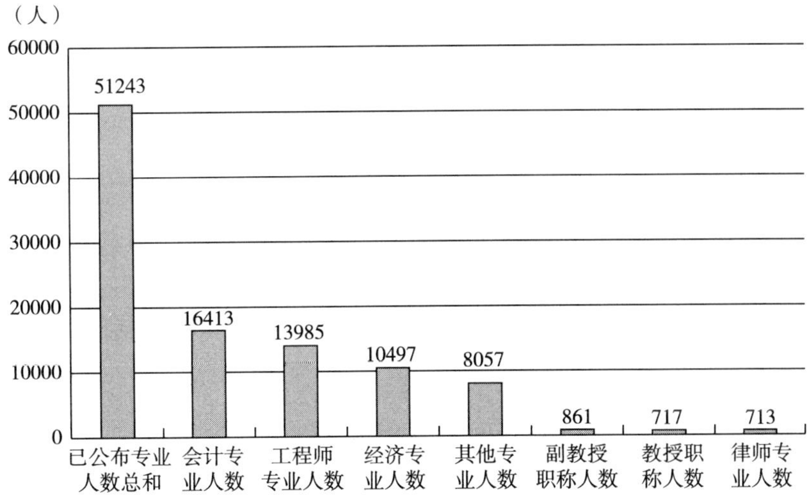

图 4-4　监事专业背景的分布

结合表4-3、图4-4发现，在上市公司监事当中，各专业人数分布有明显偏向性，会计专业、工程师专业、经济专业为主要人群。会计专业、工程师专业的人数分布比较均匀，分别为16413人和13985人；经济专业位居第三为10497人；其他专业8057人；副教授人数偏低，为861人；教授及律师专业人数相近，分别为717人和713人。

由2007~2017年所有公司的数据可知，来源于会计专业背景公司监事最大值为7人，来自中小企业板云南能源投资股份有限公司等；来源于律师专业背景公司监事最大值为2人，包括创业板爱尔眼科医院集团股份有限公司等；来源于经济专业背景公司监事最大值为6人，主要来自沪深A股主板招商银行股份有限公司等；来源于工程师专业背景公司监事最大值为9人，主要来自沪深A股主板招商银行股份有限公司、中国船舶重工股份有限公司等；来源于教授职称背景的公司监事最大值为3人，主要来自沪深A股主板湖南华菱钢铁股份有限公司等；来源于副教授职称背景的公司监事最大值为4人，主要来自沪深A股主板安徽安科生物工程（集团）股份有限公司等；其他专业背景的公司监事最大值为6人，主要来自沪深A股主板大秦铁路股份有限公司等。

根据《公司法》规定的监事任职资格要求，上市公司监事应具有法律或会计等相关领域专业知识和工作经验，以及独立、有效履职所需的判断、监督能力。所以会计专业背景的监事人数较多，但法律专业背景的监事还需加强。

图4-5为监事专业背景占比，结合2007~2017年所有公司的情况，可以

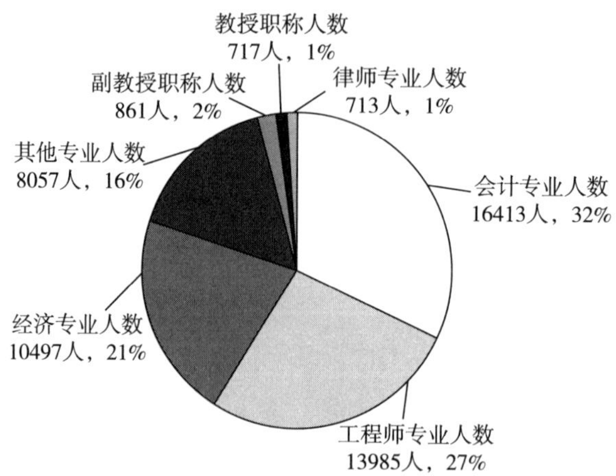

图4-5　监事专业背景占比的分布

发现，首先是会计专业和工程师专业背景的人数最多，分别为 16413 人占比 32%与 13985 人占比 27%；其次是经济专业和其他专业背景的人数，分别为 10497 人占比 21%和 8057 人占比 16%；拥有教授职称的人数相对较少，副教授和教授分别为 861 人占比 2%和 717 人占比 1%；而律师专业背景的人数最少为 713 人占比 1%。法律专业背景人数占比较低，远低于《公司法》的要求。

二、多元回归分析

本章的因变量和控制变量的选取与第三章一致，本章不再赘述。

本章先将上市公司资产总计、营业总收入取对数，再对市盈率、资产总计、营业总收入、净利润增长率等数据进行 1%和 99%极值处理。

（一）监事任期的多元回归结果

经多元回归发现，公司监事平均任期与基本每股收益呈显著的 U 形关系。即基本每股收益先随监事平均任期增加而减少，到一定数值时再随监事任期增加而增加。

增加一个平均任期 2 变量，表示平均任期的平方，建立如下形式的带二次项的多元线性回归模型：

$$y=a_1\times\text{平均任期}+a_2\times\text{平均任期 2}+a_3\times\text{资产总计}+\cdots+\epsilon$$

$$\text{监事平均任期}=\text{监事任期年数合计}/\text{总人数} \tag{4-1}$$

如果平均任期 2 系数 a_2 为负，则说明自变量对因变量的影响呈倒 U 形，如果平均任期 2 系数 a_2 为正，则说明影响呈正 U 形。具体回归结果如表 4-4 所示。

表 4-4 监事任期的多元回归结果

	系数估计	T 值	P 值	显著性
(Intercept)	-2. 318e+00	-30. 989	<2e-16	***
平均任期	-5. 793e-02	-9. 276	<2e-16	***
平均任期 2	5. 040e-03	7. 510	6. 13e-14	***
资产总计	8. 961e-02	12. 864	<2e-16	***
资产负债率	-6. 538e-03	-40. 440	<2e-16	***
营业总收入	4. 508e-02	6. 687	2. 33e-11	***
净利润增长率	4. 733e-04	50. 476	<2e-16	***

续表

	系数估计	T 值	P 值	显著性
市盈率	-1.095e-04	-6.414	1.45e-10	***
总资产周转率	5.231e-02	5.936	2.95e-09	***
GDP 增长率	9.390e-01	2.238	0.02524	**
2017 年	8.030e-02	3.193	0.00141	***
2016 年	-1.344e-02	-0.523	0.60127	
2015 年	-1.809e-02	-0.721	0.47084	
2014 年	-4.721e-04	-0.020	0.98422	
2013 年	2.940e-02	1.319	0.18722	
2012 年	5.228e-02	2.386	0.01705	**
2011 年	9.165e-02	5.281	1.29e-07	***
2010 年	7.898e-02	4.948	7.56e-07	***
2009 年	3.545e-02	1.871	0.06143	*
2008 年	NA	NA	NA	

注：在显著性列中，*** 表示显著性水平在 0~0.01，** 表示显著性水平在 0.01~0.05，* 表示显著性水平在 0.05~0.1. 除非特殊说明，本书中其他表的显著性水平均采用同样标记。

从回归结果可以看出，监事平均任期变量的一次项系数为负，二次项系数为正，且都显著，说明监事平均任期变量对基本每股收益影响呈 U 形关系，经计算 U 形曲线的最低点所在的自变量取值时得到：

当公司监事平均任期小于 $\frac{0.05793}{2\times0.00504}\approx5.7$ 年时，平均任期对公司业绩有负向影响，当平均任期大于 5.7 年时，对公司业绩有正向影响。

这个回归结果说明，可能上市公司监事刚开始上任时对于公司的情况不太熟悉，所以监督不到位，平均任期与公司业绩呈现负相关，随着监事的平均任期增长，当平均任期大于 5.7 年时，监事对于上市公司各方面业务都比较熟悉了，这时尽职履责、监督到位会促进上市公司业绩提升。

（二）监事专业特征的多元回归结果

为了防止模型中存在较严重的多重共线性，去除控制变量中的所有年份虚拟变量。

参考 Chaney、Faccio、Parsley（2011）的论文①，考虑到本书对公司监事专业背景划分太细，不利于进行回归，参考上述文献，把相关专业背景进行合并，同时对每个专业水平占比变量用基本每股收益进行加权，生成新的变量，变量说明如下：

acc：（会计专业水平占比+经济专业水平占比）×基本每股收益

leg：法律专业水平占比×基本每股收益

aca：（教授水平占比+副教授水平占比）×基本每股收益

oth：（工程师水平占比+其他水平占比）×基本每股收益

用以上变量对 y3（平均总资产收益率）建立多元回归模型，回归结果如表 4-5 所示。

表 4-5 监事专业变量的多元回归结果

y3	估计系数	T 值	P 值	显著性
(Intercept)	-3. 1120346	-0. 637	0. 523932	
金融专业水平占比（acc）	4. 4428425	30. 293	<2e-16	***
法律专业水平占比（leg）	0. 4695857	0. 372	0. 710272	
学术背景专业占比（aca）	4. 1455376	6. 924	4. 69e-12	***
工程师水平占比（oth）	3. 1129065	19. 735	<2e-16	***
资产总计	-0. 7955851	-6. 629	3. 56e-11	***
资产负债率	-0. 1208910	-37. 778	<2e-16	***
营业总收入	1. 0851942	9. 323	<2e-16	***
净利润增长率	0. 0065377	37. 904	<2e-16	***
市盈率	-0. 0003740	-1. 641	0. 100831	
总资产周转率	0. 5920253	3. 741	0. 000185	***
GDP 增长率	81. 9201189	1. 176	0. 239464	

从表 4-5 结果中可以发现，将自变量用基本每股收益加权后，金融相关（经济、会计）专业占比（acc）、学术背景（教授、副教授）专业占比（aca）以及工程师（工程师、其他专业）水平占比（oth）均对平均总资产收益率具

① Chaney P. K., Faccio M., Parsley D.. The Quality of Accounting Information in. Politically Connected Firms [J]. Journal of Accounting and Economics, 2011 (51): 58-76.

有显著的正向影响。

且监事会成员拥有学术背景（aca）及金融相关背景（acc）对公司业绩的促进作用较强，学术背景（aca）占比每增加1%，平均总资产收益率增加0.0415%，金融相关背景（acc）占比每增加1%，平均总资产收益率增加0.0444%。

律师专业背景（leg）在对促进公司业绩增长方面发挥的作用不明显，对平均总资产收益率的影响不显著。律师专业背景作用不明显，可能与律师专业的监事占比太少无法发挥作用有关。根据统计数据，律师专业背景的监事人数最少，为713人，在全部监事专业占比为1%。

（三）监事的来源特征多元回归结果

1. 监事来源系数的绝对值对于公司业绩的影响

对于独立监事系数、股东监事系数、外部监事系数、职工监事系数绝对值对基本每股收益与平均净资产收益率建立多元回归模型，发现独立监事系数、职工监事系数对两个因变量均有显著的负向影响，外部监事系数对两个因变量均有显著的正向影响，而对平均净资产收益率的影响不如对基本每股收益的影响显著。

为了考察股东监事系数对公司业绩的影响，单独考虑其对基本每股收益与平均净资产收益率的回归模型，发现股东监事系数与基本每股收益有较显著的负相关。

从结论来看，除了外部监事系数对公司业绩有显著的正向影响以外，其余监事系数与公司业绩均负相关，实证结果与本章的假设产生了不同。

从表4-6~表4-8可知，股东监事系数对于平均净资产收益率回归的影响，虽然不显著，但方向是同向的，即股东监事人数的增加有利于提高平均净资产收益率。

表4-6 基本每股收益对监事来源系数绝对值的多元回归结果

y1	估计系数	T值	P值	显著性
Intercept	-2.265e+00	-30.065	<2e-16	***
独立监事系数	-1.154e-01	-5.044	4.60e-07	***
股东监事系数	5.269e-03	1.160	0.24619	
外部监事系数	2.893e-01	17.682	<2e-16	***
职工监事系数	-3.987e-02	-7.284	3.32e-13	***

续表

y1	估计系数	T 值	P 值	显著性
资产总计	7. 214e-02	10. 154	<2e-16	***
资产负债率	-6. 700e-03	-41. 500	<2e-16	***
营业总收入	5. 549e-02	8. 232	<2e-16	***
净利润增长率	4. 704e-04	50. 420	<2e-16	***
市盈率	-1. 153e-04	-6. 792	1. 13e-11	***
总资产周转率	5. 184e-02	5. 917	3. 32e-09	***
GDP 增长率	1. 270e+00	3. 050	0. 00229	***
2017 年	9. 839e-02	3. 931	8. 49e-05	***
2016 年	-7. 249e-04	-0. 028	0. 97743	
2015 年	-1. 253e-02	-0. 501	0. 61608	
2014 年	-5. 131e-03	-0. 216	0. 82886	
2013 年	1. 883e-02	0. 850	0. 39549	
2012 年	4. 388e-02	2. 011	0. 04437	**
2011 年	8. 060e-02	4. 664	3. 12e-06	***
2010 年	6. 613e-02	4. 169	3. 07e-05	***
2009 年	3. 029e-02	1. 607	0. 10806	
2008 年	NA	NA	NA	

表 4-7　基本每股收益对股东监事系数回归结果

y1	估计系数	T 值	P 值	显著性
(Intercept)	-2. 422e+00	-32. 681	<2e-16	***
股东监事系数	-8. 404e-03	-1. 992	0. 046397	*
资产总计	9. 194e-02	13. 116	<2e-16	***
资产负债率	-6. 541e-03	-40. 308	<2e-16	***
营业总收入	4. 130e-02	6. 122	9. 36e-10	***
净利润增长率	4. 732e-04	50. 363	<2e-16	***
市盈率	-1. 133e-04	-6. 626	3. 51e-11	***
总资产周转率	5. 540e-02	6. 280	3. 45e-10	***
GDP 增长率	1. 291e+00	3. 079	0. 002082	**
2017 年	9. 035e-02	3. 585	0. 000337	***

续表

y1	估计系数	T 值	P 值	显著性
2016 年	-9.789e-03	-0.380	0.704263	
2015 年	-2.282e-02	-0.907	0.364330	
2014 年	-1.397e-02	-0.584	0.558889	
2013 年	1.121e-02	0.502	0.615361	
2012 年	3.733e-02	1.700	0.089226	*
2011 年	7.419e-02	4.267	1.99e-05	***
2010 年	6.041e-02	3.785	0.000154	***
2009 年	2.535e-02	1.336	0.181721	
2008 年	NA	NA	NA	

表 4-8 平均净资产收益率对监事四个来源系数的总体回归结果

y2	估计系数	T 值	P 值	显著性
Intercept	-1.036e+02	-9.761	<2e-16	***
独立监事系数	-6.267e+00	-2.001	0.045357	**
股东监事系数	2.319e-01	0.369	0.712343	
外部监事系数	4.948e+00	2.202	0.027690	**
职工监事系数	-1.778e+00	-2.347	0.018929	**
资产总计	2.543e+00	2.573	0.010087	**
资产负债率	-5.523e-01	-23.063	<2e-16	***
营业总收入	5.004e+00	5.314	1.08e-07	***
净利润增长率	1.312e-02	9.990	<2e-16	***
市盈率	5.162e-03	2.202	0.027696	**
总资产周转率	6.087e-01	0.501	0.616194	
GDP 增长率	-2.414e+02	-4.162	3.17e-05	***
2017 年	-1.607e+01	-4.618	3.90e-06	***
2016 年	-1.704e+01	-4.787	1.70e-06	***
2015 年	-1.508e+01	-4.342	1.42e-05	***
2014 年	-1.272e+01	-3.859	0.000114	***
2013 年	-1.150e+01	-3.739	0.000185	***
2012 年	-1.031e+01	-3.402	0.000670	***

续表

y2	估计系数	T 值	P 值	显著性
2011 年	-3.419e+00	-1.425	0.154264	
2010 年	7.048e-01	0.320	0.749207	
2009 年	-2.715e+00	-1.034	0.300951	
2008 年	NA	NA	NA	

2. 考察监事来源系数的相对值对公司业绩的影响

对四种不同的监事系数占比分别建立多元回归模型后发现，监事系数占比对基本每股收益的影响显著。以下分别给出四种监事系数对基本每股收益的回归结果。

股东监事系数占比与外部监事系数占比对公司业绩有显著的正向影响，具体分析见表 4-10 和表 4-11，而独立监事系数占比与职工监事系数占比对公司业绩有显著的负向影响，具体分析见表 4-9 和表 4-12。

职工监事对公司业绩有显著的负向影响原因可能是职工监事由职工代表大会选举，存在一定的内部化和形式化的问题，没有很好地发挥作用。独立监事系数占比不显著，可能与独立监事系数占比太低，无法更好地发挥作用有关。据统计数据，独立监事人数为 294 人，数量过小，占比约为 0。

从回归系数来看，外部监事系数占比对公司业绩的正向影响强于股东监事系数占比。

表 4-9 基本每股收益对独立监事系数占比回归结果

y1	估计系数	T 值	P 值	显著性
(Intercept)	-2.447e+00	-32.939	<2e-16	***
独立监事系数占比	-5.470e-01	-4.822	1.43e-06	***
资产总计	9.138e-02	13.095	<2e-16	***
资产负债率	-6.586e-03	-40.650	<2e-16	***
营业总收入	4.220e-02	6.257	3.99e-10	***
净利润增长率	4.725e-04	50.310	<2e-16	***
市盈率	-1.137e-04	-6.652	2.96e-11	***
总资产周转率	5.546e-02	6.289	3.25e-10	***
GDP 增长率	1.281e+00	3.057	0.002236	**

续表

y1	估计系数	T 值	P 值	显著性
2017 年	9. 391e-02	3. 745	0. 000181	***
2016 年	-6. 278e-03	-0. 244	0. 806871	
2015 年	-1. 943e-02	-0. 776	0. 437999	
2014 年	-1. 082e-02	-0. 455	0. 649389	
2013 年	1. 448e-02	0. 652	0. 514640	
2012 年	4. 027e-02	1. 839	0. 065860	*
2011 年	7. 692e-02	4. 443	8. 89e-06	***
2010 年	6. 234e-02	3. 919	8. 93e-05	***
2009 年	2. 679e-02	1. 413	0. 157751	
2008 年	NA	NA	NA	

表 4-10　基本每股收益对股东监事系数占比回归结果

y1	估计系数	T 值	P 值	显著性
(Intercept)	-2. 499e+00	-31. 772	<2e-16	***
股东监事系数占比	8. 610e-02	3. 016	0. 00256	**
资产总计	9. 170e-02	13. 124	<2e-16	***
资产负债率	-6. 562e-03	-40. 513	<2e-16	***
营业总收入	4. 154e-02	6. 158	7. 46e-10	***
净利润增长率	4. 730e-04	50. 344	<2e-16	***
市盈率	-1. 140e-04	-6. 663	2. 74e-11	***
总资产周转率	5. 556e-02	6. 299	3. 05e-10	***
GDP 增长率	1. 263e+00	3. 014	0. 00258	**
2017 年	9. 840e-02	3. 920	8. 89e-05	***
2016 年	-1. 812e-03	-0. 070	0. 94382	
2015 年	-1. 490e-02	-0. 594	0. 55256	
2014 年	-6. 363e-03	-0. 267	0. 78951	
2013 年	1. 866e-02	0. 838	0. 40208	
2012 年	4. 421e-02	2. 016	0. 04380	*
2011 年	8. 086e-02	4. 659	3. 19e-06	***
2010 年	6. 572e-02	4. 122	3. 76e-05	***

续表

y1	估计系数	T 值	P 值	显著性
2009 年	2. 821e-02	1. 487	0. 13707	
2008 年	NA	NA	NA	

表 4-11 基本每股收益对外部监事系数占比回归结果

y1	估计系数	T 值	P 值	显著性
(Intercept)	-2. 227e+00	-29. 764	<2e-16	***
外部监事系数占比	1. 666e+00	15. 349	<2e-16	***
资产总计	7. 270e-02	10. 319	<2e-16	***
资产负债率	-6. 672e-03	-41. 330	<2e-16	***
营业总收入	5. 108e-02	7. 574	3. 73e-14	***
净利润增长率	4. 724e-04	50. 507	<2e-16	***
市盈率	-1. 142e-04	-6. 705	2. 06e-11	***
总资产周转率	5. 286e-02	6. 017	1. 80e-09	***
GDP 增长率	1. 273e+00	3. 051	0. 00228	**
2017 年	9. 905e-02	3. 966	7. 32e-05	***
2016 年	-1. 687e-03	-0. 066	0. 94742	
2015 年	-1. 448e-02	-0. 580	0. 56175	
2014 年	-7. 111e-03	-0. 300	0. 76418	
2013 年	1. 581e-02	0. 714	0. 47510	
2012 年	4. 127e-02	1. 893	0. 05838	
2011 年	7. 746e-02	4. 494	7. 03e-06	***
2010 年	6. 361e-02	4. 015	5. 96e-05	***
2009 年	2. 747e-02	1. 454	0. 14584	
2008 年	NA	NA	NA	

表 4-12 基本每股收益对职工监事系数占比回归结果

y1	估计系数	T 值	P 值	显著性
(Intercept)	-2. 375e+00	-31. 917	<2e-16	***
职工监事系数占比	-1. 857e-01	-6. 142	8. 26e-10	***
资产总计	9. 068e-02	13. 001	<2e-16	***

续表

y1	估计系数	T 值	P 值	显著性
资产负债率	-6. 567e-03	-40. 569	<2e-16	***
营业总收入	4. 237e-02	6. 284	3. 36e-10	***
净利润增长率	4. 728e-04	50. 352	<2e-16	***
市盈率	-1. 145e-04	-6. 696	2. 18e-11	***
总资产周转率	5. 541e-02	6. 285	3. 32e-10	***
GDP 增长率	1. 244e+00	2. 970	0. 00298	**
2017 年	1. 030e-01	4. 105	4. 06e-05	***
2016 年	2. 894e-03	0. 113	0. 91037	
2015 年	-1. 002e-02	-0. 400	0. 68946	
2014 年	-1. 653e-03	-0. 069	0. 94471	
2013 年	2. 319e-02	1. 042	0. 29756	
2012 年	4. 847e-02	2. 211	0. 02706	*
2011 年	8. 510e-02	4. 904	9. 43e-07	***
2010 年	6. 932e-02	4. 349	1. 37e-05	***
2009 年	3. 008e-02	1. 586	0. 11276	
2008 年	NA	NA	NA	

三、稳健性检验结果

（一）监事任期的稳健性检验

监事的平均任期对基本每股收益的 Logistic 回归检验发现，平均任期的二次项对基本每股收益有显著的正相关，一次项对基本每股收益有显著的负相关，符合建模中自变量与因变量的 U 形关系，说明影响是稳健的。检验结果详见本章附录 1。

此外，运用同样的方法进行了自变量滞后一期的稳健性检验，发现滞后一期后，监事任期对公司业绩的影响也是稳健的。检验结果详见本章附录 2。

（二）监事专业的稳健性检验

为了检验回归模型对专业背景的稳健性，又建立四个监事专业变量对平均总资产收益率的 Logistic 回归模型，发现影响建模中监事成员的三个专业［金融类（acc）、学术背景（aca）、工程师水平（oth）］对公司业绩的积极作用都是显著且稳健的。检验结果详见本章附录3。

（三）监事来源的稳健性检验

1. 监事来源系数绝对值对公司业绩影响的稳健性检验

用四种监事系数对基本每股收益建立 Logistic 回归模型发现，回归系数的符号与多元回归建模时一致，说明四种监事系数对基本每股收益的影响是稳健的。检验结果详见本章附录4。

即股东监事系数、外部监事系数对于基本每股收益有正向影响且显著，独立监事系数、职工监事系数对基本每股收益有负向影响且显著。

2. 监事来源系数相对值对公司业绩影响的稳健性检验

四种监事系数相对值对基本每股收益分别建立 Logistic 回归模型的结果，详见本章附录5、附录6、附录7 和附录8。从回归结果可以看出，相对值系数的符号与多元回归建模的结果是相同的，从而说明监事系数相对值对公司业绩的影响是稳健的。

即股东监事系数占比、外部监事系数占比对于基本每股收益有正向影响且显著，独立监事系数占比、职工监事系数占比对基本每股收益有负向影响且显著。

另外，对监事来源绝对值和相对值的滞后一年多元回归检验结果也是稳健的，由于篇幅限制，这里将不再呈现回归结果。

本章小结

本章对上市公司监事会的个体特征，包括监事的任期、专业、来源，分别进行了统计汇总分析，并对相关变量与公司业绩的关系进行了分析论证。本章分析论证采用了多元回归分析、分位回归分析、Logistic 稳健性检验和自变量滞后一期的检验等回归分析和检验方法，保证了回归结果的稳健性和可靠性。

一、公司监事任期

（一）监事的任期汇总情况

对监事任期描述性统计分析如下：在观测值 25776 家公司中，共有 96590

位监事，每家公司监事的平均任期为 3.74 年，中位数为 3.37 年，众数为 3 年，25776 家公司平均任期最大值为 12.25 年。

（二）监事任期对于公司业绩的影响

本章的分析论证结果认为，监事的平均任期对基本每股收益影响呈 U 形关系，在 U 型曲线的最低点时，计算自变量数值，当监事平均任期小于 $\frac{0.05793}{2\times0.00504}\approx5.7$ 年时，平均任期对公司业绩有负向影响，当平均任期大于 5.7 年时，对公司业绩有正向影响。

（三）本章的假设 1

监事的任期与公司业绩正相关，通过分析证明监事的任期与公司业绩呈 U 形关系、非线性关系。因此，假设 1 部分成立。该结论丰富了监事任期与公司业绩的关系。

二、公司监事来源

（一）监事来源的统计汇总情况

在 2007~2017 年的数据样本 25776 家公司中，共有 96590 位监事成员，其中，股东监事人数为 60461 人，占比为 63%；职工监事人数为 35357 人，占比为 37%；外部监事人数为 478 人，独立监事人数为 294 人，数量过小占比约为 0。

（二）监事来源对于公司业绩的影响

本章的分析论证结果认为四类监事来源的绝对人数对于业绩的影响：股东监事系数、外部监事系数对于基本每股收益有正向影响且显著，独立监事系数、职工监事系数对于基本每股收益有负向影响且显著。

四类监事来源的相对人数对于业绩的影响：股东监事系数占比、外部监事系数占比对于基本每股收益有正向影响且显著，独立监事系数占比、职工监事系数占比对于基本每股收益有负向影响且显著。

（三）本章的假设 2

监事的来源与公司业绩正相关，通过分析证明股东监事、外部监事绝对值和相对值对于公司业绩影响为正且显著；独立监事、职工监事的绝对值和相对值对于公司业绩影响为负且显著，因此，假设 2 部分成立。

三、公司监事专业

（一）监事专业背景的统计汇总情况

在 2007 ~ 2017 年所有公司中，首先是会计专业人数最多，为 16413 人，占比为 32%，其次是工程师专业为 13985 人，占比为 27%；再次是经济专业为 10497 人，占比为 21%，其他专业人数 8057 人，占比为 16%；又次是拥有教授职称的人数相对较少，副教授和教授分别为 861 人占比 2%和 717 人占比 1%；最后是律师人数最少为 713 人，占比为 1%。法律专业背景的监事人数占比较低。

（二）监事专业背景对于公司业绩的影响

本章的分析论证结果认为金融相关（经济、会计）专业占比（acc）、学术背景（教授、副教授）专业占比（aca）以及工程师（工程师、其他专业）水平占比（oth）均对平均总资产收益率具有显著的正向影响。且监事会成员拥有学术背景（acc）及金融相关背景（aca）对公司业绩的促进作用较强。律师专业背景（leg）在对促进公司业绩增长方面发挥的作用不明显，对平均总资产收益率的影响不显著，可能与律师专业背景的监事人数太少，无法发挥作用有关系。

（三）本章的假设 3

监事的专业与公司业绩正相关，除去法律专业背景以外，其他相关专业背景的监事占比与公司业绩正相关，因此，假设 3 基本成立。

本章附录

附录 1　监事任期的 Logistic 稳健性检验结果

y1	估计系数	T 值	P 值	显著性
(Intercept)	-1. 209e+01	-33. 781	<2e-16	***
平均任期	-2. 945e-01	-10. 883	<2e-16	***
平均任期 2	1. 995e-02	6. 918	4. 57e-12	***
资产总计	2. 316e-01	7. 059	1. 68e-12	***
资产负债率	-3. 299e-02	-40. 290	<2e-16	***

续表

y1	估计系数	T 值	P 值	显著性
营业总收入	3.951e-01	12.099	<2e-16	***
净利润增长率	1.965e-03	25.440	<2e-16	***
市盈率	-1.100e-03	-13.151	<2e-16	***
总资产周转率	1.607e-01	3.686	0.000228	***
GDP 增长率	5.641e+00	3.053	0.002267	**
2017 年	3.968e-01	3.586	0.000335	***
2016 年	1.120e-01	0.990	0.322224	
2015 年	4.551e-02	0.412	0.680669	
2014 年	1.072e-01	1.021	0.307100	
2013 年	2.326e-01	2.376	0.017522	**
2012 年	4.371e-01	4.552	5.32e-06	***
2011 年	6.578e-01	8.623	<2e-16	***
2010 年	6.170e-01	8.787	<2e-16	***
2009 年	2.899e-01	3.467	0.000527	***
2008 年	NA	NA	NA	

附录 2　监事任期滞后一期回归稳健性检验结果

y1	估计系数	T 值	P 值	显著性
(Intercept)	-7.463e+00	-43.318	<2e-16	***
平均任期	-6.169e-02	-11.187	<2e-16	***
平均任期 2	4.234e-03	7.146	9.15e-13	***
资产总计	1.168e+00	8.410	<2e-16	***
资产负债率	-5.818e-03	-40.839	<2e-16	***
营业总收入	1.463e+00	11.506	<2e-16	***
净利润增长率	2.261e-04	27.306	<2e-16	***
市盈率	-1.961e-04	-13.011	<2e-16	***
总资产周转率	3.873e-02	5.136	2.82e-07	***
GDP 增长率	1.329e+00	3.588	0.000333	***
2017 年	9.664e-02	4.352	1.35e-05	***
2016 年	3.615e-02	1.592	0.111478	

续表

y1	估计系数	T 值	P 值	显著性
2015 年	1. 576e-02	0. 711	0. 476862	
2014 年	2. 937e-02	1. 394	0. 163374	
2013 年	5. 426e-02	2. 757	0. 005843	***
2012 年	9. 261e-02	4. 787	1. 71e-06	***
2011 年	1. 413e-01	9. 222	<2e-16	***
2010 年	1. 332e-01	9. 453	<2e-16	***
2009 年	6. 512e-02	3. 893	9. 94e-05	***
2008 年	NA	NA	NA	

附录 3　监事专业 Logistic 稳健性检验结果

y3	估计系数	T 值	P 值	显著性
(Intercept)	9. 204e+00	3. 955	7. 65e-05	***
金融类（acc)	2. 646e+00	19. 574	<2e-16	***
法律类（leg)	3. 110e+00	4. 976	6. 49e-07	***
学术类（aca)	2. 758e+00	5. 730	1. 00e-08	***
工程师水平类（oth)	3. 921e+00	20. 475	<2e-16	***
资产总计	-8. 963e-01	-13. 999	<2e-16	***
资产负债率	-5. 176e-02	-29. 638	<2e-16	***
营业总收入	6. 650e-01	10. 812	<2e-16	***
净利润增长率	1. 776e-03	12. 541	<2e-16	***
市盈率	-6. 341e-04	-5. 782	7. 37e-09	***
总资产周转率	8. 233e-02	1. 056	0. 291	
GDP 增长率	-3. 121e+01	-0. 949	0. 342	

附录 4　基本每股收益对监事来源系数绝对值的 Logistic 回归检验结果

y1	估计系数	T 值	P 值	显著性
(Intercept)	-1. 246e+01	-34. 361	<2e-16	***
独立监事系数	-7. 419e-01	-6. 972	3. 13e-12	***
股东监事系数	6. 349e-02	3. 127	0. 001766	**
外部监事系数	1. 031e+00	7. 984	1. 42e-15	***

续表

y1	估计系数	T 值	P 值	显著性
职工监事系数	-2. 324e-01	-9. 600	<2e-16	***
资产总计	1. 937e-01	5. 706	1. 16e-08	***
资产负债率	-3. 339e-02	-40. 683	<2e-16	***
营业总收入	4. 177e-01	12. 543	<2e-16	***
净利润增长率	1. 949e-03	25. 203	<2e-16	***
市盈率	-1. 122e-03	-13. 464	<2e-16	***
总资产周转率	1. 632e-01	3. 697	0. 000218	***
GDP 增长率	7. 746e+00	4. 202	2. 64e-05	***
2017 年	4. 661e-01	4. 205	2. 61e-05	***
2016 年	1. 410e-01	1. 243	0. 213831	
2015 年	2. 550e-02	0. 230	0. 818085	
2014 年	2. 661e-02	0. 253	0. 800093	
2013 年	1. 306e-01	1. 333	0. 182483	
2012 年	3. 680e-01	3. 824	0. 000131	***
2011 年	5. 794e-01	7. 589	3. 22e-14	***
2010 年	5. 301e-01	7. 570	3. 72e-14	***
2009 年	2. 501e-01	2. 990	0. 002793	**
2008 年	NA	NA	NA	

附录 5　基本每股收益对独立监事系数占比 Logistic 回归检验结果

y1	估计系数	T 值	P 值	显著性
(Intercept)	-1. 267e+01	-35. 658	<2e-16	***
独立监事系数占比	-3. 811e+00	-7. 466	8. 24e-14	***
资产总计	2. 446e-01	7. 463	8. 49e-14	***
资产负债率	-3. 313e-02	-40. 535	<2e-16	***
营业总收入	3. 676e-01	11. 288	<2e-16	***
净利润增长率	1. 939e-03	25. 202	<2e-16	***
市盈率	-1. 113e-03	-13. 413	<2e-16	***
总资产周转率	1. 891e-01	4. 302	1. 69e-05	***
GDP 增长率	7. 728e+00	4. 209	2. 56e-05	***

续表

y1	估计系数	T 值	P 值	显著性
2017 年	4. 334e-01	3. 948	7. 87e-05	***
2016 年	1. 049e-01	0. 934	0. 350462	
2015 年	-1. 504e-02	-0. 137	0. 891094	
2014 年	-1. 264e-02	-0. 121	0. 903407	
2013 年	9. 364e-02	0. 964	0. 334818	
2012 年	3. 318e-01	3. 477	0. 000507	***
2011 年	5. 410e-01	7. 159	8. 13e-13	***
2010 年	4. 969e-01	7. 152	8. 58e-13	***
2009 年	2. 280e-01	2. 739	0. 006170	**
2008 年	NA	NA	NA	

附录 6　基本每股收益对股东监事系数占比 Logistic 回归检验结果

y1	估计系数	T 值	P 值	显著性
(Intercept)	-1. 345e+01	-35. 877	<2e-16	***
股东监事系数占比	1. 044e+00	8. 405	<2e-16	***
资产总计	2. 540e-01	7. 743	9. 68e-15	***
资产负债率	-3. 293e-02	-40. 354	<2e-16	***
营业总收入	3. 611e-01	11. 106	<2e-16	***
净利润增长率	1. 944e-03	25. 258	<2e-16	***
市盈率	-1. 116e-03	-13. 438	<2e-16	***
总资产周转率	1. 913e-01	4. 359	1. 30e-05	***
GDP 增长率	7. 587e+00	4. 129	3. 64e-05	***
2017 年	4. 828e-01	4. 389	1. 14e-05	***
2016 年	1. 556e-01	1. 382	0. 16701	
2015 年	3. 603e-02	0. 327	0. 74344	
2014 年	3. 801e-02	0. 364	0. 71568	
2013 年	1. 422e-01	1. 461	0. 14405	
2012 年	3. 801e-01	3. 974	7. 07e-05	***
2011 年	5. 886e-01	7. 762	8. 37e-15	***
2010 年	5. 363e-01	7. 700	1. 36e-14	***

续表

y1	估计系数	T 值	P 值	显著性
2009 年	2. 461e-01	2. 953	0. 00314	**
2008 年	NA	NA	NA	

附录 7　基本每股收益对外部监事系数占比 Logistic 回归检验结果

y1	估计系数	T 值	P 值	显著性
(Intercept)	-1. 200e+01	-33. 599	<2e-16	***
外部监事系数占比	4. 982e+00	6. 872	6. 35e-12	***
资产总计	1. 905e-01	5. 687	1. 29e-08	***
资产负债率	-3. 307e-02	-40. 571	<2e-16	***
营业总收入	3. 913e-01	11. 876	<2e-16	***
净利润增长率	1. 943e-03	25. 266	<2e-16	***
市盈率	-1. 110e-03	-13. 396	<2e-16	***
总资产周转率	1. 753e-01	3. 988	6. 67e-05	***
GDP 增长率	7. 709e+00	4. 202	2. 64e-05	***
2017 年	4. 506e-01	4. 108	3. 99e-05	***
2016 年	1. 214e-01	1. 081	0. 279843	
2015 年	3. 066e-03	0. 028	0. 977723	
2014 年	2. 422e-03	0. 023	0. 981433	
2013 年	1. 015e-01	1. 046	0. 295345	
2012 年	3. 375e-01	3. 540	0. 000401	***
2011 年	5. 453e-01	7. 220	5. 20e-13	***
2010 年	5. 019e-01	7. 229	4. 88e-13	***
2009 年	2. 308e-01	2. 775	0. 005528	**
2008 年	NA	NA	NA	

附录 8　基本每股收益对职工监事系数占比 Logistic 回归检验结果

y1	估计系数	T 值	P 值	显著性
(Intercept)	-1. 220e+01	-34. 411	<2e-16	***
职工监事系数占比	-1. 185e+00	-9. 002	<2e-16	***
资产总计	2. 402e-01	7. 333	2. 25e-13	***

续表

y1	估计系数	T 值	P 值	显著性
资产负债率	-3. 294e-02	-40. 377	<2e-16	***
营业总收入	3. 677e-01	11. 303	<2e-16	***
净利润增长率	1. 947e-03	25. 292	<2e-16	***
市盈率	-1. 117e-03	-13. 444	<2e-16	***
总资产周转率	1. 885e-01	4. 299	1. 71e-05	***
GDP 增长率	7. 571e+00	4. 119	3. 81e-05	***
2017 年	4. 937e-01	4. 485	7. 28e-06	***
2016 年	1. 663e-01	1. 476	0. 13985	
2015 年	4. 722e-02	0. 429	0. 66817	
2014 年	4. 809e-02	0. 460	0. 64518	
2013 年	1. 506e-01	1. 546	0. 12209	
2012 年	3. 879e-01	4. 053	5. 05e-05	***
2011 年	5. 961e-01	7. 854	4. 03e-15	***
2010 年	5. 428e-01	7. 789	6. 75e-15	***
2009 年	2. 495e-01	2. 993	0. 00276	**
2008 年	NA	NA	NA	

第五章　监事会与公司业绩：薪酬、股权

监事的薪酬、监事的股权激励，这些个体特征是监事会正常运行、有效发挥作用的重要保证。本章对于监事的薪酬、股权进行汇总分析，检验论证其与公司业绩的关系。

第一节　研究假设

根据相关文献，本章对于监事会的个体特征与公司业绩的假设如下：

假设 1：监事薪酬与公司业绩正相关。

假设 2：监事股权与公司业绩正相关。

第二节　样本数据的汇总和获取办法

一、监事薪酬汇总和选取办法

监事薪酬按照上市公司公开披露的监事薪酬取值，具体如下：

最高薪酬=该公司已公布监事薪酬中最大值

最低薪酬=该公司已公布监事薪酬中最小值

薪酬总数=该公司所有监事的已公布薪酬合计

平均薪酬=监事薪酬总额/监事总人数

二、监事股权激励汇总和选取办法

监事的股权激励，主要是上市公司给予监事的股权激励，考虑到每个公司的股价不同且每天都会变动，股权激励以监事实际获得股权激励的股份数量汇总计算。

第三节 样本数据来源和指标选取原则

一、数据来源和选取范围

样本数据的选取范围为大智慧公司和 WIND 数据库中，从 2007 年 1 月 1 日至 2017 年 12 月 31 日，在中国沪深两市上市的全部上市公司。在这期间已经退市的公司，从退市的第二年起，不再汇总数据。

二、选取原则

（1）在统计监事薪酬指标时不包含未公布薪酬数据。

（2）在统计监事股权激励指标时不包含未公布股权激励数据。

（3）考虑到样本公司的全面性，在汇总监事薪酬、监事股权激励指标时，对于 ST 公司和 *ST 的上市公司继续保留和汇总数据。

第四节 监事会个体特征描述性统计分析

一、监事薪酬的描述性统计分析

公司监事薪酬包括薪酬总数和平均薪酬两个变量。考虑到监事薪酬金额数值差异很大，首先，对这两个变量进行极值处理，将小于 1%的数据及大于 99%的数据，用 1%分位点和 99%分位点替代。其次，考虑到有些公司的监事不从公司领取工资，只对薪酬水平大于 0 的样本进行统计，采用平均薪酬、薪酬总数的方式对两个变量进行描述性统计，如图 5-1、图 5-2 所示。

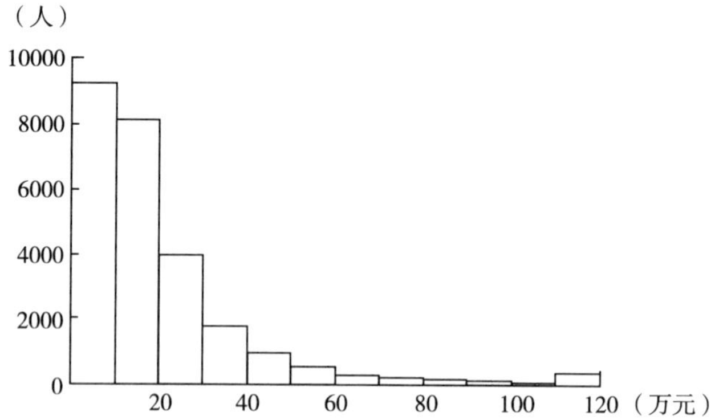

图 5-1　公司监事平均薪酬

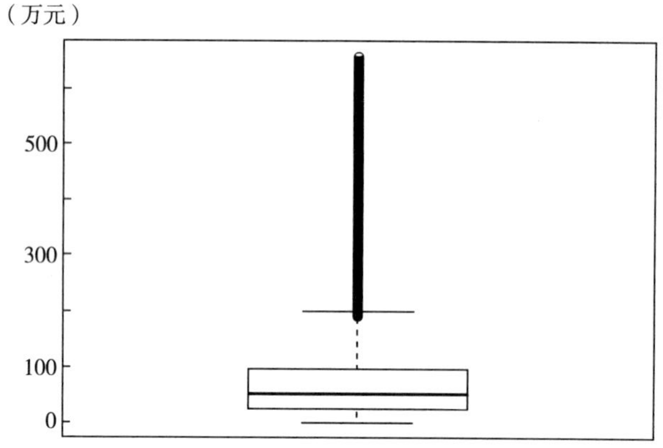

图 5-2　公司监事薪酬总数

薪酬部分的样本总数为 25776 个，缺失个数为 386 个。

从图 5-3、图 5-4 和表 5-1 中发现，监事会成员平均薪酬呈右偏分布，平均薪酬集中在 7670 元至 25 万元，25 万元以上的薪酬水平较少，最大值约为 114 万元。

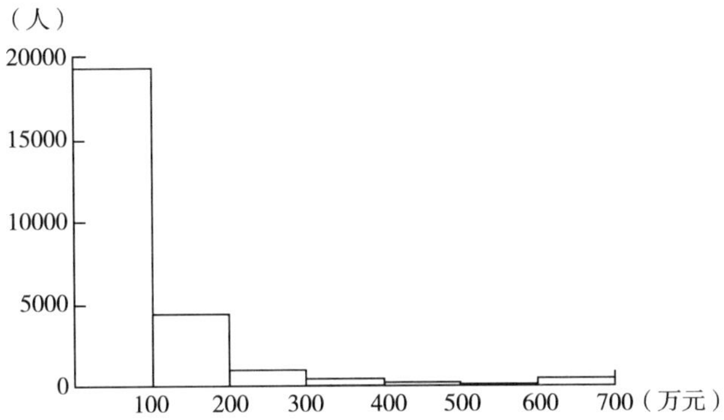

图 5-3　公司监事薪酬总数

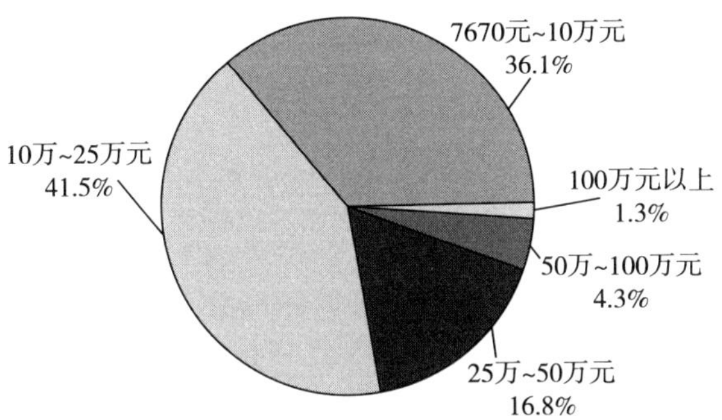

图 5-4　公司监事平均薪酬

表 5-1　公司监事平均薪酬和薪酬总数统计结果

	最小值	中位数	平均值	最大值	缺失个数	样本个数	标准差
平均薪酬	7670	136617	188515	1146370	386	25776	184181. 3
薪酬总数	24000	534300	803553	6359560	386	25776	944508. 8

从公司监事薪酬总数图 5-2 及表格 5-1 中发现，公司监事会成员的薪酬总数也呈右偏分布，大部分公司集中在 100 万元以下，25%左右在 100 万~200 万元，且有部分公司高于 200 万元的异常值，最大值公司在 636 万元左右。

总体来看，监事会薪酬水平分布较为分散且呈右偏分布。

二、关于监事的股权激励数据描述性统计分析

关于监事持股情况分析，由于股份激励并非常规事项，现根据 2007~2017 年持股的统计数据如下：

对持股变量分析的描述性统计表结果分析如下，在全部数据 25776 家公司中有 19047 家公司未公布监事持股情况。

因公司股价变动幅度较大，所以按持股数为统计指标，不统计持股金额。监事持股数变量由于存在极大的离群点、持股数偏差过大情况，对全部监事持股数做极值化处理，1%及以下数据均处理为 1%极点值；同理 99%及以上数据也做同样操作。

由于很多公司尚未公开监事的持股数据，且股权激励受相关制度限制，不是每家公司都必须实施，有些公司成立时间短并未进行股权激励，因此，该变量存在很多缺失。

由表 5-2 和图 5-5 可看出，监事平均持股数为 1018391 股，标准差为 1606583，说明各上市公司之间股权激励差异很大，中位数为 121431 股。最小值为 2492 股，来自沪深 A 股主板京东方科技集团股份有限公司等；最大值为 4841904 股，来自创业板探路者控股集团股份有限公司等。

表 5-2 监事持股数量统计结果

	总计	均值	中位数	标准差	众数	最小值	最大值	已公布公司数	公司观测数
监事总人数	96590	3.75	3	1.28	3	1	15	25776	25776
监事持股数	9480204501	1018391	121431	1606583	2492	2492	4841904	6729	25776

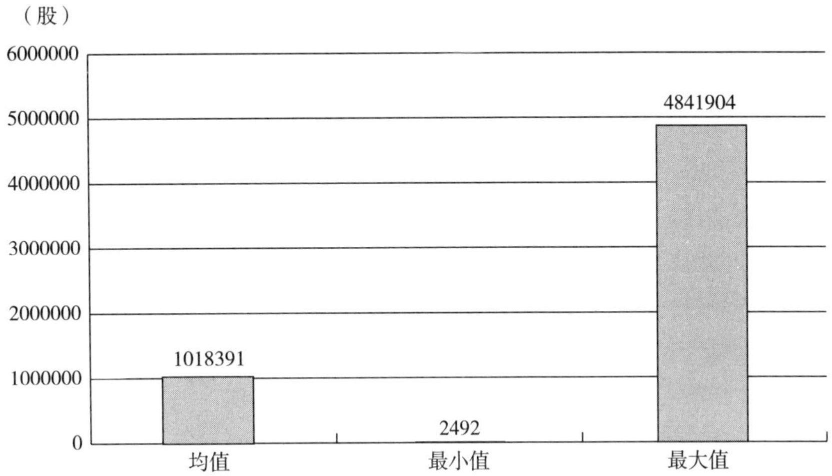

图 5-5 公司监事平均持股数分布

第五节 监事会个体特征的回归分析和稳健性检验

一、变量确定

（一）因变量 y 确定

在进行回归时，首先确定回归因变量 y，如表 5-3 所示：

表 5-3 因变量 y 汇总结果

y1	基本每股收益	y3	平均总资产收益率
y2	平均净资产收益率	y4	托宾 Q 值

首先，考虑将几个表征公司业绩的因变量采用主成分分析方法合并为一个主成分，经过主成分分析发现将几个因变量合并主成分贡献率仅仅为 33.60%，所以不适合采用降维为一个主成分的方法。由于上述四个因变量均可表征公司的业绩，因此，采取任何一个因变量作回归都可以研究自变量对公司业绩的影

响。同时为方便进行 Logistic 回归，由于二元 Logistic 回归的因变量需要设置为 0 或 1，故设置 d1~d4，考虑到每个因变量的中位数，将中位数以上的样本设置为 1，中位数以下的样本设置为 0，分别表示高水平业绩与低水平业绩。

（二）控制变量 c 确定

在文章的研究中确定控制变量 c，如表 5-4 所示。

表 5-4 控制变量汇总结果

c1	资产	c4	净利润增长率
lnc1	资产对数值	c5	市盈率
c2	资产负债率	c6	总资产周转率
c3	营业总收入	c7	GDP 增长率
lnc3	营业总收入对数值		

除上述控制变量外，在回归中引入年份虚拟变量。

二、回归分析

（一）监事薪酬多元回归分析

由于平均薪酬、资产总计与营业总收入变量的量纲与其他变量不同且差异很大，首先对这三个变量取对数。监事会成员平均薪酬只对基本每股收益、平均净资产收益率有显著性影响，其多元线性回归结果分别如表 5-5、表 5-6 所示。

表 5-5 基本每股收益对监事薪酬的回归结果

y1	系数估计	T 值	P 值	显著性
(Intercept)	-1. 354e+00	-17. 299	<2e-16	***
平均薪酬对数	5. 487e-07	25. 886	<2e-16	***
资产总计	1. 351e-02	2. 049	0. 040503	**
资产负债率	-1. 076e-04	-5. 012	5. 42e-07	***
营业总收入	4. 307e-02	6. 757	1. 44e-11	***
净利润增长率	4. 608e-05	25. 398	<2e-16	***
市盈率	-7. 175e-09	-0. 043	0. 966052	
总资产周转率	4. 682e-02	5. 232	1. 69e-07	***

续表

y1	系数估计	T 值	P 值	显著性
GDP 增长率	2. 500e+00	5. 496	3. 92e-08	***
2017 年	2. 414e-01	8. 935	<2e-16	***
2016 年	1. 511e-01	5. 466	4. 65e-08	***
2015 年	9. 617e-02	3. 562	0. 000369	***
2014 年	1. 123e-01	4. 375	1. 22e-05	***
2013 年	1. 277e-01	5. 329	9. 94e-08	***
2012 年	1. 518e-01	6. 433	1. 27e-10	***
2011 年	1. 510e-01	8. 107	5. 41e-16	***
2010 年	1. 247e-01	7. 271	3. 66e-13	***
2009 年	6. 864e-02	3. 343	0. 000829	***

表 5-6　平均净资产收益率对监事薪酬回归结果

y2	系数估计	T 值	P 值	显著性
(Intercept)	-1. 024e+02	-9. 813	<2e-16	***
平均薪酬对数	7. 319e-06	2. 729	0. 006364	***
资产总计	2. 812e+00	3. 233	0. 001225	***
资产负债率	-5. 540e-01	-23. 621	<2e-16	***
营业总收入	4. 102e+00	4. 997	5. 87e-07	***
净利润增长率	9. 471e-04	4. 092	4. 29e-05	***
市盈率	5. 658e-06	0. 267	0. 789107	
总资产周转率	1. 606e+00	1. 406	0. 159689	
GDP 增长率	-1. 605e+02	-2. 771	0. 005593	***
2017 年	-1. 297e+01	-3. 769	0. 000164	***
2016 年	-1. 369e+01	-3. 890	0. 000101	***
2015 年	-1. 264e+01	-3. 680	0. 000234	***
2014 年	-1. 021e+01	-3. 130	0. 001753	***
2013 年	-9. 585e+00	-3. 150	0. 001636	***
2012 年	-8. 592e+00	-2. 863	0. 004202	***
2011 年	-3. 112e+00	-1. 313	0. 189236	
2010 年	7. 611e-01	0. 349	0. 727193	

续表

y2	系数估计	T 值	P 值	显著性
2009 年	-1.957e+00	-0.749	0.453786	
2008 年	NA	NA	NA	

从回归结果的系数估计一栏来看，在其他变量保持不变的情况下，监事平均薪酬每提高 1%，公司的基本每股收益平均增长 0.549 元，平均净资产收益率增长 7.319%。监事薪酬激励对公司业绩产生积极影响，说明薪酬作为激励手段的一种，可以激励监事会成员更加努力地工作，从而增加公司的业绩。

（二）监事持股数量的多元回归分析

本部分论证监事股权激励对公司业绩的影响。由于政策原因以及上市公司成立时间不同，很多公司尚未公开股权激励数据或并未采用股权激励手段，因此对于持股数变量，只对已统计的数据进行建模，研究其对公司业绩的影响。为剔除持股数量极大极小值的影响，先进行 1%和 99%极值处理。由于量纲不同，再对持股数取对数。另外，为去除多重共线性的影响，剔除了年份虚拟变量。

分别建立三个线性回归模型，发现持股数对数与基本每股收益、平均总资产收益率有显著性关系，其回归结果如表 5-7、表 5-8 所示。

表 5-7 基本每股收益对于监事持股数量的回归结果

y1	系数估计	T 值	P 值	显著性
(Intercept)	-2.490e+00	-27.811	< 2e-16	***
持股数量对数	3.076e-03	1.763	0.077895	*
资产总计	1.012e-01	9.013	< 2e-16	***
资产负债率	-6.536e-03	-24.878	< 2e-16	***
营业总收入	3.284e-02	2.933	0.003360	**
净利润增长率	5.486e-04	30.862	< 2e-16	***
市盈率	-2.247e-04	-6.805	1.08e-11	***
总资产周转率	6.264e-02	4.685	2.84e-06	***
GDP 增长率	9.635e-01	3.787	0.000154	***

表 5-8　平均总资产收益率对于监事持股数量的回归结果

y3	系数估计	T 值	P 值	显著性
(Intercept)	-1.4928894	-0.321	0.7484	
持股数量对数	0.1517674	1.673	0.0944	*
资产总计	-0.5433798	-0.930	0.3525	
资产负债率	-0.1094015	-8.007	1.31e-15	***
营业总收入	0.9204616	1.581	0.1140	
净利润增长率	0.0128572	13.925	<2e-16	***
市盈率	-0.0032223	-1.877	0.0605	*
总资产周转率	0.3508597	0.504	0.6140	
GDP 增长率	15.2243584	1.151	0.2497	

从回归结果的系数估计一栏来看，系数是正的，因此，持股数的对数与基本每股收益、平均总资产收益率都有显著的正相关关系，且其对基本每股收益的影响更显著。在其他变量保持不变的情况下，持股数每提高 1%，基本每股收益平均增加 0.3076 元，平均总资产收益率平均增长 0.1517%。可见监事股权激励对公司业绩起到了较大的促进作用。

三、稳健性检验

为考察多元回归对公司业绩影响因素解释能力的稳健性，考虑改变一种计量方法，对上述分析结果进行稳健性检验，观察指标是否仍然对评价结果保持了较稳定和一致的解释。本部分采用的模型为 Logistic 回归模型。为方便进行 Logistic 回归，由于二元 Logistic 回归的因变量需要设置为 0 或 1，将中位数以上的样本设置为 1，中位数以下的样本设置为 0，首先对上节中各自变量显著影响的各个因变量进行二分类，大于该因变量中位数的取值为 1，小于其中位数的取值为 0，分别表示高水平业绩与低水平业绩。对上节分析中同样的自变量分别进行 Logistic 回归。如果回归结果显示自变量对因变量的作用与上节建模分析结果一致，说明稳健性较好。

另外，本节还通过考察滞后一期的自变量与控制变量对本期因变量的影响来检验回归的稳健性，为方便起见，采用 2017 年公司业绩作为因变量，采用 2016 年自变量与控制变量，在回归之前先按照公司的名称将数据匹配，其中，匹配之后共有3024个样本（由于自变量与因变量的缺失值等问题，在回归过程中舍弃含有缺失值的样本，因此，后文在回归中使用的样本量不足3024个）。

（一）监事平均薪酬的稳健性检验

1. Logistic 检验结果

监事平均薪酬对平均净资产收益率、基本每股收益的 Logistic 回归结果，详见本章附录1和附录2，结果表明，监事平均薪酬对公司业绩的正向影响都是显著且稳健的。

2. 自变量滞后一期的稳健性检验

自变量滞后一期的稳健性检验结果，详见本章附录3和附录4，发现平均薪酬对平均净资产收益率和基本每股收益的正向影响都是显著且稳健的。

（二）监事持股数量的 Logistic 稳健性检验

建立 Logistic 回归进行稳健性检验发现，持股数的对数对基本每股收益与平均总资产收益率的正向影响都是显著且稳健的，说明股权激励对公司业绩的影响也是稳健的。回归结果详见本章附录5和附录6。

本章小结

本章对于上市公司监事会的个体特征，包括监事薪酬、监事股权激励，分别进行数据汇总和描述性统计分析，并对相关特征与公司业绩的关系进行了分析论证。本章分析论证采用了多元回归分析、Logistic 稳健性检验和自变量滞后一期的检验等回归分析和检验方法，保证了回归结果的稳健性和可靠性。

一、公司监事薪酬

（一）监事薪酬的统计汇总情况

监事薪酬集中在7670元至25万元，25万元以上的薪酬水平较少，最大值约为114万元，公司监事会成员的薪酬总数，大部分公司集中在100万元以下，25%左右在100万~200万元，且有部分公司高于200万元的异常值，最大值公司在636万元左右。

（二）监事薪酬与公司业绩的关系

本章的分析论证结果认为监事会成员平均薪酬对基本每股收益、平均净资产收益率有显著性影响，监事薪酬激励会对公司业绩产生积极影响，说明薪酬作为激励手段的一种，可以激励监事会成员更加努力地工作，从而增加公司的业绩。

（三）本章的假设 1

监事薪酬与公司业绩正相关，通过分析论证，证明假设 1 成立。

二、公司监事股权激励

（一）监事股权激励的统计汇总情况

监事平均持股数为 1018391 股，标准差为 1606583，中位数 121431 股，最小值 2492 股，最大值 4841904 股，各上市公司之间股权激励差异很大。

（二）监事股权激励对于公司业绩的影响

本章的分析论证结果发现持股数对数与基本每股收益、平均总资产收益率有显著性关系。

（三）本章的假设 2

监事股权与公司业绩正相关，经过分析论证结果，证明假设 2 成立。

本章附录

附录 1　平均净资产收益率对于监事平均薪酬 Logistic 回归结果

y2	系数估计	Z 值	P 值	显著性
(Intercept)	-2.433e-02	-0.116	0.9076	
平均薪酬对数	8.751e-07	11.908	<2e-16	***
资产总计	2.573e-15	0.123	0.9024	
资产负债率	-9.043e-03	-14.815	<2e-16	***
营业总收入	-3.888e-13	-1.778	0.0754	*
净利润增长率	3.626e-04	11.468	<2e-16	***
市盈率	3.875e-06	0.871	0.3839	
总资产周转率	1.334e-01	5.855	4.76e-09	***
GDP 增长率	9.674e-01	0.565	0.5723	

续表

y2	系数估计	Z 值	P 值	显著性
2017 年	1. 843e-01	1. 818	0. 0691	*
2016 年	1. 123e-01	1. 083	0. 2786	
2015 年	-1. 605e-03	-0. 016	0. 9873	
2014 年	3. 999e-02	0. 416	0. 6775	
2013 年	1. 121e-01	1. 250	0. 2112	
2012 年	1. 750e-01	1. 978	0. 0479	**
2011 年	1. 642e-01	2. 352	0. 0187	**
2010 年	1. 549e-01	2. 409	0. 0160	**
2009 年	-6. 891e-02	-0. 892	0. 3725	
2008 年	NA	NA	NA	

附录 2　基本每股收益对于监事平均薪酬 Logistic 回归结果

y1	系数估计	Z 值	P 值	显著性
(Intercept)	-1. 720e+00	-7. 892	2. 97e-15	***
平均薪酬对数	2. 642e-06	27. 496	<2e-16	***
资产总计	9. 868e-13	3. 370	0. 000751	***
资产负债率	-5. 150e-03	-9. 266	<2e-16	***
营业总收入	1. 412e-12	1. 900	0. 057467	*
净利润增长率	6. 965e-04	15. 810	<2e-16	***
市盈率	-2. 097e-07	-0. 331	0. 740460	
总资产周转率	4. 712e-01	16. 701	<2e-16	***
GDP 增长率	7. 868e+00	4. 448	8. 68e-06	***
2017 年	8. 133e-01	7. 692	1. 45e-14	***
2016 年	5. 319e-01	4. 923	8. 51e-07	***
2015 年	3. 279e-01	3. 104	0. 001910	***
2014 年	3. 384e-01	3. 373	0. 000744	***
2013 年	4. 316e-01	4. 616	3. 90e-06	***
2012 年	6. 210e-01	6. 750	1. 48e-11	***
2011 年	7. 044e-01	9. 676	<2e-16	***
2010 年	5. 896e-01	8. 824	<2e-16	***

续表

y1	系数估计	Z 值	P 值	显著性
2009 年	2. 947e-01	3. 681	0. 000232	***
2008 年	NA	NA	NA	

附录 3　平均净资产收益率对于监事平均薪酬滞后一期的稳健性检验结果

y2	系数估计	Z 值	P 值	显著性
(Intercept)	5. 271e+03	5. 101	3. 41e-07	***
平均薪酬对数	2. 717e+02	7. 386	1. 57e-13	***
资产总计	-2. 425e+02	-2. 753	0. 00592	***
资产负债率	-5. 024e+00	-6. 435	1. 26e-10	***
营业总收入	4. 266e+02	4. 902	9. 58e-07	***
净利润增长率	1. 350e-01	5. 625	1. 88e-08	***
市盈率	-1. 640e-03	-0. 495	0. 62065	
总资产周转率	-4. 249e+01	-0. 353	0. 72424	
GDP 增长率	-7. 218e+03	-1. 240	0. 21490	
2017 年	NA	NA	NA	
2016 年	9. 876e+02	2. 798	0. 00515	**
2015 年	5. 820e+02	1. 688	0. 09140	*
2014 年	-1. 226e+02	-0. 374	0. 70821	
2013 年	1. 640e+01	0. 054	0. 95723	
2012 年	3. 882e+02	1. 290	0. 19718	
2011 年	7. 061e+02	2. 977	0. 00291	***
2010 年	1. 268e+03	5. 797	6. 83e-09	***
2009 年	1. 209e+03	4. 609	4. 08e-06	***
2008 年	NA	NA	NA	

附录 4　基本每股收益对于监事平均薪酬滞后一期的稳健性检验结果

y1	系数估计	Z 值	P 值	显著性
(Intercept)	-8. 409e-01	-9. 654	<2e-16	***
平均薪酬对数	2. 035e-02	6. 482	9. 25e-11	***
资产总计	3. 795e-02	5. 125	3. 00e-07	***

续表

y1	系数估计	Z 值	P 值	显著性
资产负债率	2.418e-05	1.042	0.297602	
营业总收入	6.600e-03	0.905	0.365295	
净利润增长率	1.015e-05	5.061	4.20e-07	***
市盈率	8.048e-08	0.284	0.776655	
总资产周转率	3.195e-02	3.130	0.001751	**
GDP 增长率	-1.390e+00	-2.830	0.004659	**
2017 年	NA	NA	NA	
2016 年	9.979e-02	3.344	0.000826	***
2015 年	1.048e-02	0.359	0.719250	
2014 年	-3.989e-02	-1.440	0.149852	
2013 年	-1.021e-02	-0.395	0.693081	
2012 年	2.482e-02	0.974	0.329880	
2011 年	4.966e-02	2.472	0.013430	*
2010 年	1.264e-01	6.832	8.57e-12	***
2009 年	9.947e-02	4.491	7.14e-06	***
2008 年	NA	NA	NA	

附录 5　基本每股收益对监事持股数量 Logistic 检验结果

y1	系数估计	T 值	P 值	显著性
(Intercept)	-1.228e+01	-25.487	<2e-16	***
持股数对数	7.605e-02	8.977	<2e-16	***
资产总计	3.118e-01	5.174	2.29e-07	***
资产负债率	-3.167e-02	-22.540	<2e-16	***
营业总收入	2.221e-01	3.663	0.000249	***
净利润增长率	1.866e-03	13.840	<2e-16	***
市盈率	-2.310e-03	-11.965	<2e-16	***
总资产周转率	4.294e-01	5.245	1.57e-07	***
GDP 增长率	8.932e+00	7.136	9.58e-13	***

附录 6 平均总资产收益率对监事持股数量的 Logistic 检验结果

y3	系数估计	T 值	P 值	显著性
(Intercept)	-1. 8465528	-3. 660	0. 000252	***
持股数对数	0. 1374458	15. 001	<2e-16	***
资产总计	-0. 6011168	-8. 444	<2e-16	***
资产负债率	-0. 0564197	-34. 449	<2e-16	***
营业总收入	0. 7019526	9. 939	<2e-16	***
净利润增长率	0. 0024986	15. 858	<2e-16	***
市盈率	-0. 0022648	-11. 545	<2e-16	***
总资产周转率	0. 0892011	1. 057	0. 290543	
GDP 增长率	10. 1197744	7. 544	4. 56e-14	***

第六章　监事会主席、监事会规模与公司业绩

上市公司监事会在公司治理中作用的发挥，监事会主席起了关键作用。监事会主席尽职履责，需要监事会成员配合，监事会成员人数即监事会规模。本章对于公司监事会主席的特征和监事会规模进行汇总和分析，分析论证其与公司业绩的关系。

上市公司监事会主席的特征包括监事会主席的性别、学历、年龄、任期、来源、专业背景、薪酬、股权等；监事会的规模即监事会的人数。

第一节　研究假设

根据相关文献，本章对于监事会主席、监事会规模与公司业绩的假设如下：

假设1：监事会主席的性别与公司业绩正相关。

假设2：监事会主席的来源与公司业绩正相关。

假设3：监事会主席的学历与公司业绩正相关。

假设4：监事会主席的年龄与公司业绩正相关。

假设5：监事会主席的专业与公司业绩正相关。

假设6：监事会主席的薪酬与公司业绩正相关。

假设7：监事会主席的任期与公司业绩正相关。

假设8：监事会主席的股权与公司业绩正相关。

假设9：监事会规模与公司业绩正相关。

第二节　样本数据汇总原则和选取办法

一、样本数据指标汇总原则

2007~2017 年度监事会主席和监事会规模数据，各指标统计说明如下：

（一）监事会主席性别

（1）性别分类。男、女、未公布。

（2）性别系数。男 1、女 1、未公布 0。

男性人数=上市公司性别为男的人数合计

男性系数=男性人数×男性系数

女性人数等性别数据分析算法同男性。

（二）监事会主席来源

监事会主席来源分类按照监事会主席或监事长的职务进行分类：

（1）非金融企业。分为职工监事、股东监事。

（2）金融行业。分为独立监事、外部监事、股东监事、职工监事。

监事会主席如担任过多个职务，其来源根据所担任过的职务进行判断分类。如果担任过股东监事（外部监事/独立监事/职工监事），那么监事会主席的来源为股东监事（外部监事/独立监事/职工监事）；如果未担任过独立监事（外部监事/股东监事/职工监事），那么监事会主席来源统一确定为股东监事。

职务与来源的匹配规则如下：

监事会主席的来源是根据上市公司公布的监事会职务，按照以下对应关系进行分类（见表 6-1）。

表 6-1　监事会主席来源统计

来源	股东监事				职工监事	独立监事	外部监事
职务	股东代表监事	监事会副主席	非职工监事	股权监事	职工监事	独立监事	外部监事
	股东监事	副监事长	非职工代表监事	监事会代主席	职工代表监事		

续表

来源	股东监事				职工监事	独立监事	外部监事
职务	独立股东监事	监事局主席	代监事会主席	监事会负责人			
	监事会主席	非独立监事	代理监事长	监事临时召集人			
	监事会召集人	监事会临时召集人	代理监事会召集人	监事			
	代理监事会主席	监事会主席（监事长）	监事会主席（监事会召集人）	监事会主席（召集人）			
	监事长						

监事会主席来源系数：独立监事 1，外部监事 1，股东监事 1，职工监事 1、未公布 0。

独立监事人数=该公司监事会主席来源为独立监事的人数合计

独立监事系数=独立监事人数×独立监事系数

外部监事、股东监事、职工监事的人数系数算法与独立监事的各指标算法一致。

（三）监事会主席学历

（1）学历分类。博士及以上、硕士、本科、大专及以下、未公布 0。

（2）学历系数。博士 4、硕士 3、本科 2、大专 1、未公布 0。

博士人数=该公司学历为博士的人数合计

博士学历水平=博士人数×博士系数

硕士、本科、大专学历的水平算法与博士学历算法一致。

（四）监事会主席年龄

年龄分段按照已公布的年龄分为 5 个年龄区间：30 岁及以下、31~40 岁、41~50 岁、51~60 岁、61 岁及以上。

年龄=监事会主席年龄

30 岁及以下人数=该公司监事会主席中已公布年龄在 30 岁及以下的人数合计

31~40 岁、41~50 岁、51~60 岁、61 岁及以上年龄分段的人数与占比算法同 30 岁及以下人数、占比算法一致。

（五）监事会主席专业

（1）监事会主席专业背景。分为会计、法律、经济、工程师、教授、副教授、其他、未公布。

（2）专业区分规则。①专业资格含有“会计”的优先确认为会计专业；②专业中含有“法律”的为法律专业；③专业中含有“经济”的为经济专业；④专业中含有“工程师”的为工程师专业；⑤专业中含有“教授”或“研究员”的为教授职称；⑥专业中含有“副教授”或“副研究员”的为副教授职称；⑦剩余人员全部为其他专业。

（3）专业系数。会计 1、法律 1、经济 1、工程师 1、教授 1、副教授 1、其他 1、未公布 0，在统计专业系数指标时不包含未公布数据。

会计人数=公司专业分类为会计的人数合计

会计专业水平=会计人数×会计专业系数

法律、经济、工程师、教授、副教授、其他专业的指标算法与会计专业算法一致。

（六）监事会主席薪酬

薪酬=该公司监事会主席已公布薪酬

（七）监事会主席任期

为更准确地进行数据统计，对已公布数据中的监事会主席任期进行以下两项处理：

（1）2014~2017 年中有监事会主席任职截止日期为空白，或监事任职截止日期在统计年度之前的数据，这些监事都是在任职且下一任日期未确定，我们统一把监事会主席的任职截止日期更新成 2017 年 12 月 31 日。

（2）任职年数。按照该监事会主席在此公司最早上任时间开始，截止统计年度末，是该监事在此期间的任职的时间，单位为年。

（八）监事会主席持股

持股数量=监事会主席实际持有股份数量

因每个公司的股价不同，且每天都会变动，为便于统计，监事会主席持股数量指标，只统计数量，不统计持股金额。

（九）监事会规模

监事会的规模，即监事会的总人数，包括监事会主席、股东监事、职工监事、独立监事、外部监事等。

监事会的总人数=该公司所有监事人数合计

二、指标选取

采用大智慧公司和 WIND 公司数据库，选择关于各公司监事会主席的性别、学历、年龄、专业背景、任期、薪酬、股权激励、来源等指标变量。对于没有公布上述指标变量的公司，则不进行汇总统计。

第三节　描述性统计分析和回归检验结果

一、监事会主席的描述性统计分析

2007~2017 年监事会主席数据，各指标统计说明如下：

其中，2007~2017 年共有 25294 家公司，即 25294 个样本数据（按照公司数量统计的数据），用总样本个数减去观测样本个数即为缺失数据的个数。

因在同一时间、同一公司只能有一位监事主席，所以数据中 25294 家公司即可视为 25294 位监事主席，即 25294 人。

（一）监事会主席性别

监事会主席性别描述性统计结果分析如表 6-2 所示。中位数因取数对象监事会主席的特殊情况，在仅有 1 人的情况下，最大值、最小值仅用 1 和 0 体现。在全部数据 25294 家公司中有 44 家公司未公布对应情况。

表 6-2　监事会主席性别统计

	总计	均值	中位数	标准差	方差	最小值	最大值	观测数
男性人数	20030	0.79	1	0.41	0.16	0	1	25294
男性系数合计	20030	0.79	1	0.41	0.16	0	1	25294
女性人数	5220	0.21	0	0.40	0.16	0	1	25294
女性系数合计	5220	0.21	0	0.40	0.16	0	1	25294
未公布人数	44	0	0	0	0	0	0	25294

监事会主席性别人数分布如图 6-1 所示，其中，横轴表示每个公司监事会中性别变量，纵轴表示公司数目，因在同一时间、同一公司只能有一位监事主席，因此，公司数量与监事会主席人数一致，纵轴的数字可视为人数。

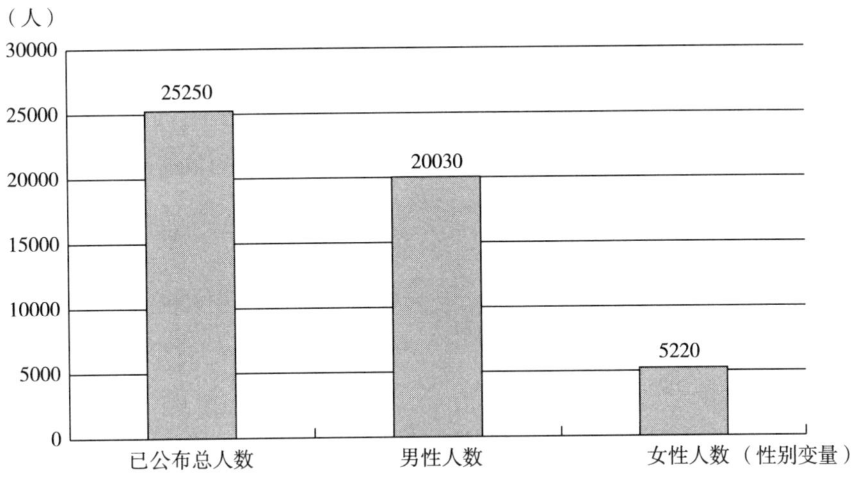

图 6-1 监事会主席性别人数分布

由于男性系数与女性系数赋值均为 1，结合表 6-2、图 6-1，在 2007～2017 年的数据中，上市公司监事会主席总人数为 25250 人，其中，男性人数为 20030 人，占比 79%，女性人数为 5220 人，占比 21%，监事会主席的男性与女性人数分布比例约为 4∶1，在性别分布中，男性人数整体远多于女性人数，在上市公司中女性监事会主席比例偏低（如图 6-2 所示）。

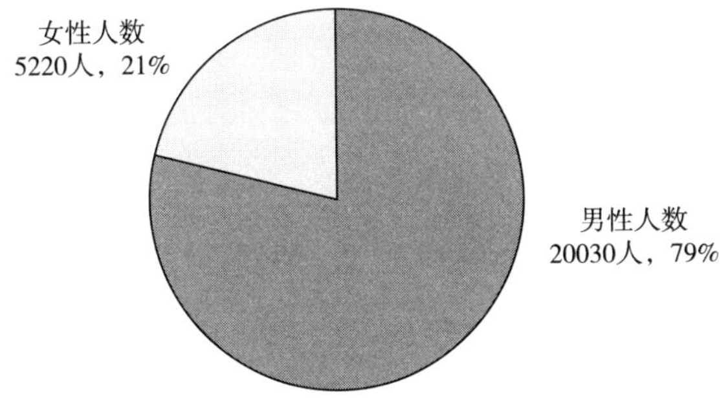

图 6-2 监事会主席性别比例分布

（二）监事会主席来源

对监事会主席来源的描述性统计结果如表 6-3 所示，其中，中位数因数据统计对象为监事会主席，每个公司只有一个人的特殊情况，最大值、最小值仅用 1 和 0 体现。在全部 25294 家公司中，都公布了监事会主席来源数据，未公布数据公司为 0。

表 6-3　监事会主席来源统计

	总计	均值	中位数	标准差	方差	最小值	最大值	观测数
独立监事人数	16	0.00	0	0.03	0.00	0	1	25294
独立监事系数	16	0.00	0	0.03	0.00	0	1	25294
股东监事人数	22053	0.87	1	0.33	0.11	0	1	25294
股东监事系数	22053	0.87	1	0.33	0.11	0	1	25294
外部监事人数	30	0.00	0	0.03	0.00	0	1	25294
外部监事系数	30	0.00	0	0.03	0.00	0	1	25294
职工监事人数	3195	0.13	0	0.33	0.11	0	1	25294
职工监事系数	3195	0.13	0	0.33	0.11	0	1	25294

监事会主席来源分布如图 6-3 所示，其中，横轴表示每个公司监事会主

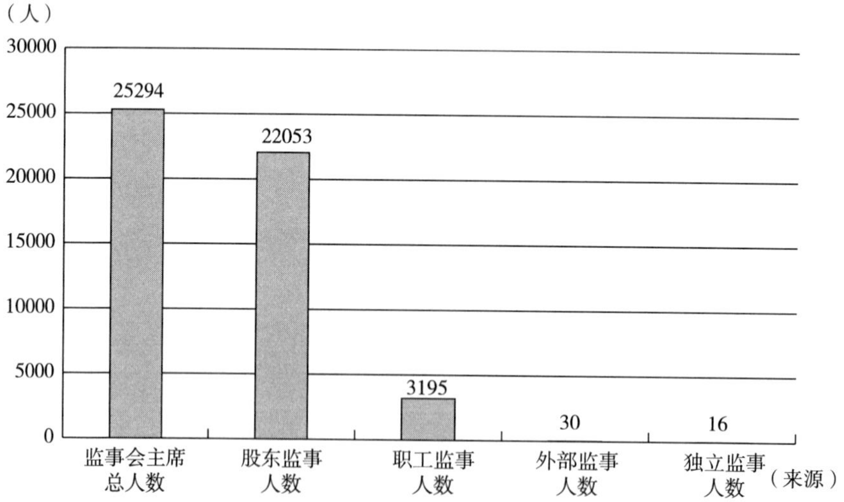

图 6-3　监事会主席来源分布

席来源，纵轴表示监事会主席来源所涉及的公司数目，因在同一时间、同一公司有只能有一位监事会主席，因此公司数量与监事会主席人数一致，纵轴的数字可视为人数。

由于监事会主席来源系数赋值均为 1，结合表 6-3 和图 6-3，在 2007~2017 年的数据中发现，在上市公司监事主席来源中，首先是股东监事人数最多，为 22053 人，占比 87%；其次是职工监事 3195 人，占比 13%；外部监事和独立监事最少，人数分别为 30 人、16 人，占比为 0%。职工监事、外部监事、独立监事三部分占比之和仅为股东监事占比的 1/7 左右。由此可见，87%的上市公司监事会主席是由股东推荐的。外部监事和独立监事担任公司监事会主席的人数极少，有待进一步提升数量。

在 2007~2017 年的数据中，股东监事来源最多，共 22053 家公司 22053 人，3195 家公司监事会主席来源为职工监事，30 家上市公司监事会主席来源为外部监事人员，例如，沪深 A 股主板中国平安保险（集团）股份有限公司、沪深 A 股主板招商银行股份有限公司等。独立监事主席来源的公司仅有 16 家，例如，中小企业板比亚迪股份有限公司、沪深 A 股主板青岛啤酒股份有限公司等。

图 6-4 为监事主席来源构成占比，在 2007~2017 年的数据样本中，股东监事来源人数为 22053 人，占比 87%；职工监事来源人数为 3195 人，占比 13%；外部监事来源人数为 30 人，人数极少，占比为 0%；独立监事来源人数为 16 人，数量过小，占比为 0%。

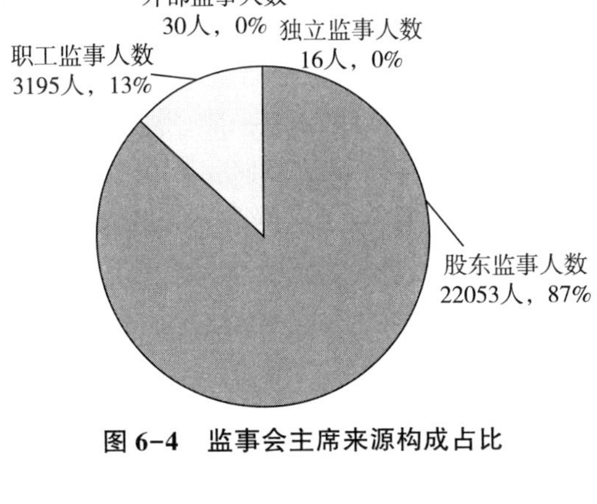

图 6-4 监事会主席来源构成占比

（三）监事会主席学历

对监事会主席学历的描述性统计结果分析如表 6-4 所示，其中，中位数因数据统计对象为监事会主席，每个公司只有一个人的特殊情况下，考虑到学历水平的赋值不一样，最大值博士学历水平为 4、最小值专科学历水平为 1。在全部数据 25294 家公司中有 3113 家公司未公布学历情况。

表 6-4　监事会主席学历统计

	总计	均值	中位数	标准差	方差	最小值	最大值	观测数
学历系数总和	47348	1.87	2	1.03	1.07	0	4	25294
已公布学历人数	22181	0.88	1	0.33	0.11	0	1	25294
平均学历系数	47348	1.87	2	1.03	1.07	0	4	25294
大专人数	5166	0.20	0	0.40	0.16	0	1	25294
大专水平	5166	0.20	0	0.40	0.16	0	1	25294
本科人数	9667	0.38	0	0.49	0.24	0	1	25294
本科水平	19334	0.76	0	0.97	0.94	0	2	25294
硕士人数	6544	0.26	0	0.44	0.19	0	1	25294
硕士水平	19632	0.78	0	1.31	1.73	0	3	25294
博士人数	804	0.03	0	0.18	0.03	0	1	25294
博士水平	3216	0.13	0	0.70	0.49	0	4	25294
未公布人数	3113	0	0	0	0	0	0	25294

学历分布如图 6-5 所示，其中，横轴表示每个公司监事会主席学历，纵轴表示公司数目，因在同一时间、同一公司只能有一位监事会主席，因此，公司数量与监事会主席人数一致，纵轴的数字可视为人数。

结合监事会主席学历分布（如图 6-5 所示），在 2007~2017 年的数据中，发现在上市公司监事会主席当中，各学历人数分布呈现本科、硕士、大专、博士逐渐递减趋势。但相比之下，本科学历和硕士学历的人数最多，分别为 9667 人和 6544 人；学历较低的大专学历与较高的博士学历人数较少，分别为 5166 人、804 人。

结合描述性统计的表格 6-4 可知，本科、硕士、专科、博士的人数均值分别为 0.38、0.26、0.20、0.03。学历平均水平为 1.87，即处于本科左右。

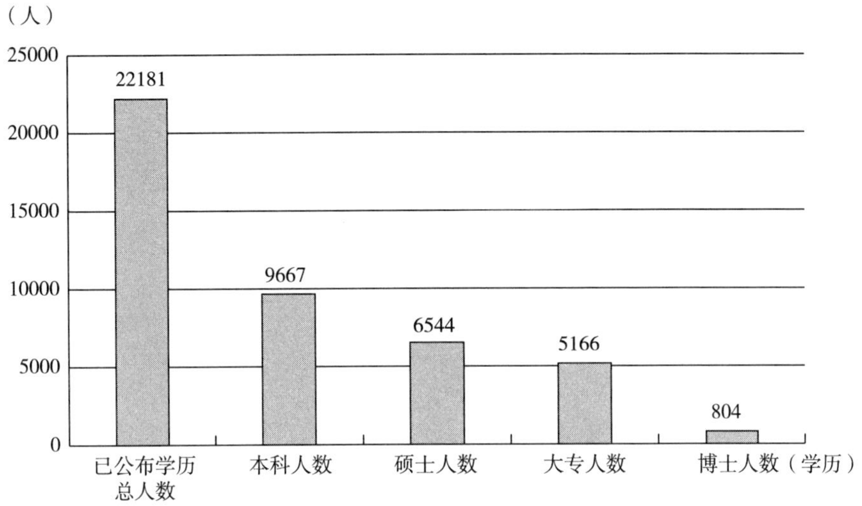

图 6-5 监事会主席学历人数分布

由于对学历系数的赋值不同，博士为 4、硕士为 3、本科为 2、大专为 1，结合监事会主席学历系数分布图表，在 2007~2017 年的数据中，原来硕士人数与本科人数分别为 6544 人和 9667 人，赋值后的学历水平相近，硕士学历水平系数为 19632，本科学历水平系数为 19334，大专学历水平系数为 5166，博士学历的水平系数为 3216，如图 6-6 所示。

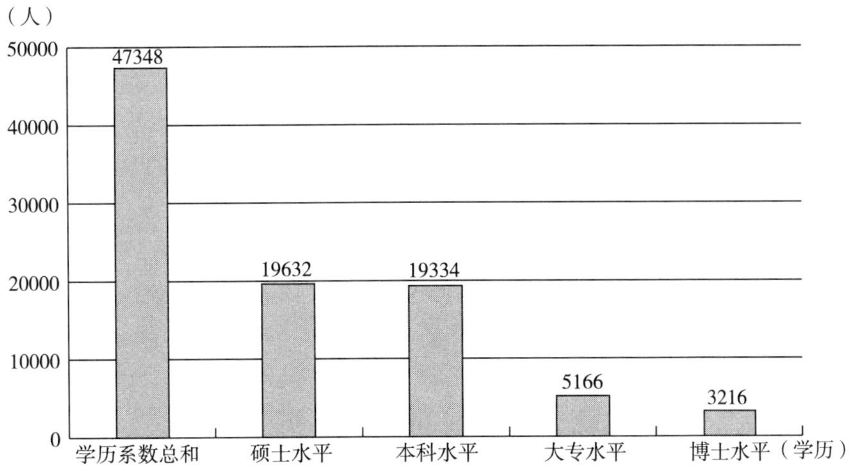

图 6-6 监事会主席学历系数分布

如图 6-7 所示，在监事会主席学历构成占比 2007~2017 年的数据样本中，本科学历占比为 44%，硕士学历占比为 29%，大专学历占比为 23%，博士学历占比约为 4%。

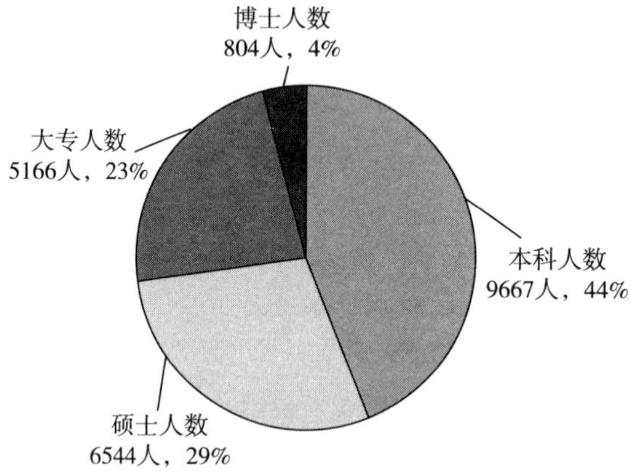

图 6-7　监事会主席学历人数分布

当对学历进行赋值后，由监事会主席学历系数构成占比图 6-8 可知，硕士水平与本科水平占比均为 41%，大专水平占比为 11%，博士水平占比为 7%。

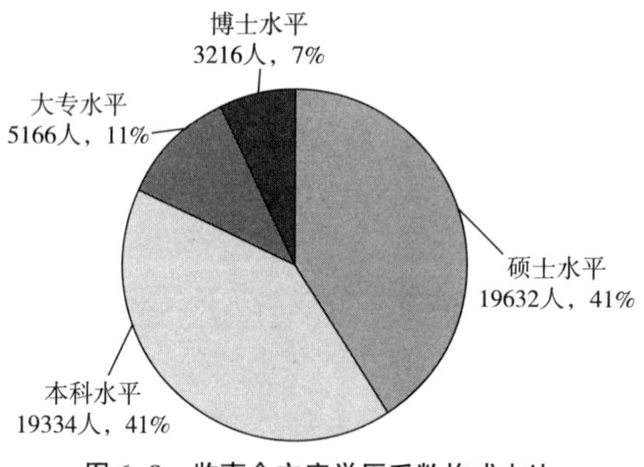

图 6-8　监事会主席学历系数构成占比

（四）监事会主席年龄

对年龄的描述性统计结果分析如表 6-5 所示。其中，考虑到中位数因取数对象为监事主席的特殊情况，在仅有 1 人的情况下，最大值、最小值仅代表每家公司的监事会主席人数。在全部数据 25294 家公司中有 82 家公司未公布年龄情况。因年龄偏差过大，对全部监事主席年龄做极值处理，处于 1%及以下数据，均按照 1%的水平处数值计算；同理，99%及以上数据，按照 99%的水平处数值计算。

表 6-5　监事会主席年龄统计

年龄	总计	均值	中位数	标准差	方差	最小值	最大值	观测数
	1373019	54.46	55	7.31	53.45	43	65	25294
30 岁及以下人数	21	0.00	0	0.03	0.00	0	1	25294
31~40 岁人数	1695	0.07	0	0.25	0.06	0	1	25294
41~50 岁人数	6578	0.26	0	0.44	0.19	0	1	25294
51~60 岁人数	9845	0.39	0	0.49	0.24	0	1	25294
61 岁及以上人数	7073	0.28	0	0.45	0.20	0	1	25294
未公布人数	82	0	0	0	0	0	0	25294

年龄分布如图 6-9 所示，其中，横轴表示每个公司监事会主席年龄变量，纵轴表示公司数目，因在同一时间、同一公司只能有一位监事会主席，因此公司数量与监事会主席人数一致，纵轴的数字可视为人数。

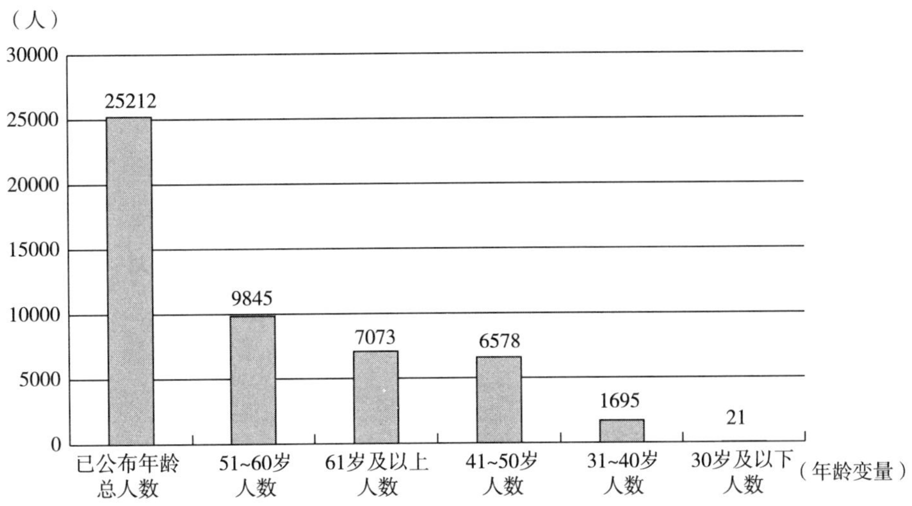

图 6-9　监事会主席年龄段分布

结合表 6-5、图 6-9 和图 6-10，由 2007~2017 年所有公司的数据可知，在上市公司监事会主席当中，年龄分布集中于 51 岁及以上，51~60 岁共 9845 人，占比为 39%；61 岁及以上共 7073 人，占比为 28%；41~50 岁共 6578 人，占比 26%；31~40 岁有 1695 人，占比为 7%；而 30 岁及以下的人数极少仅 21 人，占比约为 0%。

极值处理后，监事会主席的平均年龄为 54.46 岁，监事会主席年龄的最小值为 43 岁，最大值为 65 岁。

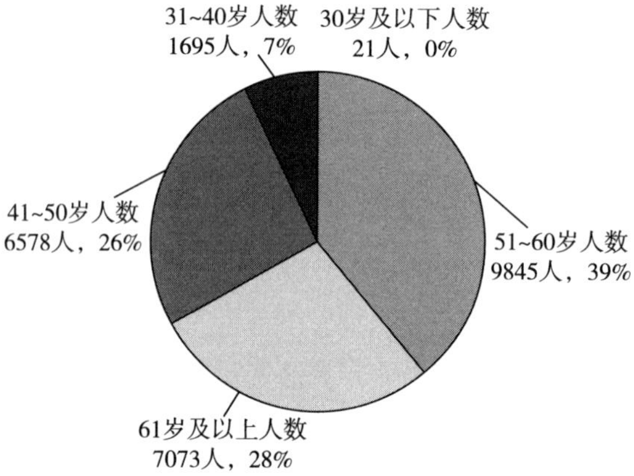

图 6-10　监事会主席年龄段占比

上述数据说明，监事会主席的职务，需要一定的行业经验和工作阅历，因此监事主席的年龄分布总体偏高。

（五）监事会主席专业

对监事会主席专业的描述性统计如表 6-6 所示，其中，考虑到中位数因取数对象为监事会主席的特殊情况，在仅有 1 人的情况下，最大值、最小值仅表示每家公司监事会主席人数。在全部数据 25294 家公司中有 11514 家公司未公布对应情况。

表 6-6　监事会主席专业背景统计

	总计	均值	中位数	标准差	方差	最小值	最大值	已公布人数	观测数
专业水平总和	13780	1.00	1	0.00	0.00	1	1	13780	25294
会计人数	3671	0.27	0	0.44	0.20	0	1	13780	25294

续表

	总计	均值	中位数	标准差	方差	最小值	最大值	已公布人数	观测数
会计专业水平	3671	0.27	0	0.44	0.20	0	1	13780	25294
律师人数	157	0.01	0	0.11	0.01	0	1	13780	25294
律师专业水平	157	0.01	0	0.11	0.01	0	1	13780	25294
经济人数	3438	0.25	0	0.43	0.19	0	1	13780	25294
经济专业水平	3438	0.25	0	0.43	0.19	0	1	13780	25294
工程师人数	3727	0.27	0	0.44	0.20	0	1	13780	25294
工程师专业水平	3727	0.27	0	0.44	0.20	0	1	13780	25294
教授人数	214	0.02	0	0.12	0.02	0	1	13780	25294
教授专业水平	214	0.02	0	0.12	0.02	0	1	13780	25294
副教授人数	320	0.02	0	0.15	0.02	0	1	13780	25294
副教授专业水平	320	0.02	0	0.15	0.02	0	1	13780	25294
其他人数	2253	0.16	0	0.37	0.14	0	1	13780	25294
其他专业水平	2253	0.16	0	0.37	0.14	0	1	13780	25294
未公布人数	11514	0	0	0	0	0	0	0	25294

专业分布如图 6-11 所示，其中，横轴表示每个公司监事会中专业变量，纵轴表示监事会中专业变量所涉及的公司数目，因在同一时间、同一公司只能有一位监事会主席，因此公司数量与监事会主席人数一致，纵轴的数字可视为人数。

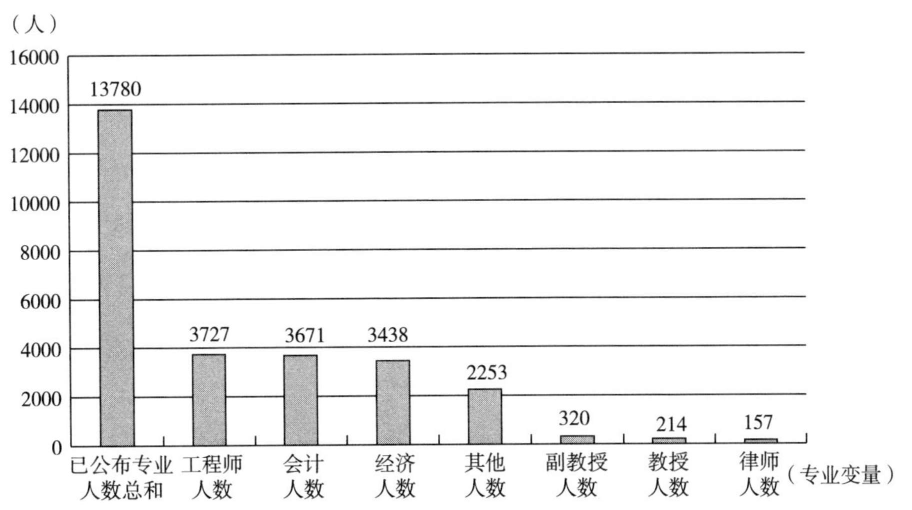

图 6-11　监事会主席专业分布

结合表 6-6、图 6-11 及图 6-12，由 2007~2017 年所有公布数据的公司可知，在上市公司监事会主席中，各专业人数分布呈现偏向的状态，工程师专业、会计专业、经济专业为主要人群。工程师专业、会计专业的人数分布比较均匀，分别为 3727 人和 3671 人，均占比 27%；经济专业次之，为 3438 人，占比 25%；其他专业 2253 人，占比 16%；副教授及教授人数偏低，分别为 320 人和 214 人，占比相同均为 2%；律师专业人数最少，仅有 157 人，仅占比 1%，位居最后。特别是律师专业背景的监事会主席，占比较低，有待于进一步提高。

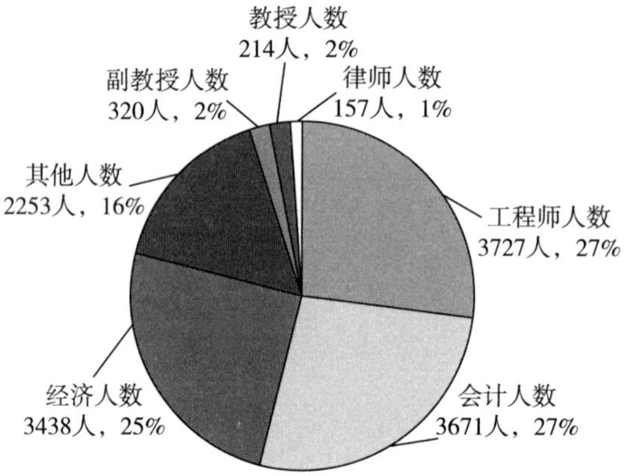

图 6-12　监事会主席专业占比

（六）监事会主席薪酬

薪酬=该公司监事会主席已公布薪酬

监事会主席薪酬的描述性统计如表 6-7 所示，在全部数据 25294 家公司中有 9359 家公司未公布对应情况。

表 6-7　监事会主席薪酬统计

元	均值	中位数	标准差	最小值	最大值	已公布数据	观测数
薪酬	242277.42	194000	179056.56	40000	600000	15935	25294

因薪酬偏差过大，对全部监事主席薪酬做极值处理，处于 1%及以下数据，均按照 1%的水平处数值计算；99%及以上数据，按照 99%的水平处数值计算。

薪酬分布如图 6-13 所示，其中，横轴表示每个公司监事会主席的薪酬变量，纵轴表示监事会主席薪酬数额。

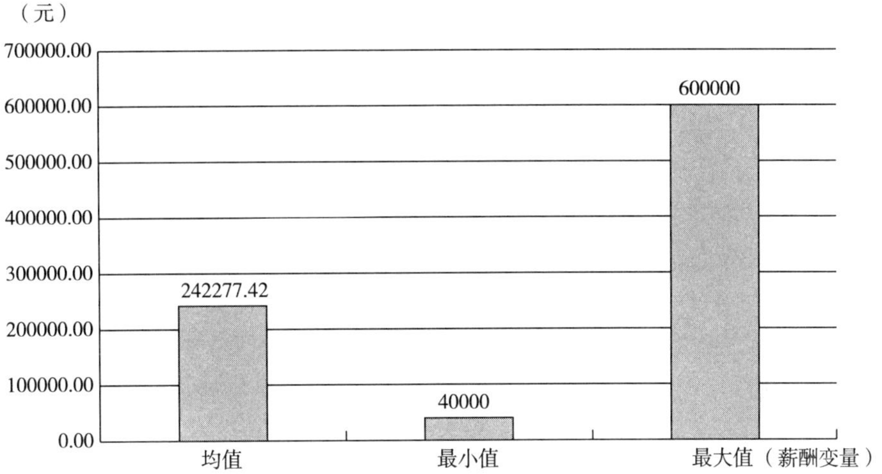

图 6-13　监事会主席薪酬分布

结合表 6-7 和图 6-13，在极值处理后，薪酬的最小值为 40000 元，最大值为 600000 元，薪酬均值为 242277.42 元，中位数为 194000 元，标准差 179056.56 元，可看出薪酬分布差距较大，波动剧烈。

在未进行极值化处理的原数据中，监事会主席最小值为 600 元，来自沪深 A 股主板浙江华媒控股股份有限公司；最大值 7041800 元，为沪深 A 股中国民生银行股份有限公司。

（七）监事会主席任期

监事会主席任期的描述性统计如表 6-8 所示，在全部数据 25294 家公司中有 209 家公司未公布对应情况。

表 6-8　监事会主席任期统计

	均值	中位数	众数	标准差	方差	最小值	最大值	已公布数据	观测数
任期	3.95	3.2	3	2.59	6.72	0.1	14.4	25085	25294

任期分布如图 6-14 所示，其中，横轴表示每个公司监事会中任期的变量，纵轴表示监事会中任期年数。

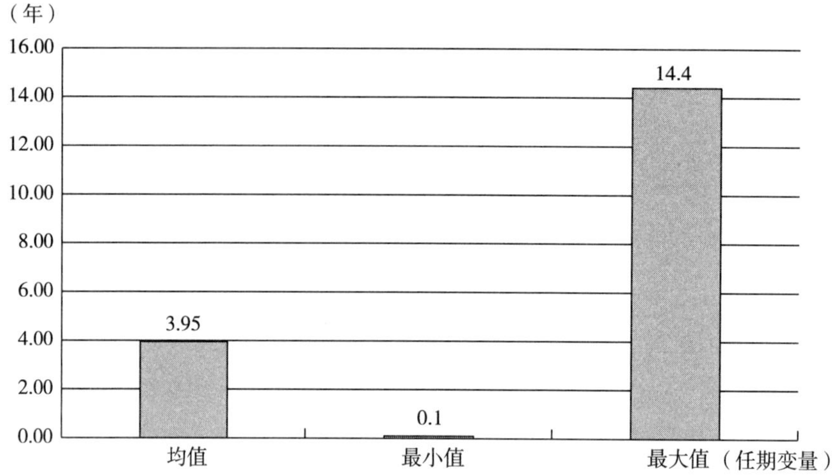

图 6-14 监事会主席任期分布

结合表 6-8 和图 6-14，可知监事会主席任期最大值为 14.4 年，来自沪深 A 股主板现代投资股份有限公司；最小值为 0.1 年，包括中小企业板北京华远意通热力科技股份有限公司等；中位数为 3.2 年，来自中小企业板北京星网宇达科技股份有限公司；标准差为 2.59，可看出相对波动变化不大；平均任期在 3.95 年，根据法律规定，监事的任期每届为 3 年，可以连选连任，监事会主席的平均任期已经超过一届任期 3 年的规定。

（八）监事会主席持股

持股数量=监事会主席实际持有股份数量

因每个公司的股价，每天都会变动，为便于统计，监事会主席持股数量指标，只统计数量，不统计持股金额。

对持股数量的描述性统计结果分析，如表 6-9 所示，在全部数据 25294 家公司中有 21519 家公司未公布对应情况。

表 6-9 监事会主席持股数统计

	均值	中位数	众数	标准差	最小值	最大值	已公布数据	观测数
持股数	1218718	276412	5410000	1769480	6250	5410000	3775	25294

因持股数偏差过大，对全部监事主席持股数做极值化处理，处于 1%及以下数据，均按照 1%的水平处数值计算；同理处于 99%及以上数据，按照 99%

的水平处数值计算。

在未进行极值化处理的原数据中，最小值为 23 股，来自沪深 A 股主板零售业武汉武商集团股份有限公司；最大值为 115796804 股，来自中小企业板濮阳濮耐高温材料（集团）股份有限公司。

持股数分布如图 6-15 所示，其中，横轴表示每个公司监事会主席中持股数的变量，纵轴表示监事会中持股数额。

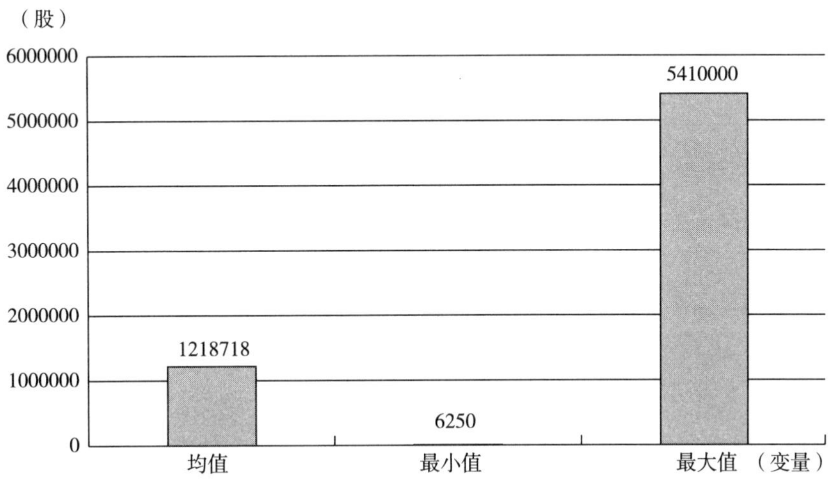

图 6-15　监事会主席持股数分布

结合表 6-9 和图 6-15，极值处理后，监事会主席平均持股数为 1218718 股，标准差为 1769480，中位数为 276412 股；最小值为 6250 股，包括沪深 A 股主板青岛城市传媒股份有限公司等，最大值为 5410000 股，来自创业板新开普电子股份有限公司等。

2007~2017 年，监事会主席持股数量分年度的描述性分析统计如表 6-10 所示。因持股数偏差过大，对每一年全部监事主席持股数做极值化处理，1%及以下数据均处理为 1%极点值；同理 99%及以上数据也做同样操作。

可以看出监事会主席持股众数每年均为 10000 股；2012 年最小持股数为 23 股，来自沪深 A 股主板武汉武商集团股份有限公司等，到 2017 年持股数最小值已经上升为 16087 股，包括中小企业板深圳英飞拓科技股份有限公司等；2007 年最大持股数为 1480800 股，来自中小企业板江苏金智科技股份有限公司等，2016 年持股数最大值为 114103202 股，为 2007~2017 年最大持股数，包括创业板北京碧水源科技股份有限公司等。

表 6-10　监事会主席持股数分年度统计

年份	总计	均值	中位数	众数	标准差	最小值	最大值	已公布公司
2017	1114287575	1426745	320000	10000	2067212	16087	6310685	527
2016	1777969915	2565613	175908	10000	8723812	234	114103202	478
2015	1362726061	2036960	323180	10000	5631686	75	47151000	482
2014	1566308677	2884546	413169	10000	6204730	122	53797500	319
2013	660677133	1295445	276284	10000	1850180	122	5652002	338
2012	665033544	1229267	300000	10000	1633727	23	4860000	357
2011	610344962	1196755	383908	10000	1546436	6800	4627968	323
2010	383632892	909083	270397	10000	1178719	5200	3318878	289
2009	141431051	447567	33660	10000	756119	23	2305000	260
2008	129455501	414921	31567	10000	744975	3136	2322510	261
2007	75231579	249939	22440	10000	470986	2990	1480800	266

监事会主席持股数如图 6-16 至图 6-20 所示，其中，横轴表示 2007～2017 年的时间变量，纵轴表示持股数量。

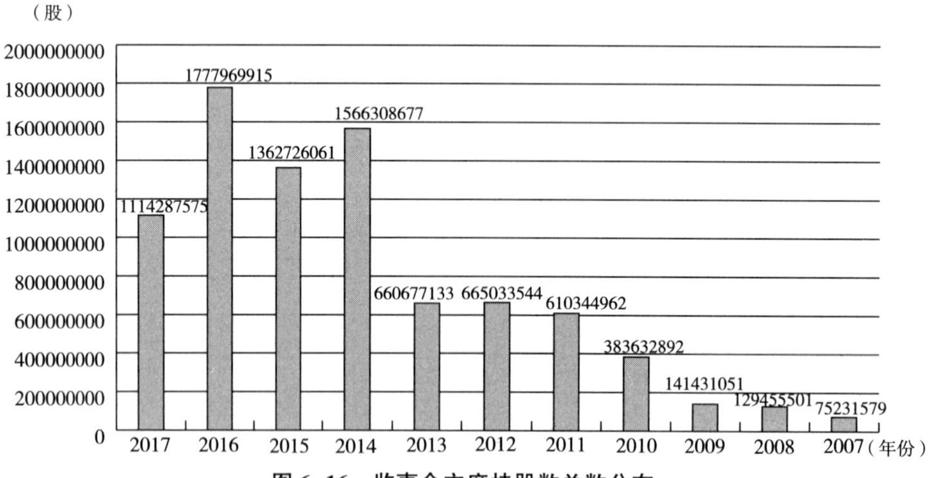

图 6-16　监事会主席持股数总数分布

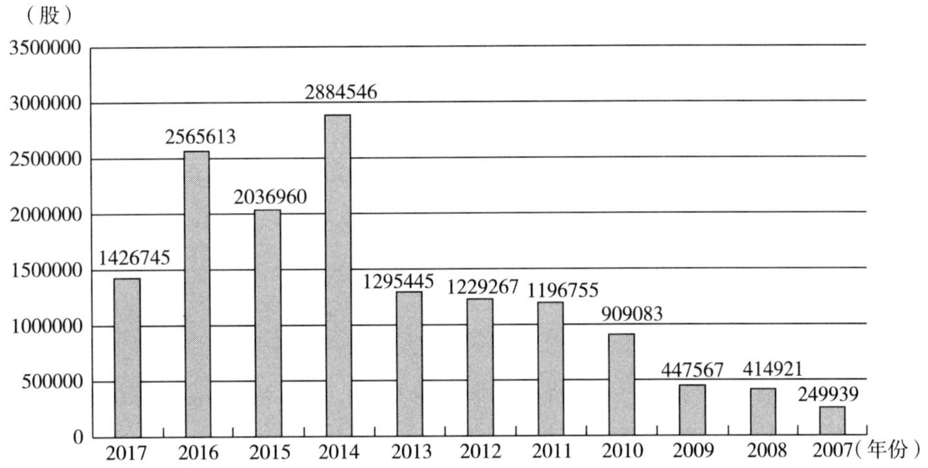

图 6-17 监事会主席持股数均值分布

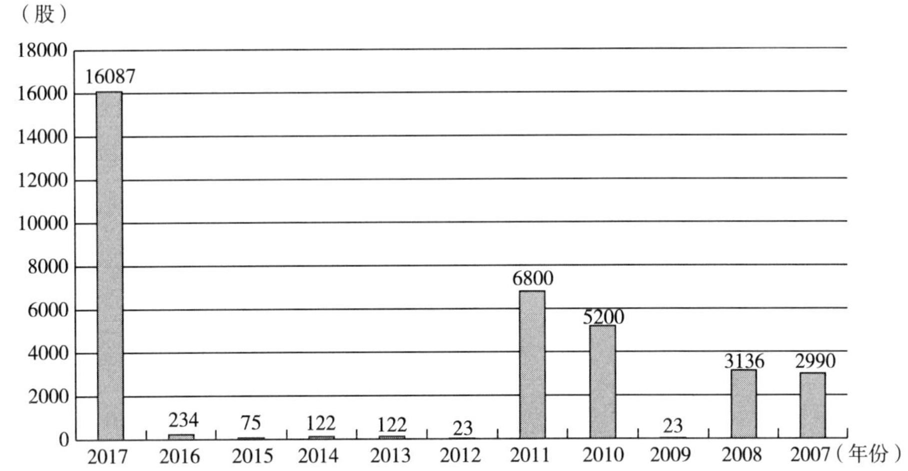

图 6-18 监事会主席持股数最小值分布

由监事会主席持股总数分布图 6-16 可看出，监事会主席持股数总数，2007~2013 年稳步上升，2013~2014 年成倍递增；2014~2017 年起伏较大，2016 年高达 1777969915 股，2017 年回落到 1114287575 股。

由监事会主席持股数均值分布图 6-17 可看出，监事会主席持股数均值随监事会主席持股数总数变动而变动，2007~2013 年稳步上升，2013~2014 年成倍递增；2015~2017 年波动较大，2016 年为 2007~2017 年最高点。

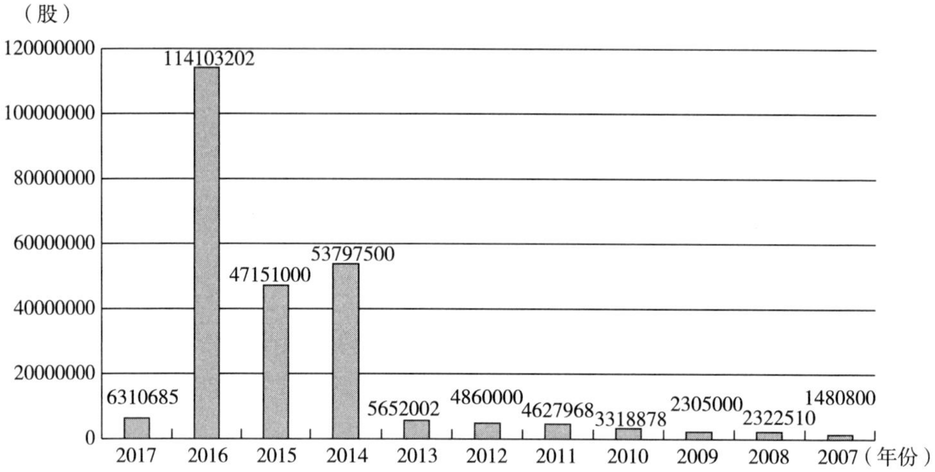

图 6-19　监事会主席持股数最大值分布

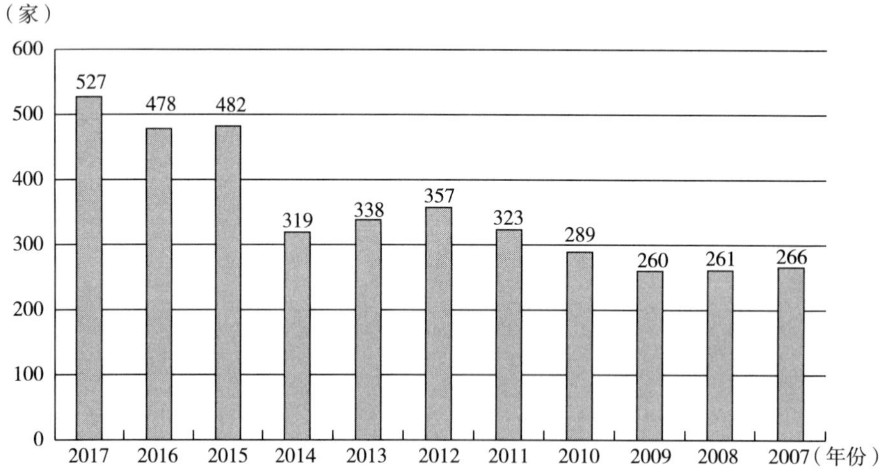

图 6-20　监事会主席已公布公司数分布

由监事会主席已公布持股数分布图 6-20 可看出，监事会主席已公布公司数 2007~2017 年逐步上升，2014~2015 年升幅明显。

（九）监事会规模

由图 6-21 和表 6-11 分析可知，上市公司的监事会规模在 3~15 人，大多数公司监事会规模较小，其中，3~5 人的监事会，占比 92.8%，大于 5 人的监事会仅占 6.4%。规模最大的监事会人数达到了 15 人。

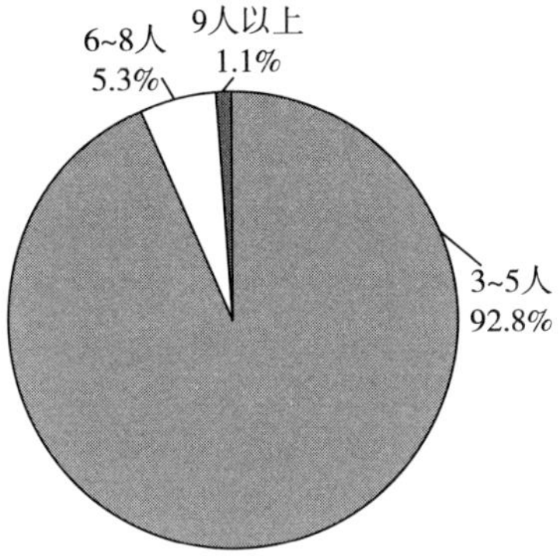

图 6-21 监事会规模人数统计结果

表 6-11 监事会规模人数统计结果

	最小值	中位数	平均数	最大值	缺失个数	样本总数	标准差
规模人数	3	3	3.76	15	1	25776	1.28

另外，在监事会规模人数小于 3 的公司中，有 4 家公司监事规模人数为 1 人，192 家公司监事规模人数为 2 人，共计 196 家公司，占比 0.8%，根据公司法的要求，监事会人数不低于 3 人，可能在数据汇总时，有的公司还没有及时更换监事，因此，在描述性统计分析时剔除了监事会规模小于 3 人的公司。

二、多元回归与分位回归

（一）变量定义

1. 因变量定义

在进行回归时，首先确定回归因变量，如表 6-12 所示：

表 6-12 因变量统计

y1	基本每股收益	y3	平均总资产收益率
y2	平均净资产收益率	y4	托宾 Q 值

首先考虑将几个表征公司业绩的因变量采用主成分分析方法合并为一个主成分，经过主成分分析发现，将几个因变量合并的第一个主成分贡献率仅为

33.60%，所以不适合采用降维为一个主成分的方法。

由于上述四个因变量均可表征公司的业绩，因此，采取任何一个因变量作回归都可以研究自变量对公司业绩的影响。

同时为方便进行 Logistic 回归，由于二元 Logistic 回归的因变量需要设置为 0 或 1，故本书设置 d1~d4 分别对应 y1~y4，考虑到每个因变量的中位数，将中位数以上的样本设置为 1，中位数以下的样本设置为 0，分别表示高水平业绩与低水平业绩。

2. 控制变量

确定控制变量如表 6-13 所示：

表 6-13　控制变量统计

c1	资产	c4	净利润增长率
lnc1	资产对数值	c5	市盈率
c2	资产负债率	c6	总资产周转率
c3	营业总收入	c7	GDP 增长率
lnc3	营业总收入对数值		

3. 监事会主席自变量统计

监事会主席自变量统计如表 6-14 所示：

表 6-14　监事会主席自变量统计

x1	男性系数合计	x11	专业水平总和
x2	独立监事系数	x12	会计专业水平
x3	股东监事系数	x13	律师专业水平
x4	外部监事系数	x14	经济专业水平
x5	学历系数总和	x15	工程师专业水平
x6	大专水平	x16	教授专业水平
x7	本科水平	x17	副教授专业水平
x8	硕士水平	lnx18	薪酬的对数
x9	博士水平	x19	任期
x10	平均年龄		

为防止多重共线性，性别变量只统计男性系数，监事系数也略去职工监事

系数这一变量。由于分析重点在于性别、监事会主席来源与公司业绩的关系，因此，略去这些变量不会影响对于结果的分析。由于监事会主席仅有一人，故年龄变量只引入监事会主席的平均年龄。

（二）监事会主席特征的多元回归分析

首先将四个因变量对自变量进行多元回归，结果如表 6-15 所示：

表 6-15　监事会主席自变量的多元回归结果

	(1)	(2)	(3)	(4)
	y1	y2	y3	y4
x1	-0.0268 (0.0169)	-0.216 (1.754)	-0.0661 (0.645)	2.454 (2.289)
x2	0.326 (0.253)	1.129 (26.02)	3.208 (9.622)	11.91 (34.17)
x3	0.0186 (0.0177)	-0.00991 (1.831)	0.844 (0.674)	-0.204 (2.392)
x4	0.982*** (0.232)	-0.517 (23.89)	-0.865 (8.833)	12.70 (31.37)
x5	-0.00861 (0.0120)	-1.051 (1.238)	-0.315 (0.457)	0.476 (1.624)
x6	0.0129 (0.0231)	1.259 (2.395)	-0.341 (0.880)	-4.031 (3.126)
x7	-0.00391 (0.0132)	-0.0180 (1.366)	0.282 (0.504)	-0.775 (1.788)
x8	-0.00608 (0.0121)	0.225 (1.246)	-0.441 (0.460)	-2.050 (1.633)
x9	0 (.)	0 (.)	0 (.)	0 (.)
x10	-0.00381*** (0.000856)	-0.0569 (0.0888)	-0.121*** (0.0326)	-0.253** (0.116)
x11	-0.0904*** (0.0279)	-7.772*** (2.908)	-1.427 (1.062)	-5.395 (3.771)
x12	0.0512 (0.0342)	11.59*** (3.549)	0.970 (1.301)	3.208 (4.619)

续表

	(1)	(2)	(3)	(4)
	y1	y2	y3	y4
x13	0. 103 (0. 0860)	12. 26 (9. 043)	0. 526 (3. 276)	4. 454 (11. 63)
x14	0. 0802 ** (0. 0316)	11. 19 *** (3. 283)	1. 118 (1. 203)	3. 249 (4. 272)
x15	0. 0582 * (0. 0310)	7. 306 ** (3. 228)	1. 217 (1. 181)	2. 628 (4. 194)
x16	0. 0397 (0. 0842)	11. 78 (8. 675)	1. 122 (3. 206)	4. 338 (11. 38)
x17	0. 0664 (0. 0688)	12. 18 * (7. 102)	2. 260 (2. 622)	4. 718 (9. 310)
lnx18	0. 0543 *** (0. 00687)	2. 033 *** (0. 717)	1. 256 *** (0. 262)	4. 251 *** (0. 929)
x19	-0. 00205 (0. 00260)	-0. 143 (0. 269)	0. 0966 (0. 0989)	0. 194 (0. 351)
2007 年	0 (.)	0 (.)	0 (.)	0 (.)
2008 年	-0. 116 *** (0. 0343)	4. 524 (3. 588)	-4. 544 *** (1. 303)	-11. 89 ** (4. 627)
2009 年	-0. 157 *** (0. 0494)	4. 844 (5. 197)	-4. 166 ** (1. 881)	-7. 958 (6. 680)
2010 年	0. 0298 (0. 0426)	2. 344 (4. 455)	-2. 741 * (1. 623)	-4. 120 (5. 762)
2011 年	-0. 00417 (0. 0374)	-0. 776 (3. 926)	-3. 364 ** (1. 425)	-5. 069 (5. 060)
2012 年	-0. 0554 (0. 0375)	-4. 051 (3. 918)	-4. 152 *** (1. 427)	-5. 667 (5. 068)
2013 年	-0. 117 *** (0. 0349)	-8. 341 ** (3. 631)	-5. 457 *** (1. 328)	-8. 423 * (4. 715)
2014 年	-0. 172 *** (0. 0345)	-5. 812 (3. 599)	-7. 495 *** (1. 312)	-12. 06 *** (4. 660)

续表

	(1)	(2)	(3)	(4)
	y1	y2	y3	y4
2015年	-0.145***	-7.721**	-5.053***	-8.361*
	(0.0317)	(3.326)	(1.207)	(4.285)
2016年	-0.128***	-7.414**	-4.876***	-8.174*
	(0.0317)	(3.338)	(1.207)	(4.287)
2017年	-0.0837***	-7.855**	-5.331***	-9.714**
	(0.0315)	(3.319)	(1.201)	(4.266)
lnc1	0.0868***	5.162***	-0.731	-13.88***
	(0.0136)	(1.457)	(0.517)	(1.836)
c2	-0.000108***	-0.642***	-0.0180***	0.351***
	(0.0000304)	(0.0391)	(0.00116)	(0.00411)
lnc3	0.0104	3.855***	1.027**	8.927***
	(0.0137)	(1.447)	(0.520)	(1.847)
c4	0.0000521***	0.00109***	0.00109***	0.000489
	(0.00000368)	(0.000386)	(0.000140)	(0.000498)
c5	0.000000117	0.00000461	0.00000274	0.000000145
	(0.00000028)	(0.0000289)	(0.0000107)	(0.0000380)
c6	0.0857***	2.027	0.256	-11.37***
	(0.0203)	(2.127)	(0.775)	(2.752)
lnc3	0	0	0	0
	(.)	(.)	(.)	(.)
c7	0	0	0	0
	(.)	(.)	(.)	(.)
_cons	-2.133***	179.4***	-4.379	85.47***
	(0.124)	(13.66)	(4.721)	(16.76)
N	6748	6666	6753	6753
R^2	0.132	0.067	0.065	0.530

1. 对于上述多元回归分析的说明

y1~y4分别对应四个因变量对自变量回归的结果，各数字表示的含义在前面的章节已经介绍。

其中，自变量 x9 与 2007 年的虚拟变量由于与其他变量存在共线性，在回归过程中被自动省略掉，因此，显示系数和标准差都为 0，即没有引入回归模型。表格中的 cons 表示回归中的常数项，本书中所有的回归都是如此。

R^2 代表拟合优度，表明回归模型对于模型变化的总体解释能力，显然数据越大解释能力越强，由此可见本书选取的自变量对于 y4 回归可以起到最强的解释作用，对于 y2 与 y3 的解释能力相对较差，而由于本书中数据是作为截面数据的形式处理的，所以拟合优度普遍比较低是很正常的现象。

2. 对于上述多元回归结果的解释

（1）总体来看年份变量是显著的。因为随着年份的变化，公司整体业绩呈现明显的变化趋势，同时应该呈现越来越好的态势，所以年份变量整体显著是显然的。

（2）监事会主席男性监事系数与公司业绩负相关。

（3）外部监事来源的监事会主席对于基本每股收益正相关且显著，股东监事来源的监事会主席与业绩负相关，独立监事来源的监事会主席与业绩正相关但不显著。

（4）监事会主席学历总水平与公司业绩负相关，除博士学历水平以外的其他学历水平与业绩呈负相关。

（5）监事会主席年龄与业绩负相关且显著。

（6）监事会主席的专业总水平与业绩负相关且显著，会计、经济、教授、工程师等专业背景与业绩正相关。分析原因，可能是专业变量中部分变量对公司的业绩水平是有负相关关系的，因此，虽然大部分专业变量是正相关，但也引起了专业总水平的负相关关系。

（7）监事会主席的任期与公司业绩负相关。

（8）监事会主席的薪酬与公司业绩正相关且显著。

（三）分位回归分析和 Logistic 回归进行稳健性验证

对自变量进行分位回归的原因是对整体回归不显著，因此，对其中的某些不显著变量进行单独回归，进一步探究这些变量的显著性和对公司业绩水平的影响。而稳健性检验也是建立在通过多元回归或分位回归之后已经显著的自变量上。

1. 对监事会主席性别进行分位回归

（1）经验证，利用 y3 进行分位回归显著性相对最优，结果如表 6-16 所示：

表 6-16　y3 对于性别变量的分位回归结果

	(1)	(2)	(3)
y3	q25	q5	q75
x1	-0.0862 (0.0576)	-0.151** (0.0671)	-0.263*** (0.0861)
lnc1	-0.0382 (0.0481)	-0.0281 (0.0522)	-0.458*** (0.0664)
c2	-0.0796*** (0.000112)	-0.0803*** (0.000171)	-0.0549*** (0.000358)
lnc3	0.645*** (0.0504)	0.356*** (0.0521)	0.286*** (0.0629)
c4	0.00252*** (0.0000117)	0.00182*** (0.0000144)	0.000895*** (0.0000281)
c5	-0.000000378 (0.00000126)	-0.00000111 (0.000000860)	0.00000499*** (0.000000796)
c6	0.220*** (0.0783)	0.791*** (0.0724)	1.542*** (0.0775)
c7	17.86*** (1.256)	15.43*** (1.437)	14.59*** (1.847)
_cons	-9.062*** (0.393)	-1.147*** (0.441)	11.02*** (0.614)

在 y3 三个不同分位点下，监事会主席性别 x1 的系数均为负且显著，即回归检验结果是稳健的。说明在表 6-16 中的三个不同分位点下，男性监事会主席对于 y3 总资产收益率有负向影响且显著。

（2）Logistic 稳健性验证。

表 6-17　监事会主席性别 Logistic 回归验证结果

Number of obs	25764
LR chi^2 (8)	1191.95
Prob > chi^2	0.0000
Pseudo R^2	0.0334
Log likelihood	-17259.997

续表

d2	Coef.	Std. Err.	z	P>z	[95%Conf. Interval]	
x1	-0.0542236	0.0315202	-1.72	0.085	-0.1160021	0.007555
lnc1	-0.0554102	0.027494	-2.02	0.044	-0.1092974	-0.001523
c2	0.0003039	0.000115	2.64	0.008	0.0000785	0.000529
lnc3	0.2369608	0.0280274	8.45	0.000	0.1820281	0.291894
c4	0.0002245	2.34E-05	9.60	0.000	0.0001787	0.00027
c5	-6.88E-08	6.25E-07	-0.11	0.912	-1.29E-06	1.16E-06
c6	0.2360717	0.0428091	5.51	0.000	0.1521673	0.319976
c7	7.817572	0.6866621	11.38	0.000	6.47174	9.163405
_cons	-4.570038	0.2132274	-21.43	0.000	-4.987956	-4.15212

如表6-17所示，通过Logistic回归验证，x1系数仍为负，同时由表中P值的数据进行男性系数的显著性检验，P值为0.085，故在0.1水平上通过显著性检验。由于各因变量都是衡量公司业绩水平的变量，故在分位回归中与Logistic回归中采用不同的因变量，既保证了选取显著性水平最优的结果，也不影响回归的稳健性检验。

2. 对监事会主席来源系数进行分位回归

通过表6-18分位回归结果可以看出，股东监事系数影响为负，外部监事系数影响为正且显著，通过表6-19进行Logistic回归验证，独立监事系数和股东监事系数回归验证结果为负，外部监事系数回归结果为正，此结果是稳健的。

表6-18　监事会主席来源分位回归结果

	(1)	(2)	(3)
y1	q25	q5	q75
x2	-0.0659 (0.0584)	0.119 (0.0817)	0.178 (0.139)
x3	-0.0143*** (0.00443)	-0.0305*** (0.00634)	-0.0498*** (0.0105)
x4	0.201*** (0.0414)	0.578*** (0.0603)	1.405*** (0.0980)

续表

	(1)	(2)	(3)
y1	q25	q5	q75
lnc1	0.0273 ***	0.0373 ***	0.0540 ***
	(0.00301)	(0.00405)	(0.00660)
c2	-0.00226 ***	-0.00169 ***	-0.000223 ***
	(0.00000564)	(0.0000132)	(0.0000357)
lnc3	0.0206 ***	0.0329 ***	0.0408 ***
	(0.00313)	(0.00404)	(0.00639)
c4	0.000142 ***	0.0000934 ***	0.0000501 ***
	(0.000000734)	(0.00000111)	(0.00000273)
c5	-1.30e-08	-8.05e-08	0.000000300 ***
	(7.75e-08)	(6.64e-08)	(7.96e-08)
c6	0.0305 ***	0.0468 ***	0.123 ***
	(0.00493)	(0.00560)	(0.00764)
c7	0.860 ***	0.835 ***	-0.0246
	(0.0799)	(0.111)	(0.182)
_cons	-0.911 ***	-1.266 ***	-1.595 ***
	(0.0230)	(0.0346)	(0.0603)

表 6-19　监事会主席来源 Logistic 回归验证结果

Number of obs			25764			
LR chi^2 (10)			1234.79			
Prob > chi^2			0.0000			
Pseudo R^2			0.0346			
Log likelihood			-17238.581			
d2	Coef.	Std. Err.	z	P>z	[95%Conf. Interval]	
x2	-0.9231869	0.5109909	-1.81	0.071	-1.924711	0.0783368
x3	-0.2296189	0.0385795	-5.95	0.000	-0.3052333	-0.154005
x4	1.066208	0.498551	2.14	0.032	0.0890658	2.04335
lnc1	-0.0658401	0.0276959	-2.38	0.017	-0.1201231	-0.011557

续表

d2	Coef.	Std. Err.	z	P>z	[95%Conf. Interval]	
c2	0.0003116	0.0001164	2.68	0.007	0.0000834	0.0005398
lnc3	0.2464753	0.0281744	8.75	0.000	0.1912544	0.3016961
c4	0.000224	0.0000234	9.59	0.000	0.0001783	0.0002698
c5	-6.73E-08	6.24E-07	-0.11	0.914	-1.29E-06	1.16E-06
c6	0.2327911	0.0428266	5.44	0.000	0.1488525	0.3167297
c7	7.859089	0.6872335	11.44	0.000	6.512136	9.206041
_cons	-4.387585	0.2158515	-20.33	0.000	-4.810647	-3.964524

3. 对监事会主席学历水平进行分位回归

表6-20中结果为y4对各自变量进行分位回归的结果，发现在上述三个分位点的回归下，监事会主席学历除了博士学历水平对业绩有正向影响且显著外，对其他学历水平均为负向影响且显著。

表6-20 监事会主席学历水平分位回归结果

	(1)	(2)	(3)
y4	q25	q5	q75
x6	-0.181***	-0.241***	-0.376***
	(0.0310)	(0.0510)	(0.110)
x7	-0.0707***	-0.0972***	-0.138***
	(0.0141)	(0.0231)	(0.0497)
x8	-0.0260***	-0.0263	-0.0122
	(0.0100)	(0.0164)	(0.0352)
x9	0.0751***	0.138***	0.409***
	(0.0135)	(0.0221)	(0.0475)
lnc1	-0.657***	-0.740***	-0.713***
	(0.0169)	(0.0271)	(0.0622)
c2	0.00487***	0.0145***	0.0558***
	(0.0000318)	(0.0000883)	(0.000307)
lnc3	-0.0635***	-0.286***	-1.029***
	(0.0174)	(0.0270)	(0.0596)

续表

	(1)	(2)	(3)
y4	q25	q5	q75
c4	0.00000871**	0.00000864	0.0000339**
	(0.00000384)	(0.00000700)	(0.0000157)
c5	-5.48e-08	-0.000000321	0.000000564
	(0.000000160)	(0.000000445)	(0.000000877)
c6	0.0521*	0.189***	0.901***
	(0.0266)	(0.0374)	(0.0745)
c7	9.961***	23.01***	59.42***
	(0.470)	(0.743)	(1.501)
_cons	17.03***	23.02***	35.24***
	(0.113)	(0.234)	(0.626)

对监事会主席的学历水平进行 Logistic 回归验证，发现在显著性与符号上，均通过显著性检验（如表 6-21 所示）。

表 6-21 监事会主席学历水平 Logistic 回归验证结果

Number of obs						25764
LR chi^2 (11)						12105.24
Prob > chi^2						0.0000
Pseudo R^2						0.3389
Log likelihood						-11805.595
d4	Coef.	Std. Err.	z	P>z	[95%Conf. Interval]	
x6	-0.2121296	0.057576	-3.68	0.000	-0.3249766	-0.0992825
x7	-0.0823065	0.026436	-3.11	0.002	-0.1341204	-0.0304926
x8	-0.0257896	0.018945	-1.36	0.173	-0.0629209	0.0113418
x9	0.1105544	0.027089	4.08	0.000	0.0574615	0.1636474
lnc1	-1.674716	0.040165	-41.7	0.000	-1.753438	-1.5959950
c2	-0.0009404	0.000126	-7.46	0.000	-0.0011876	-0.0006933
lnc3	0.1699625	0.034629	4.91	0.000	0.102091	0.2378340

续表

d4	Coef.	Std. Err.	z	P>z	[95%Conf. Interval]	
c4	0.0000021	9.31E-06	0.22	0.826	-0.0000162	0.0000203
c5	-0.0000008	1.48E-06	-0.53	0.595	-0.0000037	0.0000021
c6	-0.0113527	0.044166	-0.26	0.797	-0.0979171	0.0752118
c7	16.78143	0.89106	18.83	0.000	15.03499	18.52788
_cons	31.7697	0.44876	70.79	0.000	3.89015	32.64925

4. 对监事会主席专业水平进行分位回归

表6-22中的回归结果，是y4对各自变量回归的结果，监事会主席各专业背景系数除对x11专业水平总和有负向影响且显著外，其他专业背景系数包括会计专业、经济专业、工程师专业、教授和副教授专业、律师专业背景与公司业绩正相关且显著。

表6-22 监事会主席专业水平分位回归结果

	(1)	(2)	(3)
y4	q25	q5	q75
x11	-0.492*** (0.0285)	-0.804*** (0.0448)	-1.602*** (0.114)
x12	0.156*** (0.0324)	0.338*** (0.0512)	0.811*** (0.131)
x13	0.00179 (0.0991)	0.326** (0.157)	0.993** (0.398)
x14	0.132*** (0.0328)	0.239*** (0.0517)	0.868*** (0.132)
x15	0.299*** (0.0324)	0.428*** (0.0512)	1.136*** (0.131)
x16	0.575*** (0.0854)	0.582*** (0.136)	1.494*** (0.345)
x17	0.481*** (0.0717)	0.644*** (0.113)	1.697*** (0.288)
lnc1	-0.674*** (0.0148)	-0.750*** (0.0230)	-0.831*** (0.0630)

续表

	(1)	(2)	(3)
y4	q25	q5	q75
c2	0.00605*** (0.0000282)	0.0151*** (0.0000751)	0.0570*** (0.000309)
lnc3	-0.0305** (0.0154)	-0.223*** (0.0230)	-0.835*** (0.0610)
c4	0.00000555 (0.00000341)	0.00000610 (0.00000596)	0.0000370** (0.0000159)
c5	7.23e-08 (0.000000141)	-9.64e-08 (0.000000378)	-4.64e-08 (0.000000882)
c6	0.00990 (0.0233)	0.126*** (0.0319)	0.680*** (0.0764)
c7	11.37*** (0.424)	26.14*** (0.643)	62.79*** (1.551)
_cons	16.65*** (0.0990)	21.79*** (0.197)	33.80*** (0.625)
N	25764	25764	25764
R^2			

在 Logistic 回归检验中，除不显著的 x16 变量以外，其他变量均通过了稳健性检验（见表 6-23）。

前面的部分已经对所有自变量整体做了多元回归，同时对于整体回归中的不显著变量单独做了分位回归，并且进行了相应的稳健性检验。

表 6-23 监事会主席专业水平 Logistic 稳健性检验结果

Number of obs	25764
LR chi^2 (14)	1446.83
Prob > chi^2	0.0000
Pseudo R^2	0.0405
Log likelihood	-17132.559

续表

d2	Coef.	Std. Err.	z	P>z	[95% Conf. Interval]	
x11	-0. 6541984	0. 0486415	-13. 45	0. 000	-0. 7495341	-0. 5588628
x12	0. 2521081	0. 0551505	4. 57	0. 000	0. 1440151	0. 3602011
x13	0. 3815163	0. 1690402	2. 26	0. 024	0. 0502036	0. 7128291
x14	0. 378506	0. 0557623	6. 79	0. 000	0. 2692139	0. 4877982
x15	0. 4554236	0. 0551854	8. 25	0. 000	0. 3472622	0. 563585
x16	-0. 0336378	0. 1477318	-0. 23	0. 82	-0. 3231868	0. 2559113
x17	0. 348986	0. 1209331	2. 89	0. 004	0. 1119615	0. 5860105
lnc1	-0. 0680995	0. 0278425	-2. 45	0. 014	-0. 1226699	-0. 0135291
c2	0. 0003452	0. 0001253	2. 76	0. 006	0. 0000997	0. 0005907
lnc3	0. 2776688	0. 0284713	9. 75	0. 000	0. 2218661	0. 3334715
c4	0. 0002173	0. 0000233	9. 34	0. 000	0. 0001717	0. 0002628
c5	-4. 36E-08	6. 24E-07	-0. 07	0. 944	-1. 27E-06	1. 18E-06
c6	0. 214841	0. 0431127	4. 98	0. 000	0. 1303417	0. 2993403
c7	9. 75553	0. 7054299	13. 83	0. 000	8. 372913	11. 13815
_cons	-5. 15369	0. 2194995	-23. 48	0. 000	-5. 583902	-4. 723479

5. 对于监事会主席任期直接做 Logistic 回归检验

表 6-24 为 d2 对任期变量做 Logistic 回归的结果，发现在显著的情形下系数为负，在前面多元回归中，虽然 x19 结果不显著，但是系数也为负，说明遵循监事会主席任期时间与公司的业绩呈现负相关关系的假定。

表 6-24 监事会主席任期 Logistic 稳健性检验结果

Number of obs						25764
LR chi^2 (8)						1301. 02
Prob > chi^2						0. 0000
Pseudo R^2						0. 0364
Log likelihood						-17205. 466
d2	Coef.	Std. Err.	z	P>z	[95% Conf. Interval]	
x19	-0. 0521631	0. 0049456	-10. 55	0. 000	-0. 0618563	-0. 0424699
lnc1	-0. 0649933	0. 0275187	-2. 36	0. 018	-0. 118929	-0. 0110576

续表

d2	Coef.	Std. Err.	z	P>z	[95% Conf. Interval]	
c2	0.0002976	0.0001149	2.59	0.010	0.0000725	0.0005228
lnc3	0.2514072	0.0280615	8.96	0.000	0.1964077	0.3064067
c4	0.0002257	0.0000235	9.60	0.000	0.0001796	0.0002718
c5	-7.11e-08	6.28e-07	-0.11	0.910	-1.30e-06	1.16e-06
c6	0.2207645	0.0424917	5.20	0.000	0.1374824	0.3040467
c7	6.682983	0.6939611	9.63	0.000	5.322844	8.043122
_cons	-4.399043	0.214445	-20.51	0.000	-4.819348	-3.978739

6. 对于监事会主席年龄直接做 Logistic 回归检验

如表 6-25 所示，对于监事会主席的年龄做 Logistic 回归检验，由于在前面整体的多元回归中，年龄与公司业绩负相关且显著，直接进行 Logistic 回归稳健性检验。

表 6-25　监事会主席年龄 Logistic 稳健性检验结果

Number of obs						10368
LR chi² (10)						5008.88
Prob > chi²						0.0000
Pseudo R²						0.3488
Log likelihood						-4676.4679
d4	Coef.	Std. Err.	z	P>z	[95%Conf. Interval]	
x10	-0.0119621	0.0029842	-4.01	0.000	-0.017811	-0.0061131
lnc1	-1.7347190	0.0619006	-28.02	0.000	-1.856042	-1.613396
c2	-0.0006998	0.0001856	-3.77	0.000	-0.0010636	-0.000336
lnc3	0.2045485	0.0510239	4.01	0.000	0.1045435	0.3045535
c4	0.0000012	0.0000118	0.10	0.919	-0.0000219	0.0000243
c5	-0.0000007	0.0000014	-0.51	0.608	-0.0000034	0.000002
c6	-0.0944099	0.0651628	-1.45	0.147	-0.2221266	0.0333069
c7	18.57364	1.316243	14.11	0.000	15.99385	21.15343
_cons	32.63425	0.732705	44.54	0.000	31.19817	34.07032

由检验结果可知，监事会主席年龄在显著性水平以及系数符号的方向上与前面的多元回归均是一致的，同时与实际情况是符合的。

7. 监事会主席持股数量与公司业绩的关系

由于并非所有的公司都有持股数据或公开持股数据，如果对原样本进行回归分析可能会由于较多的缺失值造成较大的偏差，故仅选取有持股数据公开的机构进行研究，将此部分内容作为独立的一部分单独研究。将持股数这一变量记为 x，为消除量级与量纲的影响，取对数 lnx（如表 6-26 所示）。

表 6-26　对于监事持股变量进行多元回归的结果

	(1)	(2)	(3)	(4)
	y1	y2	y3	y4
lnx	0.0172***	0.473	0.261***	0.0533***
	(0.00229)	(0.289)	(0.0287)	(0.0110)
lnc1	0.110***	5.877***	−0.0840	−0.566***
	(0.0142)	(1.816)	(0.178)	(0.0683)
c2	−0.00575***	−0.454***	−0.139***	−0.00132
	(0.000264)	(0.0434)	(0.00331)	(0.00127)
lnc3	0.0327**	0.594	1.029***	−0.248***
	(0.0141)	(1.820)	(0.176)	(0.0676)
c4	0.0000817***	0.00231***	0.00119***	0.0000418
	(0.00000641)	(0.000809)	(0.0000803)	(0.0000308)
c5	0.000000126	0.00000223	−0.000000871	−0.000000162
	(0.000000165)	(0.0000208)	(0.00000207)	(0.000000793)
c6	0.0769***	4.486*	0.805***	0.199**
	(0.0180)	(2.292)	(0.226)	(0.0866)
lnc3	0	0	0	0
	(.)	(.)	(.)	(.)
c7	−0.0772	−28.07	30.30***	5.098***
	(0.397)	(50.46)	(4.973)	(1.908)
2007 年	0	0	0	0
	(.)	(.)	(.)	(.)
2008 年	−0.0353	8.686**	0.228	−1.449***
	(0.0273)	(3.457)	(0.341)	(0.131)

续表

	(1)	(2)	(3)	(4)
	y1	y2	y3	y4
2009 年	-0.00108	8.993***	0.631*	-0.0793
	(0.0268)	(3.409)	(0.336)	(0.129)
2010 年	0.0457*	7.537**	0.471	0.104
	(0.0249)	(3.143)	(0.311)	(0.119)
2011 年	0.0368	7.245**	0.433	-1.169***
	(0.0227)	(2.869)	(0.285)	(0.109)
2012 年	-0.0547**	3.912	-0.327	-1.199***
	(0.0222)	(2.797)	(0.278)	(0.107)
2013 年	-0.159***	2.031	-0.815***	-0.275**
	(0.0226)	(2.849)	(0.283)	(0.109)
2014 年	-0.0925***	3.859	0.262	-0.0462
	(0.0226)	(2.856)	(0.284)	(0.109)
2015 年	-0.130***	-0.00689	0.0556	1.731***
	(0.0218)	(2.745)	(0.273)	(0.105)
2016 年	-0.115***	1.796	-0.0404	0.828***
	(0.0218)	(2.754)	(0.274)	(0.105)
2017 年	0	0	0	0
	(.)	(.)	(.)	(.)
_cons	-2.709***	-127.0***	-15.42***	19.47***
	(0.123)	(16.38)	(1.537)	(0.590)
N	5518	5496	5522	5522
R^2	0.205	0.031	0.334	0.315

根据多元回归的结果，除对 y2 回归的情形下，对于持股数的回归结果都是显著且符号均为正，符合实际情形，故对持股数的回归结果还是比较稳健的。

结合回归系数具体来看，在其他自变量保持不变的情形下，持股数每提高 1%，会使基本每股收益、平均总资产收益率、托宾 Q 值分别提高 0.0172/100 个单位、0.261/100 个单位、0.0533/100 个单位。

8. 监事会规模多元回归分析

(1) 监事会规模多元回归分析。为了探究监事会规模对公司业绩的影响，建立了多元回归模型，首先将监事会规模小于 3 人的用 3 人来代替。发现监事会规模对基本每股收益与平均净资产收益率有显著的正相关，而与平均总资产收益率和托宾 Q 值无显著关系。回归结果分别如表 6-27、表 6-28 所示。

表 6-27 基本每股收益对监事会规模的回归结果

y1	系数估计	T 值	P 值	显著性
(Intercept)	-1.469e-01	-2.588	0.00965	**
规模总人数	1.346e-02	4.742	2.13e-06	***
资产总计	4.696e-14	8.201	2.49e-16	***
资产负债率	-1.344e-04	-6.068	1.31e-09	***
营业总收入	4.701e-13	8.371	<2e-16	***
净利润增长率	4.762e-05	25.452	<2e-16	***
市盈率	-8.680e-09	-0.050	0.96024	
总资产周转率	9.066e-02	14.770	<2e-16	***
GDP 增长率	2.328e+00	5.086	3.69e-07	***
2017 年	3.163e-01	11.577	<2e-16	***
2016 年	2.145e-01	7.672	1.75e-14	***
2015 年	1.491e-01	5.456	4.91e-08	***
2014 年	1.537e-01	5.915	3.36e-09	***
2013 年	1.571e-01	6.466	1.03e-10	***
2012 年	1.689e-01	7.053	1.79e-12	***
2011 年	1.862e-01	9.843	<2e-16	***
2010 年	1.565e-01	9.001	<2e-16	***
2009 年	8.098e-02	3.900	9.66e-05	***
2008 年	NA	NA	NA	

表 6-28 平均净资产收益率对监事会规模的回归结果

y2	系数估计	T 值	P 值	显著性
(Intercept)	3.228e+01	4.448	8.71e-06	***
规模总人数	1.312e+00	3.586	0.000337	***

续表

y2	系数估计	T 值	P 值	显著性
资产总计	2.549e-12	3.530	0.000416	***
资产负债率	-3.648e-01	-17.064	<2e-16	***
营业总收入	1.135e-11	1.608	0.107830	
净利润增长率	1.067e-03	4.469	7.90e-06	***
市盈率	5.306e-06	0.243	0.808170	
总资产周转率	5.307e+00	6.806	1.02e-11	***
GDP 增长率	-2.077e+02	-3.559	0.000373	***
2017 年	-7.127e+00	-2.051	0.040278	**
2016 年	-8.158e+00	-2.296	0.021701	**
2015 年	-7.953e+00	-2.290	0.022045	**
2014 年	-6.144e+00	-1.861	0.062769	*
2013 年	-6.152e+00	-1.994	0.046120	**
2012 年	-5.698e+00	-1.873	0.061142	*
2011 年	4.404e-01	0.183	0.854732	
2010 年	4.043e+00	1.828	0.067557	*
2009 年	-6.257e-01	-0.237	0.812964	
2008 年	NA	NA	NA	

从回归结果中规模的系数估计一栏可以看出，监事会成员数每增加一人，平均基本每股收益增加 0.0135 元，平均净资产收益率增加 1.312%。

（2）监事会规模分位回归分析。此外，为了研究处于中上等业绩水平的公司监事会规模数特征，建立了分位回归模型，分别研究监事会的规模对平均净资产收益率、基本每股收益的上四分位数的影响。此外，由于变量维数过多会导致分位回归结果不准确，在建立分位回归模型时除去了控制变量中所有关于年份的虚拟变量。两次分位回归结果分别如表 6-29、表 6-30 所示。

表 6-29 监事会规模对 y2 平均净资产收益率的上四分位数回归结果

y2 q75	系数估计	T 值	P 值	显著性
(Intercept)	5.28745	13.18088	0.00000	***
规模总人数	0.27611	3.84839	0.00012	***

续表

y2 q75	系数估计	T 值	P 值	显著性
资产总计	0.00000	3.35992	0.00078	***
资产负债率	-0.03587	-10.85022	0.00000	***
营业总收入	0.00000	2.20622	0.02738	**
净利润增长率	0.00134	5.21415	0.00000	***
市盈率	0.00001	0.62271	0.53348	
总资产周转率	4.63725	22.03935	0.00000	***
GDP 增长率	37.52302	8.78774	0.00000	***

表 6-30　监事会规模对 y1 基本每股收益的上四分位数回归结果

y1 q75	系数估计	T 值	P 值	显著性
(Intercept)	0.39691	23.18594	0.00000	***
规模总人数	0.01230	3.39381	0.00069	***
资产总计	0.00000	1.45156	0.14664	
资产负债率	-0.00008	-0.70618	0.48008	
营业总收入	0.00000	2.06418	0.03901	**
净利润增长率	0.00005	14.89833	0.00000	***
市盈率	0.00000	-0.22610	0.82112	
总资产周转率	0.16242	14.00495	0.00000	***
GDP 增长率	-0.93311	-6.19022	0.00000	***

从分位回归结果来看，监事会规模人数对平均净资产收益率与基本每股收益的上四分位数均有显著性影响，说明在业绩较好的公司中，增加监事会人数会对公司业绩产生进一步的促进效果。从系数估计一栏看出，监事会人数每增加 1 人，净资产收益率的上四分位数平均增加 0.276%，而基本每股收益上四分位数平均增加 0.012 元。

综合多元线性回归和分位回归的结果来看，监事会规模人数对平均净资产收益率、基本每股收益两个指标有显著的正向影响。增加监事会人数有利于公司业绩的增长。

（3）监事会规模对平均净资产利润率的 Logistic 稳健性检验。如表 6-31 所示，规模的估计系数为正，表明监事会规模对公司平均净资产利润率有显著的正向影响，与最初的建模结论一致，具有稳健性。

表 6-31 监事会规模对平均净资产利润率 Logistic 回归结果

y2	系数估计	Z 值	P 值	显著性
(Intercept)	2.402e-02	0.116	0.907716	
规模总人数	2.854e-02	2.740	0.006150	***
资产总计	2.936e-14	1.437	0.150724	
资产负债率	-8.306e-03	-13.548	<2e-16	***
营业总收入	-2.868e-13	-1.418	0.156130	
净利润增长率	3.755e-04	11.929	<2e-16	***
市盈率	4.526e-06	0.977	0.328377	
总资产周转率	1.294e-01	5.720	1.07e-08	***
GDP 增长率	4.004e-01	0.240	0.810236	
2017 年	2.399e-01	2.418	0.015594	**
2016 年	1.507e-01	1.486	0.137339	
2015 年	2.682e-02	0.271	0.786737	
2014 年	5.708e-02	0.606	0.544586	
2013 年	1.213e-01	1.378	0.168075	
2012 年	1.778e-01	2.050	0.040367	**
2011 年	2.103e-01	3.069	0.002147	***
2010 年	2.083e-01	3.306	0.000945	***
2009 年	-5.300e-02	-0.702	0.482921	
2008 年	NA	NA	NA	

（4）监事会规模滞后一期的稳健性检验。监事会规模与基本每股收益的关系进行了滞后一期的检验，结果如表 6-32 所示。发现监事会规模对基本每股收益有显著的正向影响，通过显著性检验，具有稳健性。

表 6-32 监事会规模滞后一期的稳健性检验结果

y1	系数估计	Z 值	P 值	显著性
(Intercept)	3.217e-01	5.420	6.03e-08	***
规模总人数	1.013e-02	3.245	0.00117	***

续表

y1	系数估计	Z 值	P 值	显著性
资产总计	3. 416e-14	5. 111	3. 24e-07	***
资产负债率	6. 327e-07	0. 028	0. 97788	
营业总收入	1. 534e-13	2. 467	0. 01363	**
净利润增长率	1. 064e-05	5. 399	6. 76e-08	***
市盈率	8. 139e-08	0. 292	0. 77057	
总资产周转率	4. 170e-02	6. 206	5. 54e-10	***
GDP 增长率	-1. 564e+00	-3. 272	0. 00107	***
2017 年	NA	NA	NA	
2016 年	1. 327e-01	4. 564	5. 05e-06	***
2015 年	3. 218e-02	1. 132	0. 25749	
2014 年	-1. 932e-02	-0. 715	0. 47445	
2013 年	2. 050e-03	0. 081	0. 93527	
2012 年	3. 429e-02	1. 379	0. 16806	
2011 年	6. 412e-02	3. 268	0. 00108	***
2010 年	1. 410e-01	7. 814	5. 80e-15	***
2009 年	1. 047e-01	4. 849	1. 25e-06	***
2008 年	NA	NA	NA	

本章小结

本章对于上市公司监事会主席的特征、监事会规模进行了数据汇总和统计性描述分析，包括监事会主席的性别、学历、年龄、任期、来源、专业、薪酬、股权等，并对相关变量与公司业绩的关系进行了分析论证。本章分析论证采用了多元回归分析、分位回归分析、Logistic 稳健性检验和自变量滞后一期的检验等回归分析和检验方法，保证了回归结果的稳健性和可靠性。

一、监事会主席性别

（一）监事主席性别数据的汇总分析

在2007~2017年的数据中，上市公司监事会主席总人数为25250人，性别分布中，男性人数整体远多于女性人数，其中男性人数为20030人，占比79%；女性人数为5220人，占比21%，监事会主席的男性与女性人数分布比例约为4∶1，女性监事主席在上市公司中比例偏低。

（二）监事会主席性别变量对于公司业绩的影响

本章的分析论证结果认为，监事会主席的性别变量与公司业绩的关系还需要进一步研究。

（三）本章的假设1

监事会主席的性别与公司业绩正相关，通过本章分析论证，证明假设1不正确。

二、监事会主席来源

（一）监事主席来源数据的汇总分析

通过2007~2017年的数据，发现在上市公司监事主席当中，股东监事来源人数最多为22053人，占比为87%；其次是职工监事3195人，占比为13%；外部监事和独立监事最少，人数分别为30人、16人，占比约为0%。职工监事、外部监事、独立监事三部分占比之和仅为股东监事占比的1/7左右。

（二）监事会主席来源变量对于公司业绩的影响

本章的分析论证结果认为，股东监事系数影响为负，外部监事系数影响为正，通过Logistic回归验证，此结果是稳健的。

（三）本章的假设2

监事会主席的来源与公司业绩正相关，通过本章分析论证，假设2部分成立。

三、监事会主席学历

（一）监事会主席学历数据的汇总分析

在上市公司监事会主席当中，各学历人数分布呈现本科、硕士、大专、博士逐渐递减趋势，本科学历和硕士学历的人数最多，分别为 9667 人和 6544 人；学历较低的大专学历与较高的博士学历人数较少，分别为 5166 人、804 人。

（二）监事会主席学历变量对于公司业绩的影响

本章的分析论证结果认为，监事会主席学历除了博士学历水平对业绩有正向影响且显著外，其他学历系数均为负向影响且显著。通过 Logistic 回归验证，此结果是稳健的。

（三）本章的假设 3

监事会主席的学历与公司业绩正相关，通过本章分析论证，假设 3 部分成立。

四、监事会主席年龄

（一）监事主席年龄数据的汇总分析

在 2007~2017 年的数据中，可以发现年龄大部分处于 51~60 岁、61 岁以上，分别占比为 39%、28%，两者之和超过全部占比的半数以上。其次是 41~50 岁占比 26%，31~40 岁占比 7%，而 30 岁及以下的人数可忽略不计，占比约为 0%。监事会主席的平均年龄为 54.46 岁。

（二）监事会主席年龄对于公司业绩的影响

本章的分析论证结果认为，监事会主席年龄变量对于业绩水平的影响是负相关且显著。

（三）本章的假设 4

监事会主席的年龄与公司业绩正相关，通过本章分析论证，假设不成立。

五、监事会主席专业

（一）监事会主席专业背景数据的汇总分析

在 2007~2017 年的数据中，上市公司监事会主席中工程师专业、会计专业、经济专业为主要人群。工程师专业、会计专业的人数分布比较均匀，分别为 3727 人和 3671 人；经济专业次之，为 3438 人；其他专业为 2253 人；副教授及教授人数偏低，分别为 320 人和 214 人；律师专业人数最少，仅有 157 人。

（二）监事会主席专业背景变量对于公司业绩的影响

本章的分析论证结果认为，监事会主席会计专业、经济专业和工程师专业背景对于业绩水平的影响是正相关且显著，其他相关专业对于业绩也有正向影响。

（三）本章的假设5

监事会主席的专业与公司业绩正相关，通过本章分析论证是正确的。

六、监事会主席薪酬

（一）监事会主席薪酬变量数据的汇总分析

在2007~2017年的数据中，在上市公司监事会主席当中，在未进行极值化处理的原数据中，监事会主席薪酬最小值为600元，最大值7041800元。因薪酬偏差过大，对全部监事主席薪酬做极值处理，处于1%及以下数据，均按照1%的水平处数值计算；同理99%及以上数据，按照99%的水平处数值计算。在进行极值处理后，监事会主席薪酬的最小值为40000元，最大值为600000元，薪酬平均值为242277元，中位数为194000元。

（二）监事会主席薪酬变量对于公司业绩的影响

本章的分析论证结果，监事会主席的薪酬对于业绩水平的影响是正相关且显著。

（三）本章的假设6

监事会主席的薪酬与公司业绩正相关，通过本章分析论证是正确的。

七、监事会主席任期

（一）监事会主席任期数据的汇总分析

在2007~2017年的数据中，监事会主席任期最大值为14.4年，为沪深A股主板现代投资股份有限公司；任期最小值为0.1年，包括中小企业板北京华远意通热力科技股份有限公司等；平均任期在3.95年，中位数为3.2年。

根据法律规定，监事的任期每届为三年，可以连选连任。可见，监事会主席的平均任期已经超过一届任期三年的规定。

（二）监事会主席任期变量对于公司业绩的影响

本章的分析论证结果，监事会主席的任期变量对于业绩水平的影响是负相关的。

（三）本章的假设 7

监事会主席的任期与公司业绩正相关，通过本章分析论证，假设不成立。

八、监事会主席持股

（一）监事主席持股数量数据的汇总分析

在 2007~2017 年的数据中，因公司股价变动幅度较大，所以以持股数量为标准，不统计持股金额。因持股数偏差过大，对全部监事主席持股数做极值化处理，1%及以下数据均处理为 1%极点值；同理 99%及以上数据也做同样操作。监事会主席持股数的最小值为 6250 股，最大值为 5410000 股。

（二）监事会主席持股数量对于公司业绩的影响

本章的分析论证结果认为，监事会主席的持股数量对于业绩水平的影响是正相关且显著。

（三）本章的假设 8

监事会主席的股权与公司业绩正相关。通过本章分析论证，假设 8 成立。

九、监事会规模

（一）监事会的规模汇总情况

国内上市公司的监事会规模在 3~15 人，大多数公司监事会规模人数较小，人数集中在 3~5 人的监事会占 92.8%，而大于 5 人的监事会仅占 6.4%。

（二）监事会规模对于公司业绩的影响

本章的分析论证结果认为，监事会规模对基本每股收益与平均净资产收益率有显著的正相关，而与平均总资产收益率和托宾 Q 值无显著关系。

（三）本章的假设 9

监事会规模与公司业绩正相关，通过论证，假设 9 成立。

第七章　监管处罚在公司治理中的作用

上市公司治理机制特别是监督机制的完善与健全，会减少公司受到监管机构的处罚。上市公司监事会的主要职责是对公司合规运营和财务进行监督，监事会成员恪尽职守、履行职责会减少公司受到监管处罚的次数，从而减少公司损失，促进业绩提升。

本章对上市公司受到的监管处罚，包括对公司受到各种处罚的种类和次数进行汇总分析，实证检验监管处罚与公司业绩的关系。

第一节　研究假设

根据相关文献，本章对于监管处罚与公司业绩的假设如下：

假设：公司受到的处罚次数与公司业绩呈负相关。

第二节　数据来源、指标选取和数据汇总

一、数据来源和选取

本书主要采用大智慧公司数据库和 WIND 公司的数据库，选择上市公司受到监管机构各种处罚的数据，从 2007 年 1 月 1 日至 2017 年 12 月 31 日，在沪

深两市上市的全部上市公司。另外，还参考了国泰安数据库、中国证监会网站、中国上海股票交易所和中国深圳股票交易所公布的相关资料。

二、数据汇总的统计说明

（一）2007~2017 年度违规数据统计说明

上市公司受到的处罚，指上市公司受到监管机构主要是证券监管机构的处罚，包括中国证监会、上海交易所、深圳交易所的处罚等。违规分类包括：处罚决定、立案调查、问讯、监管关注、警示、整改通知、诫勉谈话、通报批评、公开谴责、事件公告（非处罚结果）、涉讼、警告、违法、人为操纵、稽查等。

（二）违规类型分析

各指标统计说明如下：

（1）处罚总数。该公司统计年度内获得以上违规类型处罚的数量合计。

（2）处罚决定次数。该公司统计年度内获得处罚决定的次数。

处罚决定占比=处罚决定次数/处罚总数×100%

（3）立案调查次数。该公司统计年度内获得立案调查的次数。

立案调查占比=立案调查次数/处罚总数×100%

（4）问讯次数。该公司统计年度内获得问讯的次数。

问讯占比=问讯次数/处罚总数×100%

（5）监管关注次数。该公司统计年度内获得监管关注的次数。

监管关注占比=监管关注次数/处罚总数×100%

（6）警示次数。该公司统计年度内获得警示的次数。

警示占比=警示次数/处罚总数×100%

（7）整改通知次数。该公司统计年度内获得整改通知的次数。

整改通知占比=整改通知次数/处罚总数×100%

（8）诫勉谈话次数。该公司统计年度内获得诫勉谈话的次数。

诫勉谈话占比=诫勉谈话次数/处罚总数×100%

（9）通报批评次数。该公司统计年度内获得通报批评的次数。

通报批评占比=通报批评次数/处罚总数×100%

（10）公开谴责次数。该公司统计年度内获得公开谴责的次数。

公开谴责占比=公开谴责次数/处罚总数×100%

(11) 事件公告（非处罚结果）次数。该公司统计年度内获得事件公告（非处罚结果）的次数。

事件公告(非处罚结果)占比=事件公告(非处罚结果)次数/处罚总数×100%

(12) 涉讼次数。该公司统计年度内获得涉讼的次数。

涉讼占比=涉讼次数/处罚总数×100%

(13) 违法次数。该公司统计年度内获得违法的次数。

违法占比=违法次数/处罚总数×100%

(14) 人为操纵次数。该公司统计年度内获得人为操纵的次数。

人为操纵占比=人为操纵次数/处罚总数×100%

(15) 稽查次数。该公司统计年度内获得稽查的次数。

稽查占比=稽查次数/处罚总数×100%

第三节 监管处罚数据描述性统计分析

2007~2017 年上市公司违规行为统计分析如下：

从图 7-1 可以发现，50%左右的公司只受过 1 次处罚。30%左右的公司受到 2~3 次处罚，超过 10 次处罚的公司很少，仅占 1.6%，而受处罚最多的一家上市公司达到 39 次。

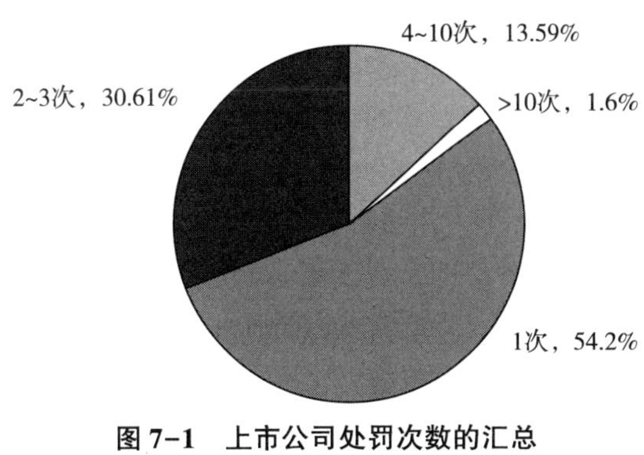

图 7-1 上市公司处罚次数的汇总

从表 7-1 和图 7-2 可以看出，2007~2017 年，2007 年处罚次数为 1273

次，上市公司市场违规行为引发的处罚次数自 2009 年以后有逐年上升趋势。2017 年处罚次数最多，达到 6204 次。

表 7-1　2007~2017 年处罚次数分布

年份	2007	2008	2009	2010	2011	2012	2013	2014	2015	2016	2017
处罚次数	1273	1052	421	598	875	986	1480	1983	3899	4925	6204

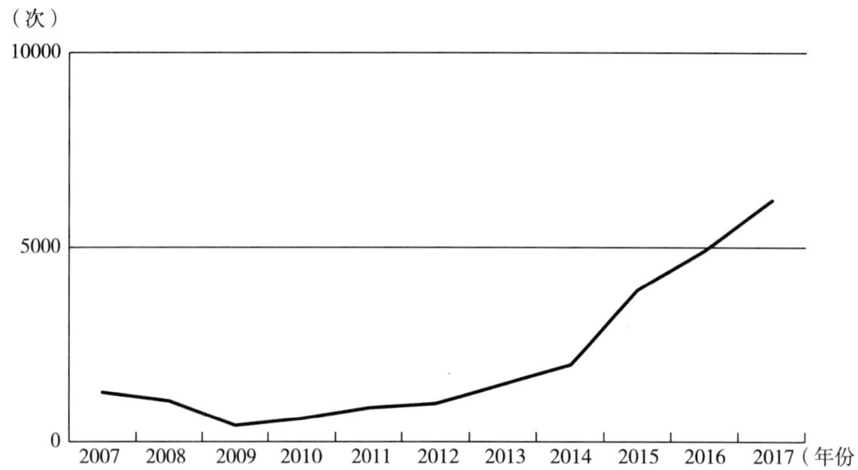

图 7-2　上市公司处罚次数的分布

从表 7-2 分析可以看出，在处罚种类中，首先是“问讯”和“处罚决定”占比较大，分别占比 37%和 18.9%；其次是“监管关注”，占比 18.1%；再次是“警示”“整改通知”和“事件公告”，分别占比 7.2%、4.3%和 4%；最后是“立案调查”和“通报批评”，占比分别为 3.7%和 3.3%。

表 7-2　2007~2017 年违规类型统计数据

处罚种类	频率（次数）	百分比（%）	有效百分比（%）	累计百分比（%）
处罚决定	601	18.9	18.9	18.9
公开谴责	53	1.7	1.7	20.6
监管关注	575	18.1	18.1	38.7
诫勉谈话	45	1.4	1.4	40.1

续表

处罚种类	频率（次数）	百分比（%）	有效百分比（%）	累计百分比（%）
警告	11	0.3	0.3	40.4
警示	230	7.2	7.2	47.7
立案调查	117	3.7	3.7	51.4
涉讼	1	0.0	0.0	51.4
事件公告（非处罚结果）	127	4.0	4.0	55.4
通报批评	104	3.3	3.3	58.7
违法	1	0.0	0.0	58.7
问讯	1176	37.0	37.0	95.7
整改通知	136	4.3	4.3	100.0
合计	3177	100.0	100.0	

从表7-3、表7-4描述分析可以看出，样本的波动性标准差最大的是问讯，说明在这几年中“问讯”出现样本数波动较大。波动较大的还有“整改通知”“警告”“稽查”等标准差较小，说明在各年中出现次数平稳。

表7-3　2007~2017年违规类型统计数据

处罚种类＼年份	2007	2008	2009	2010	2011	2012	2013	2014	2015	2016	2017
处罚决定	28	24	27	32	29	52	85	195	373	394	601
立案调查	26	12	23	20	16	29	74	113	202	138	117
问讯	0	1	6	18	50	76	155	160	658	1025	1176
监管关注	2	11	29	60	109	171	217	327	419	406	575
警示	0	0	3	4	6	12	43	51	94	137	230
整改通知	1052	853	183	262	361	310	382	352	427	189	136
诫勉谈话	0	0	2	1	6	8	15	12	19	39	45
通报批评	2	5	19	41	37	41	66	75	76	113	104
公开谴责	27	16	16	12	10	14	11	13	24	38	53
事件公告（非处罚结果）	0	2	0	0	0	1	1	0	1	32	127

续表

处罚种类 \ 年份	2007	2008	2009	2010	2011	2012	2013	2014	2015	2016	2017
涉讼	0	1	2	0	0	1	0	0	2	0	1
警告	1	0	0	0	1	0	4	8	12	20	11
违法	58	25	37	38	45	48	76	66	134	49	1
人为操纵	0	0	0	0	2	0	0	23	79	91	0
稽查	2	1	2	2	4	3	16	28	12	3	0

表 7-4　2007~2017 年违规描述统计量

处罚种类	N 年	极小值	极大值	均值	标准差
处罚决定	11	24	601	167.27	199.923
立案调查	11	12	202	70.00	63.818
问讯	11	0	1176	302.27	438.152
监管关注	11	2	575	211.45	194.650
警示	11	0	230	52.73	73.877
整改通知	11	136	1052	409.73	286.810
诫勉谈话	11	0	45	13.36	15.545
通报批评	11	2	113	52.64	37.399
公开谴责	11	10	53	21.27	13.499
事件公告（非处罚结果）	11	0	127	14.91	38.360
涉讼	11	0	2	0.64	0.809
警告	11	0	20	5.18	6.720
违法	11	1	134	52.45	33.697
人为操纵	11	0	91	17.73	34.056
稽查	11	0	28	6.64	8.640
有效的 N（列表状态）	11				

第四节　公司处罚次数的多元回归分析结果及稳健性检验

一、处罚次数的多元回归分析

本部分建立多元回归和分位回归模型，论证上市公司受到相关处罚的次数对公司业绩的影响。

（一）处罚次数的多元回归分析

多元回归模型的结果显示，上市公司受处罚次数这一反向指标与平均净资产收益率和基本每股收益有显著的相关关系，两个回归模型结果分别如下（见表 7-5 和表 7-6）：

表 7-5　平均净资产收益率对公司处罚次数的回归结果

y2	系数估计	T 值	P 值	显著性水平
(Intercept)	-1.662e+02	-8.039	1.00e-15	***
处罚次数	-7.482e-01	-2.071	0.03840	**
资产总计	8.789e+00	5.062	4.22e-07	***
资产负债率	-8.413e-01	-15.966	<2e-16	***
营业总收入	2.171e+00	1.316	0.18823	
净利润增长率	6.175e-04	1.510	0.13115	
市盈率	5.339e-06	0.172	0.86359	
总资产周转率	5.471e+00	2.332	0.01974	**
GDP 增长率	-2.782e+02	-2.686	0.00724	***
2017 年	-2.104e+01	-3.196	0.00140	***
2016 年	-2.182e+01	-3.247	0.00117	***
2015 年	1.908e+01	-2.909	0.00363	***
2014 年	-1.588e+01	-2.430	0.01512	**
2013 年	-1.612e+01	-2.594	0.00951	***

续表

y2	系数估计	T 值	P 值	显著性水平
2012 年	-1. 238e+01	-1. 890	0. 05877	*
2011 年	-5. 514e+00	-0. 982	0. 32592	
2010 年	9. 434e-01	0. 160	0. 87283	
2009 年	1. 480e+00	0. 207	0. 83625	
2008 年	NA	NA	NA	

表 7-6　公司处罚次数对基本每股收益的回归结果

y1	系数估计	T 值	P 值	显著性
(Intercept)	-2. 201e+00	-19. 772	2e-16	***
处罚次数	-1. 690e-02	-8. 423	2e-16	***
资产总计	7. 443e-02	7. 915	2. 74e-15	***
资产负债率	3. 164e-06	0. 130	0. 89654	
营业总收入	2. 328e-02	2. 563	0. 01039	***
净利润增长率	4. 481e-05	19. 672	2e-16	***
市盈率	-2. 540e-09	-0. 014	0. 98851	
总资产周转率	5. 238e-02	3. 990	6. 66e-05	***
GDP 增长率	2. 733e+00	4. 724	2. 34e-06	***
2017 年	1. 756e-01	4. 779	1. 78e-06	***
2016 年	1. 246e-01	3. 318	0. 00091	***
2015 年	8. 995e-02	2. 452	0. 01422	**
2014 年	4. 607e-02	1. 257	0. 20877	
2013 年	8. 827e-02	2. 529	0. 01146	**
2012 年	1. 526e-01	4. 157	3. 25e-05	***
2011 年	1. 607e-01	5. 138	2. 83e-07	***
2010 年	1. 287e-01	3. 919	8. 94e-05	***
2009 年	1. 258e-02	0. 317	0. 75146	
2008 年	NA	NA	NA	

从系数估计结果来看，处罚次数与公司业绩呈显著的负相关。处罚次数每增加 1 次，就会导致平均净资产收益率减少 0. 748%，基本每股收益平均减少

0.0169 元。这说明上市公司监事会监督的有效性越弱，受到监管处罚次数越多，从而导致公司业绩水平越低。

（二）对公司受到处罚进行分位回归分析

为进一步研究处于不同业绩水平的上市公司业绩受处罚次数的影响，对其建立分位回归模型，分别探究处罚次数对基本每股收益的上四分位数、中位数以及下四分位数的影响。三次分位回归建模结果分别如表 7-7、表 7-8 和表 7-9 所示。

表 7-7　基本每股收益上四分位数对公司处罚次数的回归结果

y1 q75	系数估计	T 值	P 值	显著性
(Intercept)	0.34360	15.14819	0.00000	
处罚次数	-0.01085	-3.71366	0.00021	***
资产总计	0.00000	2.18202	0.02913	**
资产负债率	0.00018	0.60532	0.54498	
营业总收入	0.00000	0.59117	0.55442	
净利润增长率	0.00004	2.97085	0.00298	***
市盈率	0.00000	-0.21095	0.83293	
总资产周转率	0.15240	9.04465	0.00000	***
GDP 增长率	-0.38060	-1.80703	0.07079	**

表 7-8　基本每股收益中位数对公司处罚次数的回归结果

y1 q5	系数估计	T 值	P 值	显著性
(Intercept)	0.16314	9.53229	0.00000	
处罚次数	-0.01136	-16.18911	0.00000	***
资产总计	0.00000	1.93781	0.05267	**
资产负债率	-0.00006	-0.18487	0.85333	
营业总收入	0.00000	0.78913	0.43005	
净利润增长率	0.00011	9.84392	0.00000	***
市盈率	0.00000	-0.11682	0.90701	
总资产周转率	0.08272	10.35364	0.00000	***
GDP 增长率	-0.04258	-0.23322	0.81560	

表 7-9　基本每股收益下四分位数对公司处罚次数的回归结果

y1 q25	系数估计	T 值	P 值	显著性
(Intercept)	0.07843	8.73861	0.00000	
处罚次数	-0.00794	-11.85914	0.00000	***
资产总计	0.00000	30.98308	0.00000	***
资产负债率	-0.00057	-3.32363	0.00089	***
营业总收入	0.00000	40.18423	0.00000	***
净利润增长率	0.00014	76.60370	0.00000	***
市盈率	0.00000	0.01161	0.99074	
总资产周转率	0.04719	9.36332	0.00000	***
GDP 增长率	-0.10050	-1.26658	0.20534	

从回归系数和显著性水平来看，处罚次数对处于不同业绩水平的公司来说都会对业绩产生不良的影响。处罚次数对基本每股收益的中位数的不良影响略大于上四分位数和下四分位数，也就是处于中等水平的上市公司受到处罚次数变量的影响更大。

二、公司受到处罚的稳健性检验

（一）Logistic 回归模型稳健性检验

为了研究上市公司受中国证监会的处罚次数对公司业绩的影响的稳健性，使用自变量处罚次数对基本每股收益、平均净资产利润率分别建立 Logistic 回归模型。稳健性检验结果详见本章附录 1、附录 2。

根据回归结果，处罚次数与以上两因变量均存在显著的负相关，可见处罚次数对公司业绩的负影响是稳健的。

（二）自变量滞后一期稳健性检验

使用与上一节中相同方法自变量处罚次数滞后一期进行回归发现，处罚次数对基本每股收益和平均净资产利润率的负向影响显著，说明处罚次数对公司业绩的影响是稳健的。稳健性检验结果详见本章附录 3 和附录 4。

本章小结

本章对上市公司处罚数量和种类分别进行数据汇总和统计性描述分析，并对相关变量与公司业绩的关系进行了分析论证。本章分析论证采用多元回归分析、分位回归分析、Logistic 稳健性检验和 X 变量滞后一期的检验等回归分析和检验方法，保证了回归结果的稳健性和可靠性。具体情况如下：

一、公司处罚种类的汇总分析与业绩的关系

（一）上市公司受到处罚种类、次数的汇总分析

在 2007~2017 年的数据中，2007 年处罚次数为 1273 次，上市公司违规行为引发的处罚次数自 2009 年以后有逐年上升趋势。2017 年处罚次数最多，达到 6204 起。50%左右的公司只受过 1 次处罚。30%左右的公司受到 2~3 次处罚，超过 10 次处罚的公司很少，仅占 1.6%，而受处罚最多的一家上市公司达到 39 次。

（二）上市公司受到处罚对于业绩的影响

本章的分析论证结果认为，从系数估计结果来看，处罚次数与公司业绩呈显著的负相关。处罚次数每增加 1 次，就会导致平均净资产收益率减少 0.748%，基本每股收益平均减少 0.0169 元。这说明上市公司监事会监督的有效性越弱，受到监管处罚次数越多，从而导致公司业绩水平越低。

（三）本章假设的验证

公司受到的处罚次数与公司业绩呈负相关，通过本章分析论证，证明假设成立。

二、公司处罚、监事会与公司治理的关系

规范和健全的上市公司治理机制，会促使公司遵纪守法，减少公司受到处罚的种类和次数，促进公司业绩的提升。

监事会监督是上市公司治理机制的重要组成部分，监事会成员恪尽职守，

履行职责，对公司合规运营和财务进行监督，会减少公司受到处罚的种类和次数。

通过本章的实证研究，公司处罚与业绩呈负相关且显著，即上市公司受到监管机构的各种处罚会导致公司业绩下降。因此，加强监事会的监督，有利于完善公司治理机制、减少公司处罚、提高公司业绩，另外，实证了监事会监督的必要性和实际意义。

本章附录

附录 1　公司基本每股收益对受处罚次数的 Logistic 回归检验结果

y1	系数估计	Z 值	P 值	显著性
(Intercept)	-1. 116e+00	-4. 206	2. 60e-05	***
处罚次数	-1. 044e-01	-10. 146	<2e-16	***
资产总计	2. 771e-12	7. 613	2. 68e-14	***
资产负债率	-7. 892e-05	-0. 753	0. 45138	
营业总收入	4. 981e-12	3. 008	0. 00263	***
净利润增长率	6. 121e-04	11. 065	<2e-16	***
市盈率	-2. 684e-07	-0. 428	0. 66865	
总资产周转率	4. 607e-01	10. 769	<2e-16	***
GDP 增长率	4. 233e+00	1. 997	0. 04579	**
2017 年	6. 491e-01	4. 809	1. 51e-06	***
2016 年	4. 077e-01	2. 951	0. 00317	***
2015 年	1. 668e-01	1. 232	0. 21803	
2014 年	6. 716e-02	0. 495	0. 62065	
2013 年	1. 867e-01	1. 451	0. 14668	
2012 年	4. 834e-01	3. 615	0. 00030	***
2011 年	7. 370e-01	6. 509	7. 58e-11	***
2010 年	5. 260e-01	4. 459	8. 24e-06	***
2009 年	-1. 629e-01	-1. 097	0. 27277	
2008 年	NA	NA	NA	

附录 2　平均净资产利润率对公司处罚次数的 Logistic 回归检验结果

y2	系数估计	Z 值	P 值	显著性
(Intercept)	-7.868e-02	-0.298	0.765488	
处罚次数	-6.494e-02	-6.649	2.95e-11	***
资产总计	2.948e-14	0.865	0.386772	
资产负债率	-9.796e-03	-10.132	<2e-16	***
营业总收入	8.015e-14	0.269	0.787674	
净利润增长率	2.630e-04	6.893	5.46e-12	***
市盈率	1.754e-06	0.825	0.409133	
总资产周转率	2.066e-01	5.800	6.65e-09	***
GDP 增长率	2.429e+00	1.160	0.246126	
2017 年	5.454e-01	4.111	3.94e-05	***
2016 年	3.901e-01	2.880	0.003976	***
2015 年	1.585e-01	1.198	0.231068	
2014 年	1.179e-01	0.893	0.371823	
2013 年	1.663e-01	1.325	0.185165	
2012 年	3.432e-01	2.603	0.009238	***
2011 年	3.924e-01	3.471	0.000519	***
2010 年	2.959e-01	2.497	0.012533	**
2009 年	-3.162e-02	-0.218	0.827617	
2008 年	NA	NA	NA	

附录 3　基本每股收益对公司处罚次数滞后一期的回归检验结果

Estimate Std. Error t value Pr (>|t|)					
(Intercept)	-5.72E-01	1.30E-01	-4.411	1.04E-05	***
处罚次数	-7.32E-03	3.18E-03	-2.302	0.021382	**
资产总计	4.64E-02	1.12E-02	4.142	3.48E-05	***
资产负债率	2.79E-05	2.68E-05	1.041	0.298078	
营业总收入	-3.18E-03	1.07E-02	-0.297	0.766603	
净利润增长率	9.44E-06	2.59E-06	3.65	0.000263	***
市盈率	7.45E-08	3.03E-07	0.246	0.805827	
总资产周转率	4.11E-02	1.56E-02	2.629	0.008572	***
GDP 增长率	-1.60E+00	6.36E-01	-2.518	0.011805	**
2017 年	NA	NA	NA	NA	

续表

Estimate Std. Error t value Pr（>|t|）					
2016 年	8.73E-02	4.15E-02	2.102	0.035586	**
2015 年	8.45E-03	4.05E-02	0.209	0.834502	
2014 年	-2.46E-02	4.04E-02	-0.61	0.542202	
2013 年	-4.58E-02	3.84E-02	-1.195	0.232251	
2012 年	5.98E-02	4.03E-02	1.483	0.138003	
2011 年	7.59E-02	3.44E-02	2.209	0.027191	**
2010 年	1.40E-01	3.61E-02	3.876	0.000107	***
2009 年	1.06E-01	4.36E-02	2.437	0.014844	**
2008 年	NA	NA	NA	NA	

附录 4　平均净资产利润率对处罚次数滞后一期的检验结果

Estimate Std. Error t value Pr（>|t|）					
(Intercept)	5.02E+03	1.46E+03	3.441	0.000582	***
处罚次数	-1.22E+02	3.61E+01	-3.366	0.000766	***
资产总计	-7.48E+01	1.27E+02	-0.59	0.554885	
资产负债率	-2.71E+00	9.42E-01	-2.874	0.004061	**
营业总收入	4.39E+02	1.22E+02	3.594	0.000327	***
净利润增长率	1.01E-01	2.95E-02	3.424	0.000619	***
市盈率	-1.43E-03	3.35E-03	-0.425	0.67065	
总资产周转率	1.63E+02	1.75E+02	0.932	0.35126	
GDP 增长率	-1.22E+04	7.15E+03	-1.709	0.087496	
2017 年	NA	NA	NA	NA	
2016 年	6.76E+02	4.66E+02	1.452	0.146528	
2015 年	2.44E+02	4.54E+02	0.538	0.590889	
2014 年	-3.41E+02	4.52E+02	-0.755	0.45	
2013 年	-6.92E+02	4.29E+02	-1.611	0.107248	
2012 年	3.40E+02	4.50E+02	0.754	0.450608	
2011 年	9.57E+02	3.84E+02	2.494	0.012661	*
2010 年	1.02E+03	4.06E+02	2.514	0.011969	*
2009 年	3.32E+02	4.92E+02	0.675	0.499523	
2008 年	NA	NA	NA	NA	

第八章　监事会与独立董事：彼此取代、相互促进

1994 年 7 月 1 日生效的《中华人民共和国公司法》以法律形式明确了监事会监督在公司治理中的地位，监事会制度在中国上市公司实行一段时间后，监督效果不太理想，部分专家认为，监事会制度不适合中国国情，并且出现了监事会的“取消说”。在此背景下，中国又把英美体系下的上市公司独立董事制度引入中国，加强对上市公司大股东的监督和制约。2001 年，中国证监会发布《关于在上市公司建立独立董事的指导意见》，明确规定上市公司董事会成员中应当至少包括 1/3 的独立董事，从此独立董事制度在我国上市公司中正式确立下来。

当独立董事制度引入中国后，监事会监督与独立董事监督之间存在着职能交叉，他们之间的关系，是彼此取代还是相互促进，多年来相关专家和学者，一直有不同的认识。

本章通过独立董事与上市公司业绩关系的实证研究来解释独立董事与监事会的关系。独立董事特征包括独立董事的性别、学历、年龄、任期、专业背景、规模、薪酬等。

第一节　研究假设

根据相关文献，本章对于独立董事与公司业绩的假设如下：

假设 1：独立董事的性别与公司业绩正相关。

假设 2：独立董事的规模与公司业绩正相关。

假设 3：独立董事的学历与公司业绩正相关。

假设 4：独立董事的年龄与公司业绩正相关。

假设 5：独立董事的专业与公司业绩正相关。

假设 6：独立董事的薪酬与公司业绩正相关。

假设 7：独立董事的任期与公司业绩正相关。

第二节　独立董事特征的数据来源、指标选取、统计说明

一、数据来源

本书主要采用大智慧公司数据库和 WIND 公司的数据库，从 2007 年 1 月 1 日~2017 年 12 月 31 日在沪深两市上市的全部上市公司的数据。另外还参考了国泰安数据库、国家统计局网站、中国证监会网站、中国上海股票交易所和中国深圳股票交易所公布的相关资料。

二、指标选取

采用大智慧公司和 WIND 公司数据库，选择关于各公司董事会中独立董事的性别、学历、年龄、专业背景、任期、薪酬、股权激励、来源等指标变量。对没有公布上述指标变量的公司，则不进行汇总统计。

三、统计说明

（一）独立董事性别

性别分类：男、女、未公布。

性别系数：男 1、女 1、未公布 0，在做性别系数占比统计时不包含未公布性别人数。

男性人数=该公司性别为男的人数合计

男性人数占比=男性人数/总人数×100%

男性系数合计=男性人数×男性系数

男性系数占比=男性系数/性别系数总数×100%

女性独立董事人数等性别数据分析算法同男性。

（二）独立董事规模

董事总人数=该公司所有董事人数合计

独立董事总人数=该公司所有独立董事人数合计

独立董事人数占比=独立董事总人数/董事总人数×100%

（三）独立董事学历

学历分类：博士、硕士、本科、大专、未公布。

学历系数：博士 4、硕士 3、本科 2、大专 1、未公布 0，在统计学历系数指标时不包含未公布数据。

博士人数=该公司独立董事学历为博士的人数合计

博士人数占比=博士人数/总人数×100%

博士学历水平=博士人数×博士系数

博士学历水平占比=博士学历水平/学历水平总和×100%

硕士、本科、大专学历的水平及水平占比算法与博士学历的水平及水平占比算法一致。

学历水平总和=博士学历水平+硕士学历水平+本科学历水平+大专学历水平

平均学历水平=学历水平总和/已公布学历独立董事人数

（四）独立董事年龄

独立董事年龄分段按照已公布的年龄分为五个年龄区间：30 岁及以下、31~40 岁、41~50 岁、51~60 岁、61 岁及以上。

平均年龄=年龄总和/已公布独立董事年龄人数

年龄总和=该公司已公布的独立董事年龄数合计

已公布年龄人数=该公司已公布年龄的独立董事人数总和

30 岁及以下人数=该公司董事中已公布年龄在 30 岁及以下的人数合计

30 岁及以下人数占比=30 岁及以下人数/总人数×100%

31~40 岁、41~50 岁、51~60 岁、61 岁及以上年龄分段的人数与占比算法同 30 岁及以下人数、占比算法一致。

（五）独立董事专业

独立董事专业分为会计、法律、经济、工程师、教授、副教授、其他、未公布。

专业区分规则：首先确认专业中含有“会计”的为会计专业；专业中含有“法律”的确认为法律专业；专业中含有“经济”的确认为经济专业；专业中含有“工程师”的确认为工程师专业；专业中含有“教授”或“研究员”的为教授职称；专业中含有“副教授”或“副研究员”的为副教授职称；最后剩余的人全部确认为其他专业。

专业系数：会计 1、法律 1、经济 1、工程师 1、教授 1、副教授 1、其他 1、未公布 0，在统计专业系数指标时不包含未公布数据。

会计专业人数=公司专业分类为会计的人数合计

会计专业人数占比=会计专业人数/总人数×100%

会计专业水平=会计专业人数×会计专业系数

会计专业水平占比=会计专业水平/专业水平总和×100%

法律、经济、工程师、教授、副教授、其他专业的指标算法与会计专业算法一致。

（六）独立董事薪酬

最高薪酬=该公司已公布薪酬中最大值

最低薪酬=该公司已公布薪酬中最小值

薪酬总数=该公司所有董事的已公布薪酬合计

平均薪酬=薪酬总数/总人数

（七）独立董事任期

为更准确地进行数据统计，对已公布数据中的独立董事任期进行以下四项处理：

（1）2007~2017 年中有的独立董事任职截止日期没有显示，或独立董事任职截止日期在统计年度之前，经查询这些独立董事都是当前在任职且下一任日期尚未确定，本书统一把这些独立董事的任职截止日期确认为 2017 年 12 月 31 日。

（2）把 2007~2017 年数据汇总后，为统计独立董事在公司的总任职时间，因此从同一公司同一独立董事所有任职数据中选择最早的一个任期开始时间为此独立董事在此公司的最早上任时间，选择同一公司同一独立董事所有任职数据中最晚的一个离任日期为此独立董事在此公司的离任日期，按照此次分析统计截止日期为 2017 年 12 月 31 日的要求，如果离任日期晚于 2017 年 12 月 31 日，则确认为 2017 年 12 月 31 日。

（3）根据董事会独立董事设立要求，独立董事任期不得超过 6 年，有些独立董事最早任期与最晚任期之间有任职空档期，导致总任职时间超过 6 年，本书将任期数据中超过 6 年的默认为 6 年。

（4）独立董事任职年数：按照该独立董事在此公司最早上任时间开始截止统计年度末，该独立董事在此期间任职的时间，单位为年。

最大任期=该公司独立董事任职年数最大值

最小任期=该公司独立董事任职年数最小值

总任期年数=该公司所有独立董事截止统计年度末的任职年数合计

独立董事平均任期=独立董事任期年数合计/独立董事总人数

第三节　独立董事特征描述性统计分析

2007~2017 年，对共计 25746 家上市公司的 83440 位独立董事的相关数据进行了整理分析。如无特殊说明，下文所提及观测数的单位均为上市公司数。详细情况如下：

一、独立董事性别

在全部 25746 家上市公司中（见表 8-1），有 2 家公司未公布独立董事性别信息，27 家公司公布部分独立董事性别信息，涉及的独立董事人数为 34 人。

表 8-1　独立董事性别数据描述性统计

	总计	均值	中位数	众数	标准差	方差	最小值	最大值	观测数
男性人数	70289	2.73	3	3	0.91	0.84	—	9	25746
男性系数合计	70289	2.73	3	3	0.91	0.84		9	25746
女性人数	13129	0.51	—	—	0.66	0.43	—	4	25746
女性系数合计	13129	0.51	—	—	0.66	0.43	—	4	25746
未公布人数	34	—	—	—	—	—	—	—	25746
未公布公司数	2	—	—	—	—	—	—	—	25746

注：“—”代表为 0，因未公布任何数据，所以为 0；后续表格中“—”均为 0。

性别人数分布如图 8-1 所示，其中，横轴表示每个公司独立董事的性别变量，纵轴表示独立董事人数。

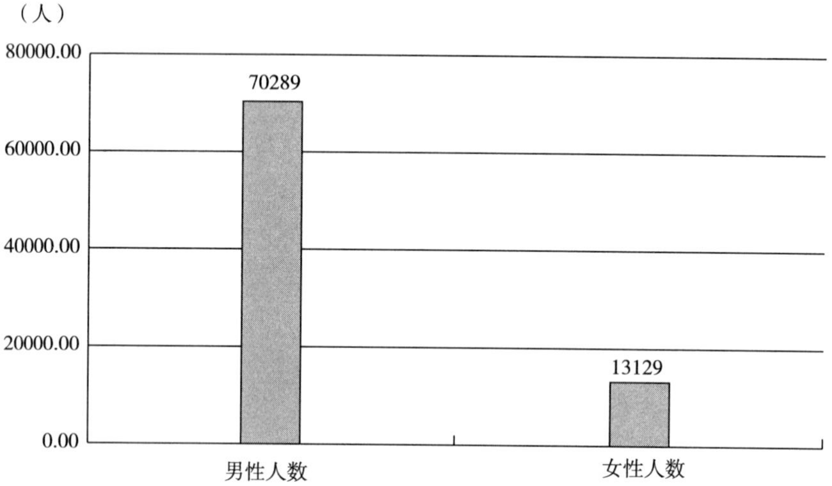

图 8-1　独立董事性别分布

独立董事男性系数与女性系数赋值均为 1，通过图 8-1、图 8-2 可以看出，在上市公司独立董事性别分布中，男性人数整体远多于女性人数，其中，男性人数为 70289 人，占比 84.26%；女性人数为 13129 人，占比 15.74%。独立董事的男性与女性人数分布比例约为 6∶1，女性独立董事在上市公司中比例较低。同时，通过独立董事性别走势图 8-3 我们可以看出，女性独立董事占比在逐年上升，由 2007 年的 13.95%提升至 2017 年的 22.61%，增加了 8.66 个百分点。

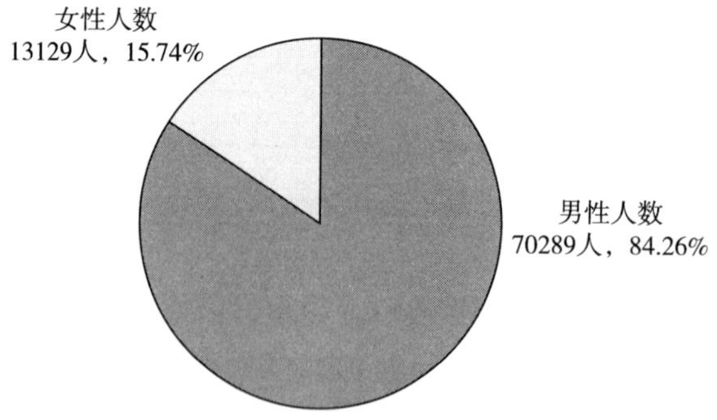

图 8-2　独立董事性别比例

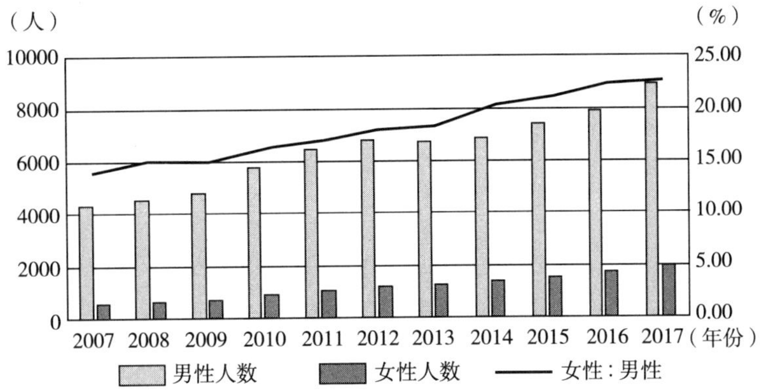

图 8-3 独立董事性别走势

二、独立董事规模

2001 年中国证监会发布《关于在上市公司建立独立董事制度的指导意见》规定，上市公司董事会成员中应当至少包括 1/3 的独立董事。

根据上述规定要求，董事会中独立董事比例不得小于 1/3，即不少于 33.3%，数据汇总中可能涉及个别公司独立董事因为换届等原因公布不全的情况，导致独立董事比例小于 33.3%，因此，将比例小于 33.3%的都默认为 33.3%处理。对独立董事规模的描述性统计的分析结果如下：

全部 25746 家上市公司都公布了独立董事的数量规模信息，2007~2017 年上市公司独立董事数量情况如表 8-2 所示。

表 8-2 独立董事规模统计

	总计	均值	中位数	众数	标准差	方差	最小值	最大值	观测数
独立董事总人数	83437	3.24	3	3	0.68	0.46	1	8	25746
董事总人数	229159	8.90	9	9	1.91	3.67	3	23	25746
独立董事占比（%）	36.41	36.86	33	33	5.41	0.29	33	80	25746

不同年度独立董事人数及与董事总人数之间的关系情况如表 8-3 所示。

表 8-3　独立董事规模分年度统计

年份	独立董事人数	董事总人数	独立董事占比（%）
2007	4956	14236	34.81
2008	5230	14909	35.08
2009	5554	15443	35.96
2010	6651	18425	36.10
2011	7511	20595	36.47
2012	8009	21923	36.53
2013	7979	21720	36.74
2014	8220	22430	36.65
2015	8893	24095	36.91
2016	9568	25969	36.84
2017	10866	29414	36.94

通过表 8-2、表 8-3 和图 8-4 可以看出，2007~2017 年，每家上市公司平均拥有 3.24 位独立董事，占总董事数量比例约为 36.86%，符合证监会的相关规定，且独立董事无论是数量还是占比都在稳步上升。

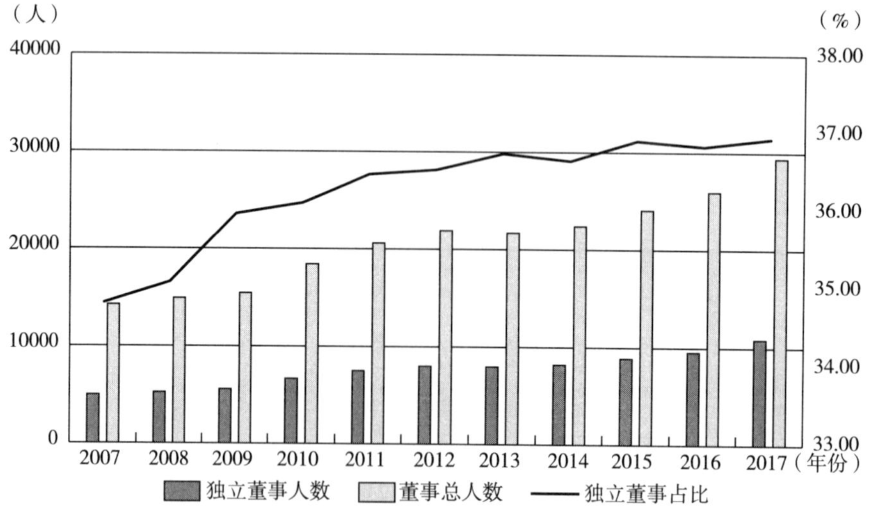

图 8-4　独立董事规模数量趋势

2007~2017年，独立董事占比最高的上市公司为2010年度的中国建筑（601668）和2017年度的广州酒家（603043），两者的董事会均为5人，其中，4人为独立董事，占比高达80%。

三、独立董事学历

由表8-4可知，在全部25746家上市公司中有236家公司完全没公布其独立董事的学历情况，另外有5934家公司只公布了其部分独立董事的学历情况，共计8070名独立董事的学历信息没有公布，占全部独立董事人数的比例为9.67%。

表8-4　独立董事学历统计

	总计	均值	中位数	众数	标准差	方差	最小值	最大值	观测值
学历系数总和	229481	9.00	9	8	3.04	9.22	1	29	25746
已公布学历人数	75386	2.96	3	3	0.82	0.67	1	8	25746
平均学历系数	77718	3.05	3	3	0.60	0.36	1	4	25746
大专人数	2943	0.12	—	—	0.36	0.13	—	4	25746
大专水平	2943	0.12	—	—	0.36	0.13	—	4	25746
本科人数	19125	0.75	1	—	0.83	0.69	—	5	25746
本科水平	38250	1.50	2	—	1.66	2.76	—	10	25746
硕士人数	24984	0.98	1	1	0.86	0.75	—	5	25746
硕士水平	74952	2.94	3	3	2.59	6.72	—	15	25746
博士人数	28334	1.11	1	1	0.96	0.93	—	6	25746
博士水平	113336	4.44	4	4	3.86	14.88	—	24	25746
未公布人数	8070	—	—	—	—	—	—	—	25746
未公布公司数	236	—	—	—	—	—	—	—	25746

学历水平和人数分布如图8-5所示，其中，横轴表示每个公司独立董事学历类别，纵轴表示学历水平和人数。

结合表8-4、图8-5、图8-6可知，在2007~2017年的数据中，发现在上市公司独立董事当中，各学历水平分布呈现大专、本科、硕士、博士逐渐递增趋势。其中，博士学历和硕士学历人数最多，分别为28334人和24984人，对

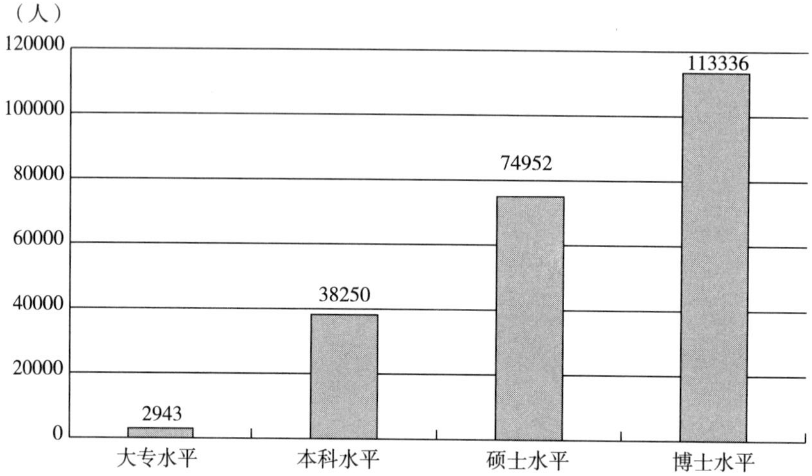

图 8-5　独立董事学历水平分布

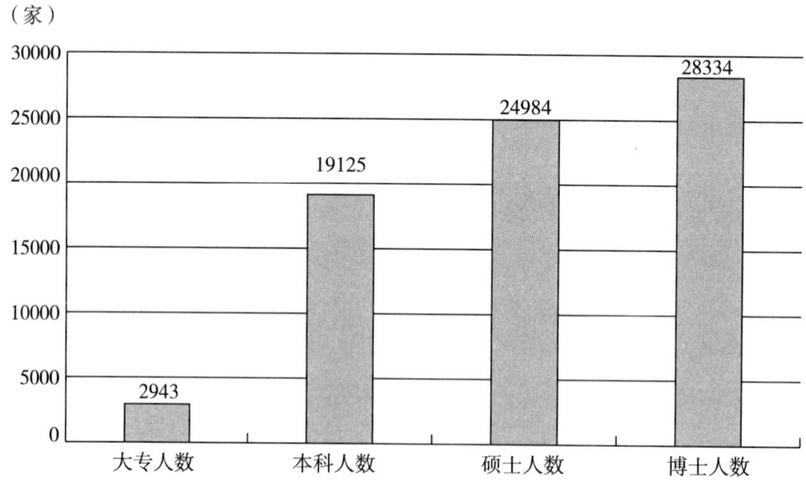

图 8-6　独立董事学历人数分布

应的学历水平分别为 113336 人和 74952 人；本科学历与专科学历人数较少，分别为 19125 人和 2943 人，对应的学历水平分别为 38250 人和 2943 人。

图 8-7、图 8-8 为独立董事学历水平和学历人数的构成占比图，在 2007~2017 年的数据样本中，博士学历水平占比 49. 39%，人数占比 37. 59%；硕士学历水平占比 32. 66%，人数占比 33. 14%；本科学历水平占比 16. 67%，人数占比 25. 37%；专科学历水平占比 1. 28%，人数占比 3. 90%。

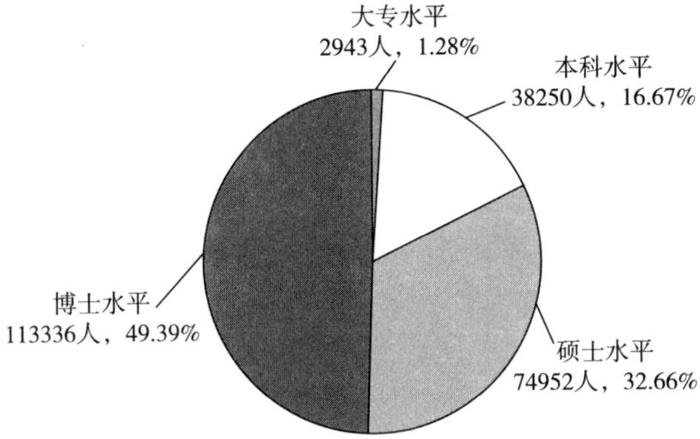

图 8-7　独立董事学历水平比例

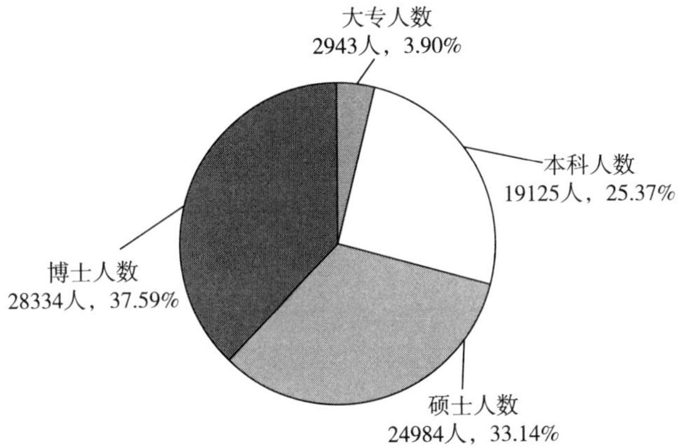

图 8-8　独立董事学历人数比例

综上，无论是从学历水平还是从学历人数上来看，上市公司在聘用独立董事时明显青睐硕士及以上的高学历人才。

学历水平最高的上市公司为 2009 年度的东华软件（002065），学历系数总和为 29，在其 8 位独立董事中，有 5 名博士和 3 名硕士。

四、独立董事年龄

如表 8-5 所示，在全部 25746 家公司中，有 7 家公司完全没有公布独立董事的年龄情况，另外有 159 家公司只公布了部分独立董事的年龄情况，共计 179 位独立董事的年龄信息没有公布，占全部独立董事人数的比例为 0.21%。

表 8-5　独立董事年龄统计

	总计	均值	中位数	众数	标准差	方差	最小值	最大值	观测数
平均年龄（极值处理前）		57.56	57	56	6.41	41.13	37.67	89	25746
平均年龄（极值处理后）		57.55	57	56	6.31	39.83	44.33	74	25746
30 岁及以下	3	—	—	—	0.01	0.00	—	1	25746
31~40 岁	1468	0.06	—	—	0.24	0.06	—	2	25746
41~50 岁	17931	0.70	1	—	0.79	0.63	—	4	25746
51~60 岁	33789	1.31	1	1	0.95	0.90	—	5	25746
61 岁及以上	30086	1.17	1	1	1.08	1.17	—	8	25746
未公布的人数	179	—	—	—	—	—	—	—	25746
未公布的公司数	7	—	—	—	—	—	—	—	25746

因年龄偏差过大，在对全部独立董事年龄做极值处理时，1%及以下数据均处理为1%极点值，同理99%及以上数据也做同样操作。极值处理后年龄的最小值约为44岁，最大值约为74岁。平均年龄为57.55岁，中位数为57岁，众数为56岁。

年龄分布情况如图8-9所示，其中，横轴表示每个公司独立董事的年龄

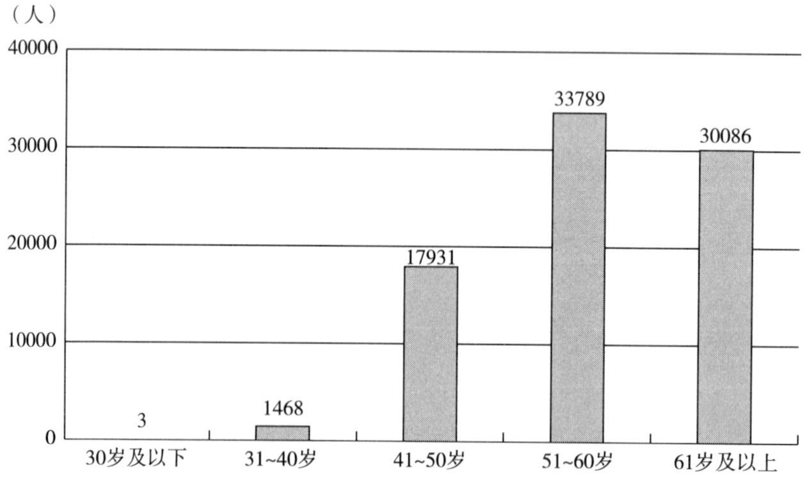

图 8-9　独立董事年龄段分布

变量，纵轴表示独立董事人数。

结合表 8-5、图 8-9，由 2007~2017 年所有公司的数据可知，发现在上市公司独立董事当中，年龄分布集中于 51~60 岁以及 61 岁以上；30 岁及以下极少，仅 3 人，分别来自 2017 年度的四川丰美（000731）、2017 年度的双塔食品（002481）和 2017 年度科锐国际（300662）。独立董事平均年龄最小的上市公司是 2017 年度的融钰集团（002622），约为 37 岁。

图 8-10 为独立董事年龄段比例，结合独立董事年龄段占比图可以发现，年龄大部分处于 51~60 岁、61 岁及以上，分别占比为 40.57%、36.13%，两者之和高达 76.70%；其次是 41~50 岁，占比 21.53%，31~40 岁占比 1.76%，30 岁及以下的人数可忽略不计，占比约为 0%。

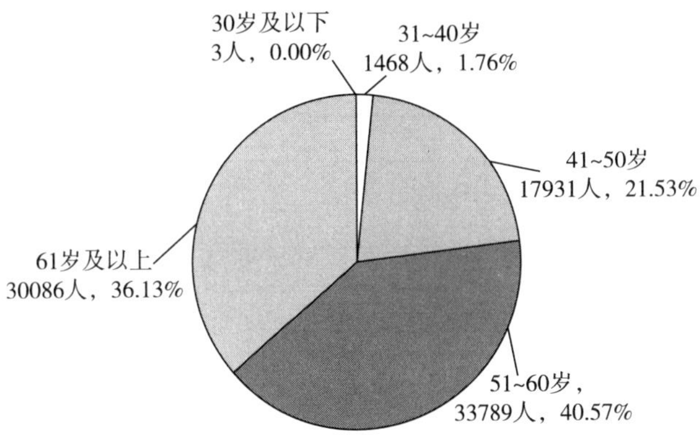

图 8-10　独立董事年龄段比例

上述数据说明，上市公司在选聘独立董事时，看重具备深厚行业经验和工作阅历的人才，因此，独立董事的年龄分布总体偏高。

五、独立董事专业背景

如表 8-6 所示，在全部 25746 家公司中有 985 家公司未公布独立董事的专业背景，有 14105 家公司公布了部分独立董事的专业背景，共计 22908 名独立董事的专业背景未公布，占全部独立董事人数的比例为 27.45%。

表 8-6 独立董事专业背景统计

	合计	均值	中位数	众数	标准差	方差	最小值	最大值	观测值
专业水平总和	60548	2.45	2	3	0.91	0.83	1	8	25746
会计专业人数	19016	0.77	1	1	0.59	0.35	—	4	25746
会计专业水平	19016	0.77	1	1	0.59	0.35	—	4	25746
律师专业人数	5813	0.23	—	—	0.45	0.20	—	3	25746
律师专业水平	5813	0.23	—	—	0.45	0.20	—	3	25746
经济专业人数	3521	0.14	—	—	0.38	0.14	—	4	25746
经济专业水平	3521	0.14	—	—	0.38	0.14	—	4	25746
工程师专业人数	6413	0.26	—	—	0.51	0.26	—	4	25746
工程师专业水平	6413	0.26	—	—	0.51	0.26	—	4	25746
教授职称人数	24091	0.97	1	1	0.94	0.88	—	6	25746
教授专业水平	24091	0.97	1	1	0.94	0.88	—	6	25746
副教授职称人数	217	0.01	—	—	0.09	0.01	—	1	25746
副教授专业水平	217	0.01	—	—	0.09	0.01	—	1	25746
其他专业人数	1477	0.06	—	—	0.25	0.06	—	3	25746
其他专业水平	1477	0.06	—	—	0.25	0.06	—	3	25746
未公布的人数	22908	—	—	—	—	—	—	—	25746
未公布的公司数	985	—	—	—	—	—	—	—	25746

专业背景情况分布如图 8-11 所示，其中横轴表示每个公司独立董事的专

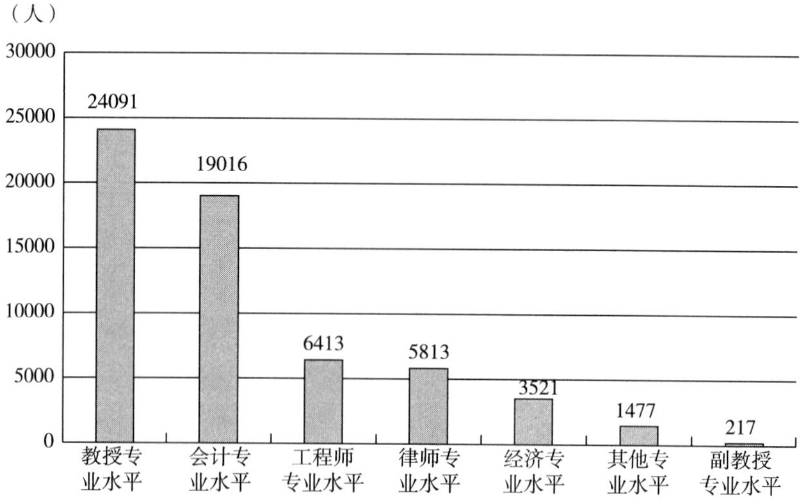

图 8-11 独立董事专业分布

业变量，纵轴表示人数。

图 8-12 为独立董事专业背景比例，结合图可以看出独立董事专业来源主要为教授职称和会计专业，占比分别为 39.79%和 31.41%，两者之和超过了 70%；其次为工程师专业和律师专业，占比分别为 10.59%和 9.60%；经济专业占比为 5.82%，其他专业占比为 2.44%，副教授占比仅为 0.36%，位居最后。

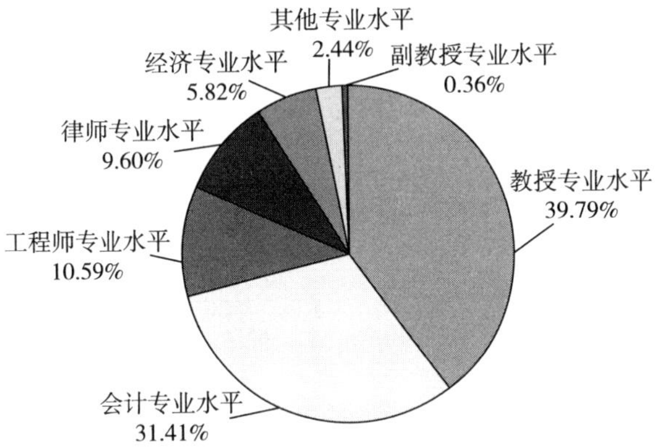

图 8-12　独立董事专业水平比例

教授职称和会计专业占比较高，主要有两方面原因：一是独立董事职位本身要求相关人员具备较为深厚的专业知识和行业地位，另外多数上市公司为了提高自身形象，倾向于聘请业内知名学者担任独立董事，高校教授自然是备受青睐；二是在董事会常设的四个专业委员会中，审计委员会明确要求独立董事具备会计专业背景，而其他专业委员会均不对独立董事专业背景做要求，由此形成会计专业人士占独立董事比例较大的情况。

六、独立董事薪酬

（一）以上市公司数量作为观测样本的结果

在全部 25746 家公司中有 526 家公司完全未公布独立董事薪酬情况。因薪酬偏差过大，对全部独立董事薪酬做极值处理，1%及以下数据均处理为 1%极点值，同理 99%及以上数据也做同样操作。极值处理前后情况如表 8-7、表 8-9、表 8-9 所示（以上市公司为观测样本）：

表 8-7　独立董事薪酬极值统计

极值分位	99%	1%
薪酬总数极值	1000000	30000
最高薪酬极值	275552	12500
最低薪酬极值	204000	—
平均薪酬极值	240000	11688

表 8-8　独立董事薪酬极值处理前统计

	平均值	中位数	众数	标准差	最小值	最大值	观测数
薪酬总数	205321	180000	150000	145038	30000	1000000	24746
最高薪酬	68714	60000	50000	40278	12500	275552	24746
最低薪酬	54884	50000	50000	36038	—	204000	24746
平均薪酬	62920	55067	50000	36214	11689	240000	24746
未公布公司数	526						

表 8-9　独立董事薪酬极值处理后统计

	平均值	中位数	众数	标准差	最小值	最大值	观测数
薪酬总数	211487	180000	150000	202552	4500	7560000	25746
最高薪酬	70404	60000	50000	59676	1500	2930000	25746
最低薪酬	55810	50000	50000	41954	—	860000	25746
平均薪酬	64008	55067	50000	45144	1500	1260000	25746
未公布公司数	526						

支付独立董事最高水平薪酬的上市公司为中国神华（601088），2007 年度支付给独立董事平均年薪为 126 万元，其中，最高薪酬为 293 万元；最低的是创意信息（300366），2014 年度独立董事平均薪酬仅为 1500 元。

图 8-13 为极值处理后的上市公司年度支付独立董事薪酬总数和平均数的区间分布图，纵轴代表上市公司数量，横轴为薪酬区间：

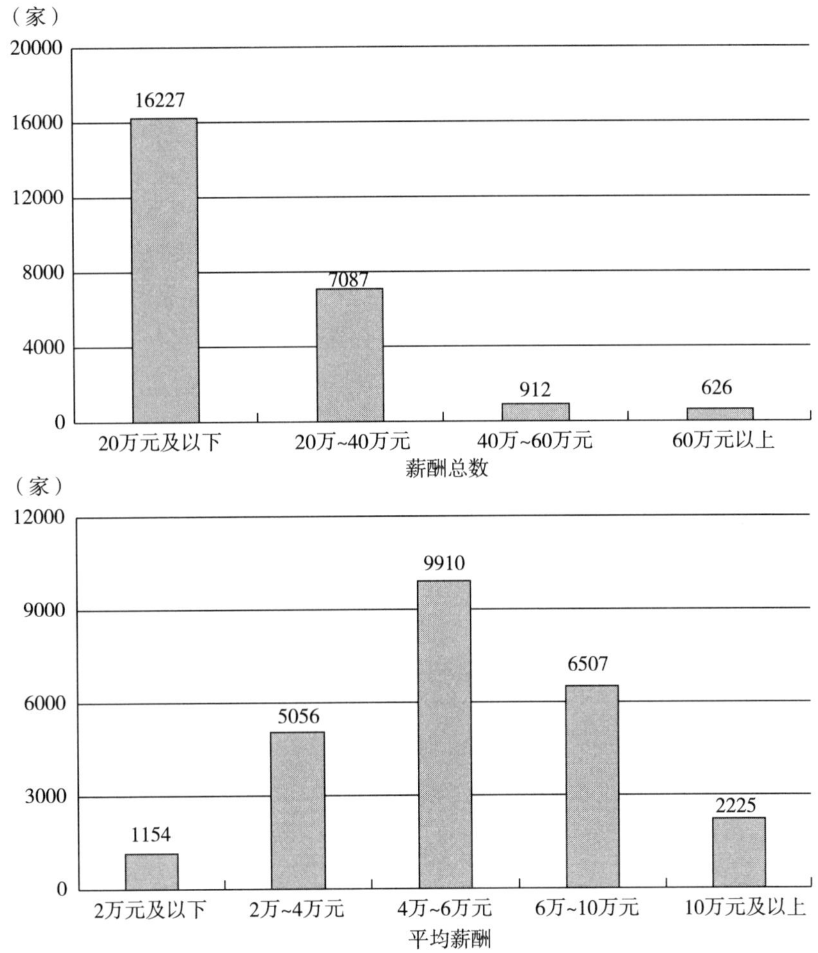

图 8-13　独立董事薪酬总数和平均薪酬分布

通过图 8-13 可以看出，大多数上市公司支付给独立董事的年度总薪酬在 20 万元以下，支付给单个独立董事的薪酬在 4 万~6 万元。

（二）以独立董事人员数量作为观测样本基础

以 2007~2017 年 83440 位独立董事作为样本总量，剔除其中未公布薪酬数据以及薪酬数据为零的样本共计 5970 个，对剩余样本进行统计分析。因薪酬偏差过大，对全部独立董事薪酬做极值处理，1%及以下数据均处理为 1%极点值，同理 99%及以上数据也做同样操作。极值处理后最高薪酬为 30 万元，最低薪酬为 7500 元（见表 8-10）。

表 8-10　独立董事薪酬极值处理后统计

	平均值	中位数	众数	标准差	最小值	最大值	观测值
极值处理前年薪	67558	60000	50000	54796	500	2930000	77515
极值处理后年薪	66415	60000	50000	43245	7500	300000	77515

图 8-14 为极值处理后的独立董事年度薪酬直方图，纵轴代表独立董事人数，横轴为薪酬区间：

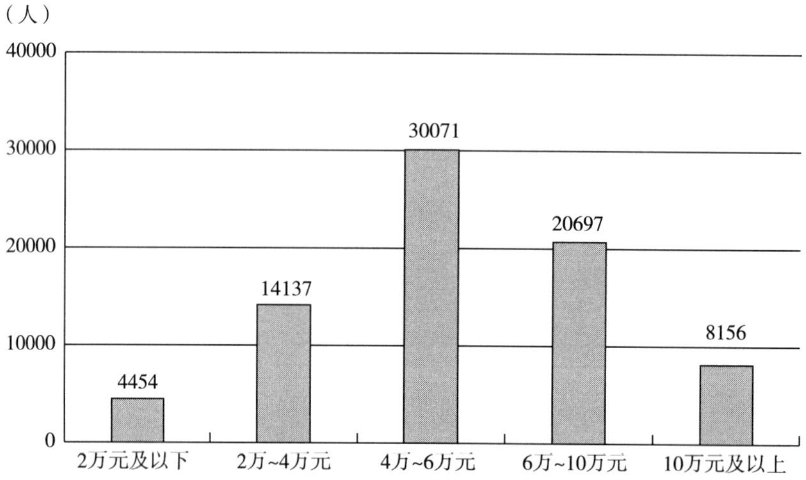

图 8-14　独立董事薪酬

通过图 8-14 可以看出，单个独立董事的年度薪酬在 4 万~6 万元为最多，其次为 6 万~10 万元，与我们以上市公司数量作为观测基础的结论一致。

薪酬最高的独立董事为中国神华（601088）的凌文先生，其 2007 年领取的独立董事薪酬为 293 万元；薪酬最低的三位独立董事分别为 2017 年度森霸传感（300701）的仝骅先生以及 2016 年度利亚德（300296）的叶金福和王晋勇先生，上述三位的年度独立董事薪酬均为 500 元。

七、独立董事任期

全部样本 25746 家上市公司均披露了独立董事的任期。

通过表 8-11 可看出，独立董事的平均任期为 2.86 年，标准差 1.21 年，可看出独立董事的任期相对波动变化较小。部分独立董事的任期为零，因为统计其任职起始日期为当年的12月份。

表8-11 独立董事任期统计

	平均值	中位数	众数	标准差	最小值	最大值	观测数
总的任期	9.31	9.00	9	4.47	—	42.30	25746
最大任期	3.65	3.40	3	1.49	—	6.00	25746
最小任期	2.05	1.90	3	1.32	—	6.00	25746
平均任期	2.86	2.90	3	1.21	—	6.00	25746

图8-15为独立董事任期的分布，纵轴表示上市公司数量，横轴表示任期区间。

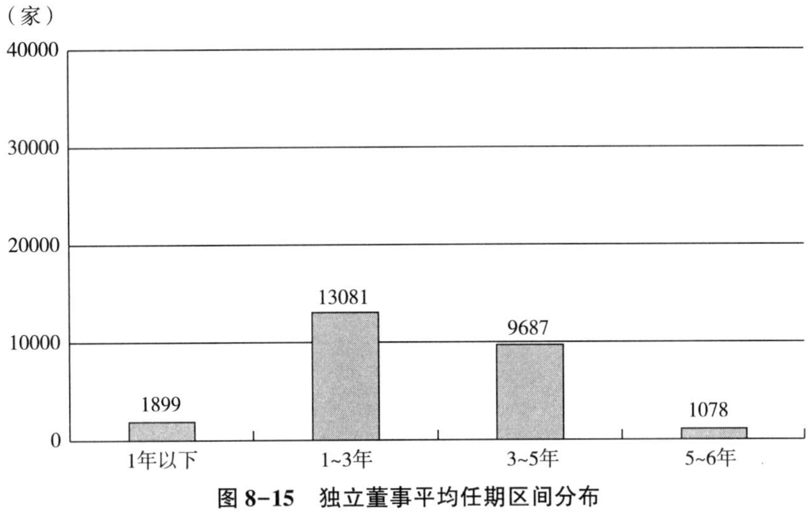

图8-15 独立董事平均任期区间分布

由图8-16中可知，独立董事任期1~3年和3~5年，占比分别为50.81%和37.63%，合计超过了88%。

根据2014年9月中国证监会发布《上市公司独立董事履职指引》的规定，独立董事每届任期与该上市公司其他董事任期相同，任期届满可以连任，但是连任时间不得超过6年。

通过以上相关图表数据可以看出，2007~2017年上市公司基本都遵循了证

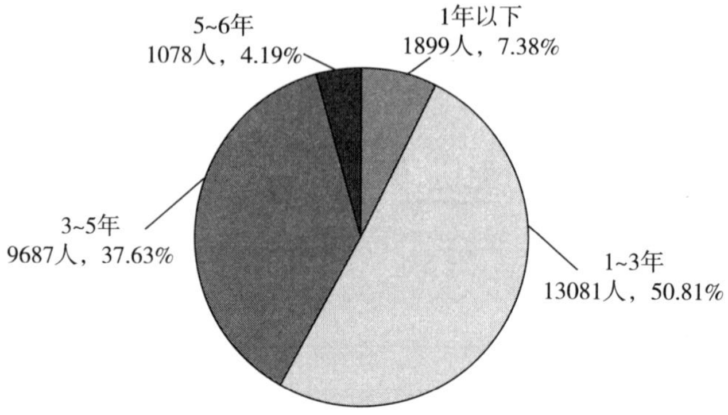

图 8-16　独立董事平均任期区间比例

监会关于独立董事任期的规定。

第四节　独立董事特征的多元回归分析及 Logistic 稳健性检验

为了防止多重共线性的出现，本部分论证有一些去除了年份虚拟变量。

一、独立董事性别的回归分析和 Logistic 稳健性检验

在探究独立董事性别绝对值和相对值对公司业绩的影响时发现（见表 8-12），性别系数绝对值对基本每股收益有显著的正向影响。男性系数和女性系数的增加均会对公司业绩产生促进作用。性别系数合计的增加其实也说明人数的增加，性别的影响大小可以以系数大小来表示，从数据来看，增加女性似乎比增加男性的影响大些。

表 8-12　独立董事性别变量对基本每股收益的多元回归结果

y1	系数估计	T 值	P 值	显著性
(Intercept)	-2. 825e+00	-35. 674	<2e-16	***
男性系数合计	1. 276e-02	2. 230	0. 025745	**

续表

y1	系数估计	T 值	P 值	显著性
女性系数合计	1.835e-02	2.470	0.013536	**
资产总计	9.219e-02	12.030	<2e-16	***
资产负债率	-7.483e-03	-42.493	<2e-16	***
营业总收入	5.078e-02	6.940	4.01e-12	***
净利润增长率	4.361e-05	23.988	<2e-16	***
市盈率	-7.986e-05	-4.282	1.86e-05	***
总资产周转率	6.071e-02	6.351	2.17e-10	***
GDP 增长率	2.740e+00	6.235	4.60e-10	***
2017 年	1.665e-01	6.304	2.96e-10	***
2016 年	6.802e-02	2.516	0.011893	**
2015 年	2.496e-02	0.946	0.344357	
2014 年	4.595e-02	1.835	0.066562	*
2013 年	5.961e-02	2.551	0.010738	**
2012 年	7.831e-02	3.403	0.000667	***
2011 年	9.939e-02	5.462	4.75e-08	***
2010 年	8.874e-02	5.310	1.10e-07	***
2009 年	NA	NA	NA	
2008 年	NA	NA	NA	

从结果中可以发现，在保持其他变量不变的情形下，独立董事女性系数总计的参数估计比男性系数总计的参数估计稍大，因此，女性的增加比男性的增加对公司业绩带来的提升作用更大。

通过 Logistic 回归建模，进行稳健性检验，结果发现男性系数合计与女性系数合计对基本每股收益的影响不是很显著，但系数的大小都是正的，也就是说性别因素对公司业绩的正向影响在稳健性检验中不是非常明显，即便是在 0.1 的显著性水平下，仍没有通过显著性检验，进而判断性别对于公司业绩的影响效应稳健性较差。Logistic 回归检验结果如表 8-13 所示。

表 8-13　独立董事性别 Logistic 回归检验结果

y1	系数估计	T 值	P 值	显著性
(Intercept)	-8.913e+00	-26.443	<2e-16	***
男性系数合计	3.040e-02	1.339	0.1805	
女性系数合计	2.585e-02	0.881	0.3782	
资产总计	-6.143e-03	-0.185	0.8533	
资产负债率	-2.631e-02	-32.660	<2e-16	***
营业总收入	4.317e-01	13.168	<2e-16	***
净利润增长率	2.276e-04	8.478	<2e-16	***
市盈率	-7.442e-04	-9.511	<2e-16	***
总资产周转率	1.791e-01	4.038	5.39e-05	***
GDP 增长率	8.940e+00	5.079	3.79e-07	***
2017 年	1.896e-01	1.804	0.0713	
2016 年	8.552e-02	0.795	0.4268	
2015 年	7.194e-04	0.007	0.9945	
2014 年	-3.888e-02	-0.390	0.6965	
2013 年	-1.478e-01	-1.590	0.1118	
2012 年	5.956e-03	0.065	0.9481	
2011 年	2.976e-01	4.110	3.96e-05	***
2010 年	5.432e-01	8.049	8.35e-16	***
2009 年	NA	NA	NA	
2008 年	NA	NA	NA	

二、独立董事规模人数的回归分析和 Logistic 稳健性检验

经过多元回归发现（见表 8-14），每个公司独立董事总人数对基本每股收益有显著的正向影响。且独立董事总人数每增加 1 人，基本每股收益平均增加 0.0403 元。可见独立董事人数增加对公司业绩起到了促进作用。另外，控制变量在此时均显著，说明我们控制的指标会对公司业绩产生影响，但这些变量的存在以帮助研究的变量，即控制变量不在本书研究范围内，这里不予更多解释。

表 8-14　独立董事规模对基本每股收益的回归分析

y1	系数估计	T 值	P 值	显著性
(Intercept)	-9.280e+00	-8.913	<2e-16	***
独立董事总人数	4.032e-02	2.874	0.00407	***
资产总计	5.325e-02	3.192	0.00142	***
资产负债率	-9.321e-03	-21.360	<2e-16	***
营业总收入	1.013e-01	6.235	4.79e-10	***
净利润增长率	3.284e-05	8.389	<2e-16	***
市盈率	-1.274e-04	-3.008	0.00264	***
总资产周转率	7.195e-02	3.202	0.00137	***
GDP 增长率	9.672e+01	6.334	2.55e-10	***

稳健性检验：运用 Logistic 回归检验独立董事总人数对公司业绩的影响，发现其对基本每股收益的回归结果不显著，回归系数的符号也是负的，与建模结果不一致，因此，不能说明独立董事规模对公司业绩的影响是稳健的。

三、独立董事学历的回归分析和 Logistic 稳健性检验

用独立董事学历系数的绝对值和相对值进行回归分析发现，独立董事学历系数相对值对基本每股收益的影响较显著，回归结果如表 8-15 所示。

表 8-15　独立董事学历系数对基本每股收益的回归分析

y1	系数估计	T 值	P 值	显著性
(Intercept)	-8.360e+00	-11.188	<2e-16	***
平均学历系数	1.706e-02	1.888	0.059118	*
资产总计	2.963e-02	2.497	0.012559	**
资产负债率	-7.209e-03	-23.021	<2e-16	***
营业总收入	1.009e-01	8.651	<2e-16	***
净利润增长率	2.217e-05	7.890	3.52e-15	***
市盈率	-1.281e-04	-4.212	2.57e-05	***
总资产周转率	5.782e-02	3.586	0.000339	***
GDP 增长率	9.091e+01	8.294	<2e-16	***

从结果中可以看出，独立董事平均学历系数对基本每股收益的影响是较显著的，平均学历系数的参数估计值为正，说明学历越高基本每股收益越高，即独立董事平均学历高，对公司业绩具有正向影响。具体来看，平均学历系数每增加 1，基本每股收益平均增加 0. 017 元。另外，为了探究独立董事各个学历层次人数对公司业绩的影响，对独立董事学历水平的绝对值与相对值进行回归分析，发现各学历水平绝对值对基本每股收益进行回归效果较好。回归结果如表 8-16 所示。

表 8-16　独立董事学历水平对基本每股收益的回归分析

y1	系数估计	T 值	P 值	显著性
(Intercept)	-8. 325e+00	-11. 146	<2e-16	***
大专水平	3. 116e-02	1. 565	0. 117661	
本科水平	9. 431e-03	2. 041	0. 041318	*
硕士水平	9. 978e-03	3. 495	0. 000477	***
博士水平	8. 541e-03	4. 104	4. 11e-05	***
资产总计	2. 426e-02	2. 032	0. 042202	*
资产负债率	-7. 214e-03	-23. 053	<2e-16	***
营业总收入	1. 026e-01	8. 799	<2e-16	***
净利润增长率	2. 207e-05	7. 862	4. 41e-15	***
市盈率	-1. 273e-04	-4. 190	2. 83e-05	***
总资产周转率	5. 620e-02	3. 487	0. 000492	***
GDP 增长率	9. 114e+01	8. 324	<2e-16	***

从结果可以看出，本科水平对基本每股收益具有较显著的正向影响，硕士、博士水平均对基本每股收益具有很显著的正向影响。这也进一步说明了具有硕士、博士学历的独立董事能够更加胜任职务，促进公司业绩的提高。

接下来进行稳健性检验。对各个学历水平系数的绝对值与基本每股收益建立 Logistic 回归模型，结果如表 8-17 所示。

表 8-17　独立董事学历水平 Logistic 回归检验结果

y1	系数估计	T 值	P 值	显著性
(Intercept)	-3. 081e+01	-8. 447	<2e-16	***

续表

y1	系数估计	T 值	P 值	显著性
大专水平	-7.099e-02	-0.731	0.464906	
本科水平	2.201e-02	0.976	0.329255	
硕士水平	2.142e-02	1.536	0.124650	
博士水平	2.075e-02	2.041	0.041242	**
资产总计	6.300e-02	0.967	0.333531	
资产负债率	-3.054e-02	-18.113	<2e-16	***
营业总收入	4.241e-01	6.527	6.72e-11	***
净利润增长率	1.375e-04	3.506	0.000455	***
市盈率	-1.303e-03	-7.776	7.50e-15	***
总资产周转率	3.015e-01	3.000	0.002701	**
GDP 增长率	3.148e+02	5.924	3.14e-09	***

从稳健性检验来看，博士水平对公司业绩具有显著的正向影响，这说明了高学历水平对公司业绩的影响是稳健的。至于其他学历水平，随着学历的降低，稳健性检验的显著性水平逐渐下降，不是非常理想，说明学历水平越低对公司业绩影响越小。

四、独立董事年龄的回归分析和 Logistic 稳健性检验

考虑独立董事年龄的绝对值和相对值发现，用平均年龄对基本每股收益回归结果较好，具体结果如表 8-18 所示。

表 8-18　独立董事年龄对基本每股收益的回归分析

y1	系数估计	T 值	P 值	显著性
(Intercept)	-2.294e+00	-17.684	<2e-16	***
平均年龄	-1.641e-03	-3.408	0.000655	***
资产总计	6.806e-02	11.558	<2e-16	***
资产负债率	-6.574e-03	-47.222	<2e-16	***
营业总收入	6.498e-02	11.400	<2e-16	***
净利润增长率	2.988e-05	20.703	<2e-16	***

续表

y1	系数估计	T 值	P 值	显著性
市盈率	-6. 933e-05	-4. 944	7. 73e-07	***
总资产周转率	4. 542e-02	6. 150	7. 88e-10	***
GDP 增长率	1. 700e+00	1. 432	0. 152124	
2017 年	2. 907e-02	0. 730	0. 465373	
2016 年	-6. 057e-02	-1. 476	0. 139950	
2015 年	-9. 817e-02	-2. 532	0. 011343	**
2014 年	-7. 567e-02	-2. 211	0. 027060	**
2013 年	-5. 989e-02	-2. 092	0. 036414	**
2012 年	-3. 816e-02	-1. 387	0. 165413	
2011 年	NA	NA	NA	
2010 年	NA	NA	NA	
2009 年	NA	NA	NA	
2008 年	NA	NA	NA	

从回归结果可见，由于独立董事平均年龄对基本每股收益的影响是显著且负向的，因此，独立董事的平均年龄越大，对公司业绩越会产生不利的影响。从数值上来看，平均年龄每增加 1 岁，基本每股收益减少 0. 00164 元。另外，为了考虑各个年龄段人数对公司业绩的影响，用各年龄段人数绝对值对平均净资产收益率进行回归，得到结果如表 8-19 所示。

表 8-19　独立董事各年龄段人数绝对值对平均净资产收益率的回归分析

y2	系数估计	T 值	P 值	显著性
(Intercept)	-1. 391e+02	-8. 925	<2e-16	***
30 岁及以下	1. 503e+00	0. 057	0. 95491	
31~40 岁	3. 536e-02	0. 027	0. 97872	
41~50 岁	-1. 660e+00	-2. 593	0. 00951	***
51~60 岁	-1. 120e+00	-1. 923	0. 05449	*
61 岁及以上	-1. 729e+00	-3. 032	0. 00243	***
资产总计	3. 381e+00	4. 740	2. 15e-06	***
资产负债率	-4. 768e-01	-27. 663	<2e-16	***

续表

y2	系数估计	T 值	P 值	显著性
营业总收入	3.573e+00	5.220	1.80e-07	***
净利润增长率	9.820e-04	5.646	1.66e-08	***
市盈率	4.476e-03	2.678	0.00742	**
总资产周转率	8.461e-01	0.956	0.33894	
GDP 增长率	2.108e+02	1.479	0.13914	
2017 年	1.775e-01	0.037	0.97036	
2016 年	-4.078e-01	-0.083	0.93398	
2015 年	-2.342e-01	-0.050	0.95984	
2014 年	7.853e-01	0.191	0.84833	
2013 年	-2.627e-01	-0.077	0.93901	
2012 年	5.266e-01	0.160	0.87320	
2011 年	NA	NA	NA	
2010 年	NA	NA	NA	
2009 年	NA	NA	NA	
2008 年	NA	NA	NA	

从回归结果可见，41 岁以上的独立董事人数越多，公司业绩受到的负面影响越大。61 岁以上的独立董事对公司业绩的负向影响更加明显。

建立 Logistic 回归进行稳健性检验，平均年龄对基本每股收益 Logistic 回归结果如表 8-20 所示。

表 8-20 独立董事平均年龄对基本每股收益 Logistic 的回归结果

y1	系数估计	T 值	P 值	显著性
(Intercept)	-1.202e+01	-15.891	<2e-16	***
平均年龄	-6.798e-03	-2.511	0.0120	**
资产总计	1.804e-01	5.065	4.09e-07	***
资产负债率	-3.401e-02	-37.534	<2e-16	***
营业总收入	4.371e-01	12.353	<2e-16	***
净利润增长率	6.521e-04	12.860	<2e-16	***
市盈率	-1.056e-03	-11.943	<2e-16	***

续表

y1	系数估计	T 值	P 值	显著性
总资产周转率	1.130e-01	2.416	0.0157	**
GDP 增长率	1.018e+01	1.505	0.1324	
2017 年	-3.515e-02	-0.155	0.8767	
2016 年	-3.417e-01	-1.464	0.1432	
2015 年	-5.021e-01	-2.277	0.0228	**
2014 年	-4.941e-01	-2.539	0.0111	**
2013 年	-3.921e-01	-2.412	0.0159	**
2012 年	-1.646e-01	-1.054	0.2918	
2011 年	NA	NA	NA	
2010 年	NA	NA	NA	
2009 年	NA	NA	NA	
2008 年	NA	NA	NA	

从结果可以看出，平均年龄对基本每股收益的 Logistic 回归系数为负且结果显著，说明独立董事平均年龄对公司业绩的负向影响是稳健的。

五、独立董事专业背景的回归分析和 Logistic 稳健性检验

为防止模型中存在较严重的多重共线性，去除控制变量中的所有年份虚拟变量。参考 Chaney、Faccio、Parsley（2011）的论文①，对每个专业水平占比变量用基本每股收益进行加权，生成新的变量，变量说明如下：

acc：(会计专业水平占比+经济专业水平占比)×基本每股收益

leg：法律专业水平占比×基本每股收益

aca：(教授水平占比+副教授水平占比)×基本每股收益

oth：(工程师水平占比+其他水平占比)×基本每股收益

用以上变量对平均净资产利润率建立多元回归模型效果最好，回归结果如表 8-21 所示。

① Chaney P. K., Faccio M., Parsley D.. The Quality of Accounting Information in Politically Connected Firms［J］. Journal of Accounting and Economics, 2011（51）: 58-76.

表 8-21　独立董事专业背景对平均净资产收益率的回归分析

y2	系数估计	T 值	P 值	显著性
(Intercept)	-8.875e+01	-7.987	1.44e-15	***
教授水平占比（aca）	7.429e+00	5.121	3.06e-07	***
金融专业水平占比（acc）	1.523e+01	8.538	<2e-16	***
工程师水平占比（oth）	9.642e+00	2.643	0.008217	***
法律专业水平占比（leg）	3.734e+00	1.642	0.100541	
资产总计	2.385e+00	2.327	0.019991	**
资产负债率	-5.043e-01	-19.320	<2e-16	***
营业总收入	4.039e+00	4.072	4.67e-05	***
净利润增长率	4.861e-04	1.952	0.050939	*
市盈率	7.146e-03	2.863	0.004205	**
总资产周转率	5.453e-01	0.425	0.670980	
GDP 增长率	-2.255e+02	-3.787	0.000153	***
2017 年	-1.565e+01	-4.400	1.09e-05	***
2016 年	-1.572e+01	-4.321	1.56e-05	***
2015 年	-1.424e+01	-4.009	6.11e-05	***
2014 年	-1.178e+01	-3.496	0.000473	***
2013 年	-1.097e+01	-3.490	0.000483	***
2012 年	-1.015e+01	-3.271	0.001073	**
2011 年	-3.897e+00	-1.589	0.112092	
2010 年	4.434e-01	0.197	0.844070	
2009 年	NA	NA	NA	
2008 年	NA	NA	NA	

从表中的结果可知，将自变量用基本每股收益加权后，金融相关（经济、会计）专业占比、学术背景（教授、副教授）以及工程师和其他专业水平占比，均对平均净资产收益率具有显著的正向影响。由系数取值，在其他变量不变的情况下，独立董事教授学术相关背景水平占比（aca）每增加 1 个单位，公司平均净资产利润率平均增加 7.43 个单位；金融专业背景占比（acc）每增加 1 个单位，平均净资产收益率平均增加 15.23 个单位；工程师背景占比

(oth) 每增加 1 个单位，平均净资产收益率平均增加 9. 64 个单位。律师专业背景 (leg) 占比在对促进公司业绩增长方面发挥的作用不明显，对平均净资产收益率的影响不显著。

建立 Logistic 回归模型进行稳健性检验发现金融相关背景 (aca) 水平占比、教授相关背景 (acc) 水平占比、工程师背景 (oth) 水平占比对平均净资产收益率的正向影响都是稳健且显著的。回归结果如表 8-22 所示。

表 8-22 独立董事专业背景对平均净资产收益率 Logistic 的回归结果

y2	系数估计	T 值	P 值	显著性
(Intercept)	-1. 800e+00	-4. 299	1. 72e-05	***
金融相关背景占比 (aca)	6. 240e+00	46. 863	<2e-16	***
教授专业背景占比 (acc)	6. 570e+00	45. 396	<2e-16	***
工程师背景占比 (oth)	6. 740e+00	26. 235	<2e-16	***
律师专业背景占比 (leg)	6. 351e+00	20. 699	<2e-16	***
资产总计	-2. 618e-01	-6. 591	4. 36e-11	***
资产负债率	-6. 756e-03	-6. 783	1. 18e-11	***
营业总收入	2. 833e-01	7. 262	3. 81e-13	***
净利润增长率	-4. 451e-05	-3. 865	0. 000111	***
市盈率	-4. 782e-04	-4. 867	1. 13e-06	***
总资产周转率	6. 166e-02	1. 275	0. 202442	
GDP 增长率	2. 605e+00	1. 244	0. 213460	
2017 年	-2. 696e-01	-2. 117	0. 034224	**
2016 年	-7. 547e-02	-0. 583	0. 559635	
2015 年	-4. 887e-02	-0. 387	0. 699041	
2014 年	-1. 695e-01	-1. 413	0. 157587	
2013 年	-4. 395e-01	-3. 911	9. 18e-05	***
2012 年	-3. 710e-01	-3. 348	0. 000814	***
2011 年	-9. 979e-02	-1. 137	0. 255610	
2010 年	2. 937e-01	3. 660	0. 000253	***
2009 年	NA	NA	NA	
2008 年	NA	NA	NA	

六、独立董事薪酬的回归分析和 Logistic 稳健性检验

从多元回归结果来看，如表 8-23、表 8-24 所示，独立董事薪酬绝对值和相对值都对公司业绩有显著的正向影响。首先对独立董事平均薪酬和薪酬总数按照 1%和 99%水平进行极值处理，然后对基本每股收益进行回归，发现其对基本每股收益的影响是显著且正向的。独立董事平均薪酬每增加 1 元，基本每股收益平均增加 8.995×10^{7} 元；独立董事薪酬总数每增加 1 元，基本每股收益平均增加 3.278×10^{7} 元。

表 8-23　基本每股收益对独立董事平均薪酬变量的回归结果

y1	系数估计	T 值	P 值	显著性
(Intercept)	-8.780e+00	-8.353	<2e-16	***
平均薪酬	8.995e-07	3.979	7.01e-05	***
资产总计	4.347e-02	2.547	0.01088	*
资产负债率	-9.208e-03	-21.021	<2e-16	***
营业总收入	1.047e-01	6.399	1.67e-10	***
净利润增长率	3.327e-05	8.488	<2e-16	***
市盈率	-1.262e-04	-2.973	0.00296	**
总资产周转率	6.844e-02	3.037	0.00240	**
GDP 增长率	9.239e+01	6.018	1.87e-09	***

表 8-24　基本每股收益对独立董事薪酬总量的回归结果

y1	系数估计	T 值	P 值	显著性
(Intercept)	-8.636e+00	-8.223	2.38e-16	***
薪酬总数	3.278e-07	5.251	1.56e-07	***
资产总计	3.476e-02	2.018	0.04360	*
资产负债率	-9.205e-03	-21.038	<2e-16	***
营业总收入	1.068e-01	6.531	7.02e-11	***
净利润增长率	3.321e-05	8.480	<2e-16	***
市盈率	-1.249e-04	-2.945	0.00325	**
总资产周转率	6.749e-02	2.997	0.00274	**
GDP 增长率	9.230e+01	6.021	1.82e-09	***

对平均薪酬和薪酬总数分别建立 Logistic 回归模型进行稳健性检验，如表 8-25、表 8-26 所示。发现两者对基本每股收益的正向影响都是显著的，因此，可以得出结论，薪酬绝对值和相对值对公司业绩的影响是稳健的。

表 8-25　基本每股收益对独立董事平均薪酬 Logistic 回归检验结果

y1	系数估计	T 值	P 值	显著性
(Intercept)	-2. 913e+01	-7. 926	2. 27e-15	***
平均薪酬	3. 862e-06	4. 785	1. 71e-06	***
资产总计	1. 222e-02	0. 184	0. 854116	
资产负债率	-3. 017e-02	-17. 844	<2e-16	***
营业总收入	4. 349e-01	6. 665	2. 65e-11	***
净利润增长率	1. 383e-04	3. 522	0. 000429	***
市盈率	-1. 293e-03	-7. 713	1. 23e-14	***
总资产周转率	2. 927e-01	2. 916	0. 003543	**
GDP 增长率	3. 018e+02	5. 654	1. 57e-08	***

表 8-26　基本每股收益对独立董事薪酬总数 Logistic 回归结果

y1	系数估计	T 值	P 值	显著性
(Intercept)	-2. 901e+01	-7. 890	3. 03e-15	***
薪酬总数	1. 148e-06	5. 075	3. 88e-07	***
资产总计	-5. 924e-03	-0. 088	0. 929681	
资产负债率	-3. 021e-02	-17. 870	<2e-16	***
营业总收入	4. 402e-01	6. 733	1. 67e-11	***
净利润增长率	1. 381e-04	3. 507	0. 000454	***
市盈率	-1. 289e-03	-7. 694	1. 42e-14	***
总资产周转率	2. 913e-01	2. 902	0. 003711	**
GDP 增长率	3. 045e+02	5. 706	1. 16e-08	***

七、独立董事任期的回归分析和 Logistic 稳健性检验

考虑到量纲不同，先将资产总计、营业总收入取对数，再对市盈率、资产

总计、营业总收入、净利润增长率按照1%和99%水平进行极值处理。对比每个公司独立董事任期的相对值和绝对值发现，独立董事任期的绝对值，即总的任期与基本每股收益呈显著的U形关系。即基本每股收益先随总任期增加而减少，到一定数值时再随总任期增加而增加。为此，增加一个总的任期2变量，表示总的任期的平方，建立如下形式的带二次项的多元线性回归模型：

$y=a_1$×总的任期+a_2×总的任期2+a_3×资产总计+…+ϵ

如果总的任期2系数 a_2 为负，则说明自变量对因变量的影响呈倒U形，如果平均总的任期2系数a_2 为正，则说明影响呈正U形。具体回归结果如表8-27所示。

表8-27　独立董事总任期变量对基本每股收益的回归结果

y1	系数估计	T值	P值	显著性
(Intercept)	-9.217e+00	-12.559	<2e-16	***
总的任期	-3.037e-02	-8.055	8.65e-16	***
资产总计	6.337e-02	5.427	5.83e-08	***
资产负债率	-9.180e-03	-29.824	<2e-16	***
营业总收入	1.041e-01	9.087	<2e-16	***
净利润增长率	3.287e-05	11.912	<2e-16	***
市盈率	-1.268e-04	-4.249	2.16e-05	***
总资产周转率	6.494e-02	4.096	4.23e-05	***
GDP增长率	9.561e+01	8.882	<2e-16	***
总的任期2	1.125e-03	5.868	4.52e-09	***

从回归结果可以看出，总任期变量的一次项系数为负，二次项系数为正，且都显著，说明总任期变量对基本每股收益的影响呈U形关系，经计算U形曲线的最低点所在的自变量取值时得到，当每个公司独立董事总任期小于0.03037/（2×0.001125）≈13.5年时，总的任期对公司业绩有负向影响，当总任期大于13.5年时，对公司业绩有正向影响。

稳健性检验：独立董事的总任期对基本每股收益的Logistic回归检验发现，总任期的二次项对基本每股收益有显著的正相关，一次项对基本每股收益有显著的负相关，符合建模中自变量与因变量的U形关系，说明影响是稳健的。Logistic回归检验结果如表8-28所示。

表 8-28　基本每股收益对独立董事总任期变量 Logistic 回归检验结果

y1	系数估计	T 值	P 值	显著性
(Intercept)	-3.127e+01	-12.034	<2e-16	
总的任期	-1.459e-01	-10.829	<2e-16	***
资产总计	9.861e-02	2.149	0.031645	**
资产负债率	-3.042e-02	-25.310	<2e-16	***
营业总收入	4.528e-01	9.839	<2e-16	***
净利润增长率	1.431e-04	5.116	3.12e-07	***
市盈率	-1.324e-03	-11.019	<2e-16	***
总资产周转率	2.565e-01	3.634	0.000279	***
GDP 增长率	3.150e+02	8.318	<2e-16	***
总的任期 2	4.765e-03	6.976	3.05e-12	***

根据上述独立董事总任期的回归分析和 Logistic 稳健性检验结果，可以得出如下结论：

按照《公司法》规定，独立董事的一届任期为 3 年，可以连选连任，最多不超过 2 届，即 6 年。当每个公司独立董事的合计总任期总数小于 13.5 年时，总任期对公司业绩有负向影响；当合计总任期大于 13.5 年时，对公司业绩有正向影响。

假设每个独立董事总任期为 6 年，则每个公司独立董事数量为 13.5 年/6 年=2.25 人，当每个公司独立董事人数少于 2.25 人时，对公司业绩有负向影响；当每个公司独立董事人数多于 2.25 人时，对公司业绩有正向影响。

本章小结

本章对独立董事的特征，包括独立董事的性别、学历、年龄、任期、来源、专业、薪酬、规模等，分别进行了数据汇总和描述性统计分析，并对相关变量与公司业绩的有效性进行了分析论证。本章分析论证采用了多元回归分析、分位回归分析、Logistic 稳健性检验等回归分析和检验方法，保证了回归结果的稳健性和可靠性。具体如下：

一、公司独立董事性别

（一）独立董事性别数据的汇总分析

在2007~2017年的数据中，可以看出在上市公司独立董事性别分布中，男性人数整体远多于女性人数，其中，男性人数为70289人，占比84.26%；女性人数为13129人，占比15.74%，独立董事的男性与女性人数分布比例约为6：1，女性独立董事在上市公司中比例较低。同时，通过独立董事性别走势图可以看出，女性占比在逐年上升，由2007年的13.95%提升至2017年的22.61%，增加了8.66个百分点。

（二）独立董事性别对公司业绩的影响

本章的分析论证结果认为，在探究独立董事性别绝对值和相对值对公司业绩的影响时发现，性别系数绝对值对基本每股收益有显著的正向影响。当进行稳健性检验时，性别对业绩的影响没有通过，说明性别对公司业绩的关系有待于进一步探究。

（三）本章的假设1

独立董事的性别与公司业绩正相关，通过本章分析论证，证明假设1不成立。

二、公司独立董事规模

（一）独立董事规模人数数据的汇总分析

在2007~2017年的数据中，每家上市公司平均拥有3.24位独立董事，占公司董事数量比例约为36.86%，符合证监会要求独立董事占比不低于1/3的相关规定，且独立董事无论是数量还是占比都在稳步上升。2007~2017年，独立董事占比最高的上市公司为2010年的中国建筑（601668）和2017年的广州酒家（603043），两者的董事会均为5人，其中4人为独立董事，占比高达80%。

（二）独立董事规模对于公司业绩的影响

本章的分析论证结果认为，经过多元回归发现，每个公司独立董事规模对基本每股收益有显著的正向影响。运用Logistic回归检验独立董事规模对公司业绩的影响发现，其对基本每股收益的回归结果不显著，回归系数的符号也是负的，与建模结果不一致，因此，不能说明规模对公司业绩的影响是稳健的。

（三）本章的假设 2

独立董事的规模与公司业绩正相关，通过本章分析论证，证明假设 2 不成立。

三、公司独立董事学历

（一）独立董事学历数据的汇总分析

在 2007~2017 年的数据中，发现在上市公司独立董事当中，各学历水平分布呈现大专、本科、硕士、博士逐渐递增趋势。其中，博士学历和硕士学历人数最多，分别为 28334 人和 24984 人，而对应的学历水平人数分别为 113336 人和 74952 人；本科学历和专科学历人数较少，分别为 19125 人和 2943 人，对应的学历水平人数分别为 38250 人和 2943 人。

（二）独立董事学历对于公司业绩的影响

本章的分析论证结果认为，独立董事平均学历系数对基本每股收益的影响是较显著的，平均学历系数的参数估计值为正，说明学历越高基本每股收益越高，即独立董事平均学历高，对公司业绩具有正向影响。从稳健性检验来看，博士水平对公司业绩具有显著的正向影响，这说明高学历水平对公司业绩的影响是稳健的。

（三）本章的假设 3

独立董事的学历与公司业绩正相关，通过本章分析论证，证明假设 3 成立。

四、公司独立董事年龄

（一）独立董事年龄数据的汇总分析

在 2007~2017 年的数据中，因年龄偏差过大，对全部独立董事年龄做极值处理，1%及以下数据均处理为 1%极点值，同理 99%及以上数据也做同样操作。极值处理后年龄的最小值约为 44 岁，最大值约为 74 岁。平均年龄为 57.55 岁，中位数为 57 岁，众数为 56 岁。

（二）独立董事年龄对于公司业绩的影响

本章的分析论证结果认为，独立董事平均年龄对基本每股收益的影响是显著且负向的，因此，独立董事的平均年龄越大，对公司业绩越会产生不利的影响。从数值上来看，平均年龄每增加 1 岁，基本每股收益减少 0. 00164 元。

（三）本章的假设 4

独立董事的年龄与公司业绩正相关，通过本章分析论证，证明假设 4 不成立。

五、公司独立董事专业背景

（一）独立董事专业背景数据的汇总分析

在 2007~2017 年的数据中，首先是独立董事专业为教授职称和会计专业，占比分别为 39. 79%和 31. 41%，两者之和超过了 70%；其次为工程师专业和律师专业，占比分别为 10. 59%和 9. 60%；最后是其他专业占比为 2. 44%，副教授占比仅为 0. 36%。

（二）独立董事专业背景对于公司业绩的影响

本章的分析论证结果认为，将自变量用基本每股收益加权后，金融相关（经济、会计）专业占比、学术背景（教授、副教授）以及工程师和其他专业水平占比，均对平均净资产收益率具有显著的正向影响。律师专业背景占比在对促进公司业绩增长方面发挥的作用不明显，对平均净资产收益率的影响不显著。

（三）本章的假设 5

独立董事的专业与公司业绩正相关，通过本章分析论证，证明假设 5 基本成立。

六、公司独立董事薪酬

（一）独立董事薪酬数据的汇总分析

在 2007~2017 年的数据中，因薪酬偏差过大，对全部独立董事薪酬做极值处理，1%以下数据均处理为 1%极点值，同理 99%及以上数据也做同样操作。支付最高水平独立董事薪酬的上市公司为中国神华（601088），2007 年度支付给独立董事平均年薪为 126 万元，最高薪酬为 293 万元。最低的是创意信息公司（300366），2014 年度独立董事平均年薪仅为 1500 元。大多数上市公司支付给独立董事的年度总薪酬在 20 万元以下，支付给单个独立董事的薪酬在 4 万~6 万元。

（二）独立董事专业薪酬对于公司业绩的影响

本章的分析论证结果认为，从多元回归结果来看，独立董事薪酬绝对值和相对值都对公司业绩有显著的正向影响。对平均薪酬和薪酬总数分别建立 Logistic 回归模型进行稳健性检验发现，两者对基本每股收益的正向影响都是显著的，因此，可以得出结论，薪酬绝对值和相对值对公司业绩的影响是稳健的。

（三）本章的假设 6

独立董事的薪酬与公司业绩正相关，通过本章分析论证，证明假设 6 成立。

七、公司独立董事任期

（一）独立董事任期数据的汇总分析

在 2007~2017 年的数据中，独立董事的任期区间主要集中在 1~3 年和 3~5 年，占比分别为 50.81%和 37.63%，合计超过了 88%。独立董事的平均任期为 2.86 年，标准差为 1.21 年，可看出独立董事的任期相对波动变化较小。

（二）独立董事任期对于公司业绩的影响

本章的分析论证结果认为，对比每个公司独立董事任期的相对值和绝对值发现，独立董事任期的绝对值，即总的任期与基本每股收益呈显著的 U 形关系。即基本每股收益先随总任期增加而减少，到一定数值时再随总任期增加而增加。当每个公司全部独立董事总任期小于 0.03037/（2×0.001125）≈13.5 年时，总的任期对公司业绩有负向影响；当总任期大于 13.5 年时，对公司业绩有正向影响。独立董事的总任期对基本每股收益的 Logistic 回归检验发现，影响是稳健的。

（三）本章的假设 7

独立董事的任期与公司业绩正相关，通过本章分析论证，证明假设 7 不成立。

第九章　结论与建议

本书采用沪深 A 股上市公司从 2007～2017 年的公开数据，以 25776 家上市公司为观测样本，对监事会、监事会主席、独立董事、监管处罚等与公司业绩的关系进行了实证研究。

第一节　研究结论

本书主要有以下七点结论：

第一，监事会治理是上市公司治理机制的重要组成部分，监事会在公司治理中的作用，实证结果认为监事会对于公司业绩的影响整体上是有效的。

第二，中国上市公司监事会与公司绩效的关系，具体结论为：上市公司监事的薪酬、持股数量与公司业绩正相关且显著；具有博士等高学历的监事、具有财务、会计、经济、工程师专业背景的监事、股东监事和外部监事等与公司业绩正相关且显著；监事会的规模与公司业绩正相关且显著；监事的年龄、性别与公司业绩的关系有待进一步探究；监事任期与公司业绩呈 U 形相关。

第三，监事会的作用发挥与监事会规模、监事会主席的特征密切相关。首次对中国上市公司监事会主席的特征与公司业绩的关系进行了实证分析。实证结果为：上市公司监事会主席的薪酬、持股数量与业绩正相关且显著；高学历的监事会主席、具有财务、会计、经济、工程师专业背景的监事会主席、外部来源的监事会主席与公司业绩正相关且显著；监事会主席的年龄和性别与公司业绩的关系有待于进一步探究；监事会主席的任期与业绩负相关；监事会规模与公司业绩正相关且显著。

第四，上市公司监事会与独立董事在公司治理中的作用以及监事会与独立董事的关系，研究结果为：独立董事的高学历、薪酬、会计、教授专业背景等对于公司业绩有正向影响且显著；独立董事的平均年龄对于公司业绩有负向影响，独立董事任期与公司业绩呈现 U 形关系，独立董事的性别与业绩的关系有待于进一步探究；独立董事的规模对于业绩的影响不稳定。实证结果为：独立董事作为公司治理的重要组成部分，可以独立存在，单独发挥作用，独立董事和监事会，可以并存，相互促进。

第五，监管处罚在公司治理中的作用机制以及与公司业绩的关系，定性的认识多，定量的分析少。首次对上市公司受到监管处罚的种类和数量进行了汇总分析，通过对监管处罚与公司业绩的影响进行实证分析，发现上市公司受到处罚次数与公司业绩负相关且显著。

第六，本书在论证方法方面有创新，在监事会、独立董事、公司处罚次数与公司业绩关系的分析中，首次使用分位回归的论证模型，从分位结构中刻画了两者的关系，研究了在公司业绩处于不同分位点时，各因素对于公司业绩的影响，从而更加细致和全面地了解上述特征与公司业绩的关系。更为重要的是，分位回归是一种更稳健的回归方法，分析结论更加准确可信。

第七，本书论证采用了多元回归分析、分位回归分析、Logistic 检验和自变量滞后一期的稳健性检验等回归分析和检验方法，保证了回归结果的稳健性和可靠性。

第二节　研究建议

一、完善监事会治理的建议

（一）监事的学历

选聘高学历的人担任监事，有利于增加上市公司业绩。

（二）监事的年龄和性别

监事的年龄、性别与公司业绩的关系有待于进一步研究。

（三）监事任期

监事任期时间与公司业绩呈 U 形关系，经论证当监事平均任期小于 5.7 年时，平均任期对公司业绩有负向影响；当平均任期大于 5.7 年时，对公司业绩有正向影响，因此，延长监事任职时间，有利于公司业绩增加。

（四）监事来源

通过分析证明股东监事、外部监事绝对值和相对值对于公司业绩影响为正且显著，独立监事、职工监事的绝对值和相对值对于公司业绩影响为负且显著，多选聘股东监事和外部监事有利于增加上市公司业绩。

国办发〔2017〕36 号《国务院办公厅关于进一步完善国有企业法人治理结构的指导意见》指出对国有资产监管机构所出资企业依法实行外派监事会制度。外派监事会由政府派出，负责检查企业财务、监督企业重大决策和关键环节以及董事会、经理层履职情况，不参与、不干预企业经营管理活动。

《中国银行股份有限公司监事会议事规则》中指出，监事会应当由职工代表监事、外部监事和股东代表监事组成。监事会中本行职工代表监事不得少于监事人数的 1/3，并至少有两名外部监事。

通过实证证明上述规定的正确性，向公司外派监事和股东监事，非常有必要。

（五）监事专业

与公司业绩正相关，除法律专业背景外，其他相关专业背景的监事占比与公司业绩正相关，选聘经济、会计、工程师、教授专业背景的监事，更有利于增加公司业绩。鲁政办发〔2015〕49 号《山东省人民政府办公厅关于印发山东省省属企业监事会管理暂行办法的通知》指出，选取的监事应熟悉国有资产监管的法律法规和有关规定、熟悉行业特点和企业经营管理，具有财务、会计、审计、金融、投资等某一方面的专业特长或工作经验等。可见，国家相关部门已经开始注重监事专业背景问题。

（六）监事薪酬

与公司业绩正相关，增加监事薪酬数量，有利于增加公司的业绩。

（七）监事股权

与公司业绩正相关，增加监事持股数量，有利于增加公司的业绩。

（八）监事会规模

与公司业绩正相关，国办发〔2017〕36 号《国务院办公厅关于进一步完善国有企业法人治理结构的指导意见》指出监事会是公司的监督机构，依照有关法律法规和公司章程设立，对董事会、经理层成员的职务行为进行监督。要提高专职监事比例，增强监事会的独立性和权威性。本书通过实证研究得出了一致结论：增加监事会规模人数，有利于增加公司的业绩。

（九）监事会主席

外部来源的监事、博士学历的监事、具有会计专业、经济专业背景和工程师专业背景的监事等，上述监事担任监事会主席有利于公司业绩增加。增加监事会主席的薪酬和股权激励，有利于公司业绩的提升。

银监发〔2013〕34 号《商业银行公司治理指引》强调，监事长（监事会主席）应当由专职人员担任，且至少应当具有财务、审计、金融、法律等某一方面专业知识和工作经验。

二、关于减少监管处罚与加强监事会监督的建议

通过实证研究发现，由于公司受到监管机构的处罚与业绩是负相关且显著，即上市公司受到监管机构的各种处罚会导致公司业绩下降。因此，加强监事会的监督，有利于完善公司治理机制，有利于减少公司受到的监管处罚，有利于提高公司业绩，也从另一个方面验证了加强监事会监督的必要性和实际意义。

三、关于完善独立董事治理的建议

（一）独立董事性别

与公司业绩的关系有待于进一步研究。

（二）独立董事规模

独立董事的规模人数与公司业绩的影响是不稳健的。

银保监发〔2018〕35 号《保险机构独立董事管理办法》指出，保险机构董事会独立董事人数应当至少为 3 名，并且不低于董事会成员总数的 1/3。保险机构存在出资额或者持股占保险机构注册资本或股本总额 50%以上控股股东的，其独立董事占董事会成员的比例必须达到 1/2 以上。

本书研究发现，尽管增加独立董事人数可以增加公司业绩，但稳健性检验不稳定，还需要进一步研究。

（三）独立董事学历

与公司业绩正相关，建议聘任博士等高学历的独立董事，有利于增加公司业绩。

（四）独立董事平均年龄

对基本每股收益的影响是显著且负向的，因此独立董事的平均年龄越大，对公司业绩越会产生不利的影响，建议独立董事年轻化。

（五）独立董事专业背景

与公司业绩正相关，建议聘任金融相关（经济、会计）专业、学术背景（教授、副教授）以及工程师和其他专业背景的独立董事，可以提升公司业绩。

银保监发〔2018〕35 号《保险机构独立董事管理办法》指出，保险机构应当结合保险行业特点和自身发展阶段特点，选择具有财务、会计、金融、保险、精算、投资、风险管理、审计、法律等专业背景或经历的人士担任独立董事，不断优化董事会专业结构，提高董事会专业委员会运作效能。

《关于在上市公司建立独立董事制度的指导意见》强调，各境内上市公司应当按照本指导意见的要求修改公司章程，聘任适当人员担任独立董事，其中，至少包括一名会计专业人士（会计专业人士是指具有高级职称或注册会计师资格的人士）。

上述规定与本书得出的结论一致。

（六）独立董事薪酬

与公司业绩正相关，建议增加独立董事的薪酬，可以提升公司业绩。

（七）独立董事任期

与公司业绩呈 U 形相关，当公司独立董事总任期大于 13. 5 年时，会增加公司业绩。建议相关法律法规，延长独立董事任期。

四、妥善处理独立董事和监事会关系的建议

经过第三章、第四章、第五章、第六章和第八章的论证，可以发现独立董事、监事会与公司业绩的关系如下：

（一）与公司业绩正相关且显著

（1）薪酬。监事会和独立董事的薪酬都与公司业绩正相关且显著。

（2）高学历。高学历的监事和独立董事都会促进公司业绩的提升。

（3）经济、会计、工程师、教授等专业背景。拥有经济、会计、工程师专业背景，拥有教授职称的监事和独立董事，都会促进公司业绩的提升。

（4）任期。监事和独立董事的任期都与业绩呈现 U 形相关，即监事和独立董事的任期的前期与公司业绩负相关，随着时间推移，对于公司内部情况逐渐熟悉，对于工作职责的清晰，会促进公司业绩的提升。

（二）与公司业绩影响不一致

（1）规模。监事会规模与业绩正相关且显著，独立董事规模对业绩有一定的正向影响，但检验结果不稳定。

（2）平均年龄。独立董事的年龄与公司业绩负相关，监事的平均年龄有待于进一步研究。

（3）性别。监事的性别、独立董事的性别与业绩的关系都有待于进一步研究。

（4）股权。监事会成员持股与业绩正相关且显著，因法律限制，目前没有允许独立董事持有公司股权。

（5）来源。外部来源监事和股东监事对于公司业绩有正向促进作用，独立董事全部来源于公司外部，不能从内部选聘。

（三）监事会和独立董事的关系

通过对独立董事、监事会与公司业绩关系的实证研究比较发现，独立董事、监事会部分特征对于公司业绩提升共同发挥促进作用，独立董事、监事会部分特征对于公司业绩分别发挥不同的作用。

根据实证结果可以得出如下结论：从公司治理机制来看，独立董事和监事会都是公司治理的重要组成部分，从不同的维度各自发挥了不同的作用。

独立董事与监事会的关系不是相互取代，而是彼此共存、相互促进。

（四）妥善处理监事会与独立董事关系的建议

上市公司和相关部门应该正确理解和认识监事会与独立董事在公司治理方面彼此共存、相互促进的协同效应，妥善处理两者的关系。

附　录

一、因变量描述性统计表

本书采用基本每股收益、净资产收益率、总资产收益率、托宾 Q 值为因变量，由于因变量在全部样本内的偏差较大，因此，对 2007～2017 年 25776 家上市公司的因变量数据做极值处理，处于 1%分位以下的因变量，均按照 1%分位的数值处理；处于 99%分位以上的数据，均按照 99%分位的数值处理（如表 1、表 2 所示）。

表 1　因变量极值数据

因变量	99%分位极值	1%分位极值
基本每股收益	2.05	-0.98
净资产收益率（%）	34.35	-70.76
总资产收益率（%）	22.94	-19.30
托宾 Q 值	57.16	0.95

表 2　因变量描述性统计

因变量	平均数	中位数	众数	标准差	最小值	最大值	观测数
基本每股收益	0.32	0.25	0.05	0.43	-0.98	2.05	25776
净资产收益率（%）	4.81	6.06	34.35	13.71	-70.76	34.35	25776
总资产收益率（%）	4.18	3.69	-19.30	5.93	-19.30	22.94	25776
托宾 Q 值	5.24	2.84	0.95	7.96	0.95	57.16	25776

二、基本每股收益描述性统计分析

从图1和图2可以发现，共有17463家上市公司的基本每股收益处于0~0.5元/股，占比为68%，所占比重最高；其次为0.5~1元/股，共有4472家上市公司，占比为17%；每股收益小于0的上市公司数量为2231家，占比为9%；每股收益大于等于1的上市公司数量最少，为1610家，占比为6%。

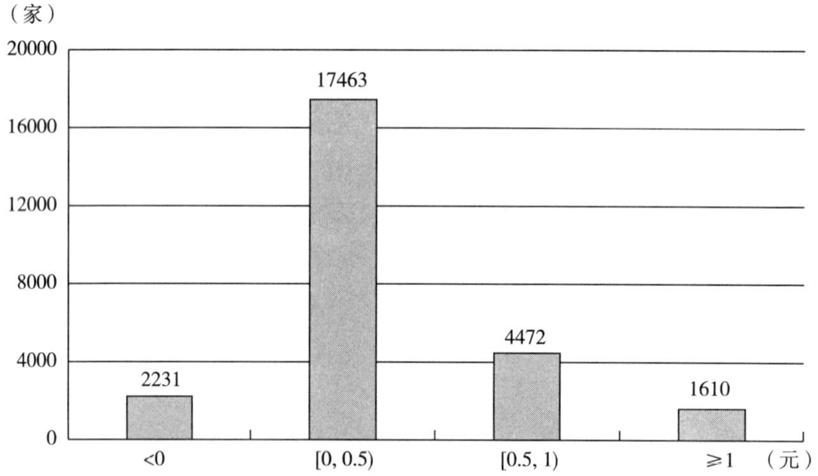

图1　基本每股收益分布

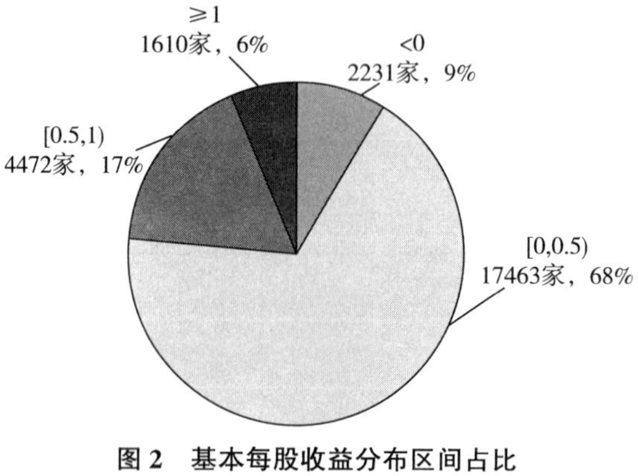

图2　基本每股收益分布区间占比

三、净资产收益率描述性统计分析

从图 3 和图 4 可以发现，13115 家上市公司的净资产收益率处于 0~10%，占比为 51%，所占比重最高；其次为收益率大于等于 10% 的上市公司共有 7773 家，占比为 30%；净资产收益率小于 0，且大于等于-10% 的上市公司数量为 3035 家，占比为 12%；净资产收益率小于-10% 的上市公司数量最少，为 1853 家，占比为 7%。

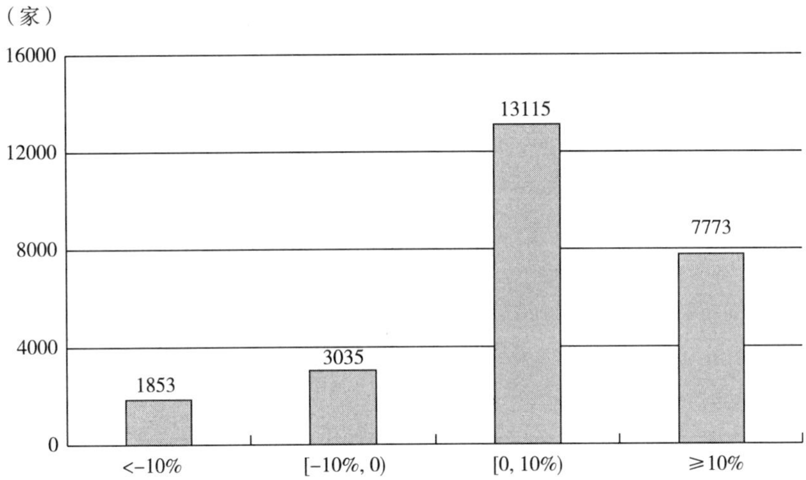

图 3 净资产收益率分布

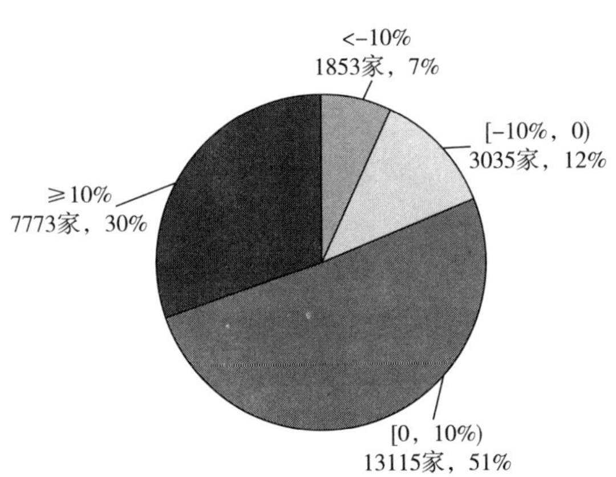

图 4 净资产收益率分布区间占比

四、总资产收益率描述性统计分析

从图 5 和图 6 可以发现，共有 13508 家上市公司的总资产收益率处于 0~5%，占比为 52%，所占比重最高；总资产收益率大于等于 5%的上市公司有 9993 家，占比为 39%；总资产收益率小于-5%的上市公司数量为 1242 家，占比为 5%；总资产收益率小于 0，且大于等于-5%的上市公司数量最少，为 1033 家，占比为 4%。

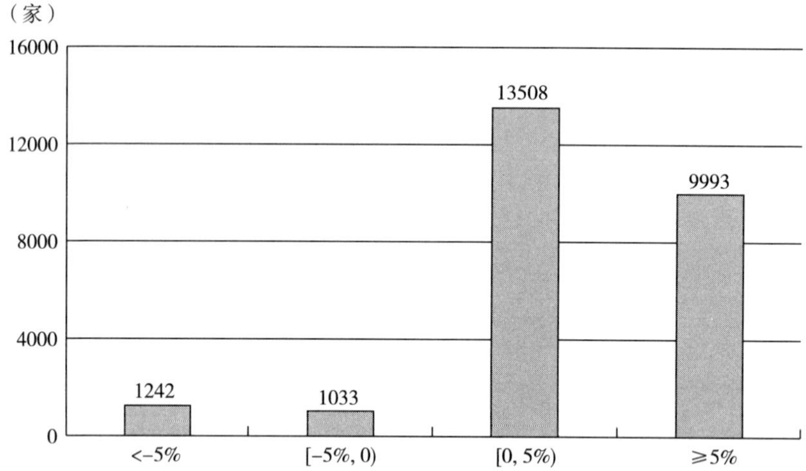

图 5　总资产收益率分布

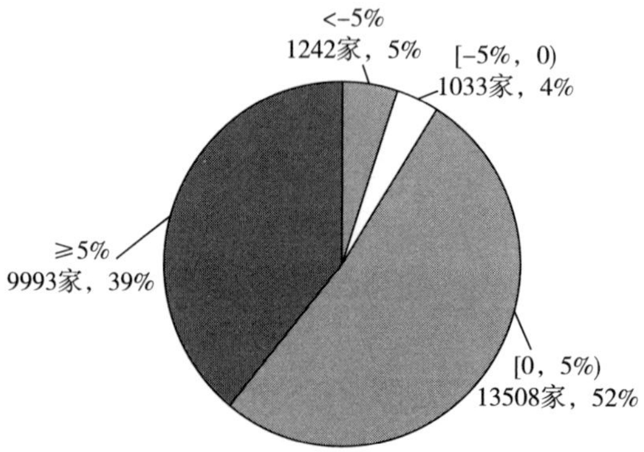

图 6　总资产收益率分布

五、托宾 Q 值描述性统计分析

从图 7 和图 8 可以发现，首先是 18655 家上市公司的托宾 Q 值处于 1～5，占比为 73%，所占比重最高；其次为托宾 Q 值处于 5～10，共有 3960 家上市公司，占比为 15%；托宾 Q 值大于等于 10 的上市公司数量为 2649 家，占比为 10%；托宾 Q 值小于 1 的上市公司数量最少，为 512 家，占比为 2%。

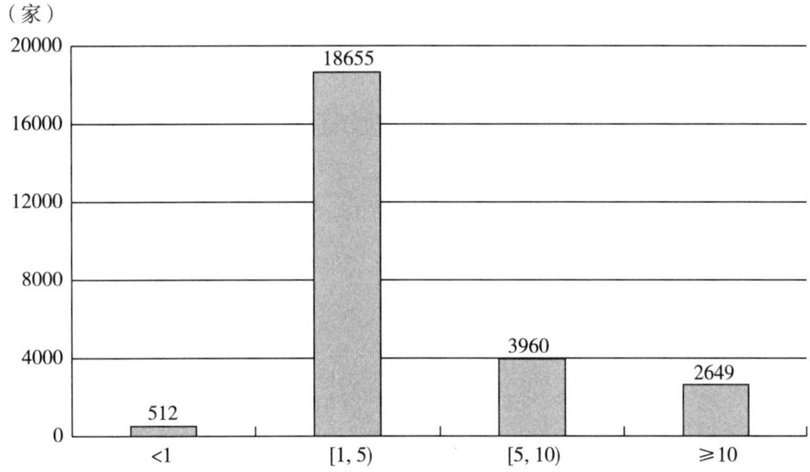

图 7　托宾 Q 值分布

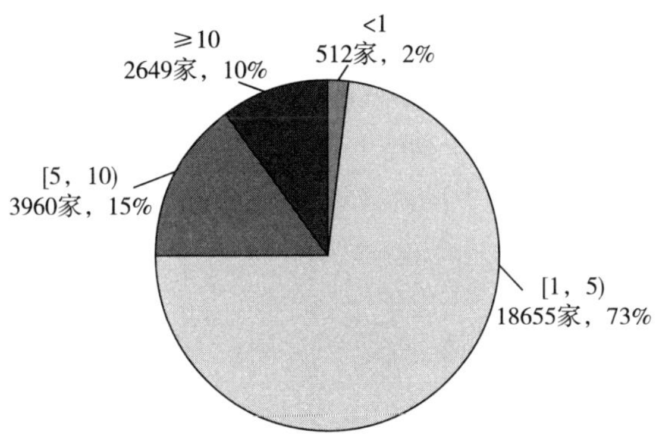

图 8　托宾 Q 值分布区间占比

参考文献

[1] Adams, R. B. , & Ferreira, D. Women in the Boardroom and Their Impact on Governance and Performance [J]. Journal of Financial Economics, 2009, 94 (2): 291-309.

[2] Camelia-Daniela Hategan, Ruxandra-Ioana Curea-Pitorac. Testing the Correlations between Corporate Giving, Performance and Company Value [J]. Cornell Hospitality Quarterly, 2017, 9 (7): 1210.

[3] Chaney P. K. , M. Faccio, D. Parsley. The Quality of Accounting Information in Politically Connected Firms [J]. Journal of Accounting and Economics, 2011 (51): 58-76.

[4] Hasenkamp A. Financial Management: The Impact of Performance Indicators on the Organizational Profitability [J]. Corporate Ownership & Control, 2015, 5 (29): 27-38.

[5] Helfert, E. A. Financial Analysis: Tools and Techniques: A Guide for Managers [M]. Mc Graw-Hill, 2001: 485 pgs.

[6] Jensen, M. C. The Modern Industrial Revolution, Exit, and the Failure of Internal Control System [J]. Journal of Finance, 1993, 48 (3): 831-880.

[7] Joachim, W. The Liability of Supervisory Board Directors in Germany [J]. International Lawyer, 1991 (25): 41-67.

[8] Kiss Agota, Orban Ildiko. The EPS of the IFRS as a Benchmark of Corporate Performance Annals of the University of Oradea [J]. Economic Science. 2015, 25 (1): 944-948.

[9] Köster, H. , M. Pelster. Financial Penalties and Bank Performance [J]. Journal of Banking and Finance, 2017 (79): 57-73.

[10] Lipton, M., J. W. Lorsch, A Modest Proposal of Improved Corporate Governance [J]. Business Lawyer, 1992, 48 (1): 59-77.

[11] Manokaran K. R., S. Ramakrishnan, S. S. Hishan, K. Soehod. The Impact of Corporate Social Responsibility on Financial Performance: Evidence from Insurance firms [J]. Management Science Letters, 2018: 913-932.

[12] Ran, G., Q. Fang, S. Luo, K. C. Chan. Supervisory Board Characteristics and Accounting Information Quality: Evidence from China [J]. International Review of Economics & Finance, 2015 (37): 18-32.

[13] Rose, C. The Composition of Semi-Two-Tier Corporate Boards and Firm Performance [J]. Corporate Governance, 2005, 13 (5): 691-701.

[14] Shleifer, A., R. W. Vishny. The Grabbing Hand: Government Pathologies and Their Cures [M]. Cambridge, Mass: Harvard University Press, 1998.

[15] Su Jian, Ji Xiaoming. Power Balance of Equity and Corporate Performance [C] // International Conference on Industrial Engineering & Engineering Management. Springer Berlin Heidelberg, 2013.

[16] Xiao, J. Z., Dahya, J. & Lin, Z. A Grounded Theory Exposition of the Role of the Supervisory Board in China [J]. British Journal of Management, 2004 (15): 39-55.

[17] Zhang, L., J. Huang, X. Xu. Impact of ERP Investment on Company Performance: Evidence from Manufacturing Firms in China [J]. Tsinghua Science and Technology, 2012, 17 (3): 232-240.

[18] 白广明．新形势下如何加强国有公司监事会监督效力 [J]. 现代营销，2017 (5): 190.

[19] 曹建安，李枭姬，王兰兰．上市公司治理结构中监事会主席特征：动态发展及趋势 [J]. 财会通讯，2018 (11): 53-56.

[20] 查美萍．高管背景特征与内部控制有效性研究——以农业上市公司为例 [D]. 安徽农业大学硕士学位论文，2016.

[21] 镡晓艳．企业避税、监事会治理与企业价值 [D]. 山东大学硕士学位论文，2018.

[22] 陈聪．梯度嵌入视角下独立董事制度影响企业绩效的机理分析 [D]. 浙江工商大学硕士学位论文，2015.

[23] 陈洁．独立董事特征对公司业绩影响研究——来自中国创业板上市

公司的数据分析［D］．西北农林科技大学硕士学位论文，2017.

［24］池金华，杨金，邹威．管理者背景特征对内部控制质量的影响研究：来自中国 A 股上市公司的经验证据［J］．会计研究，2014（11）.

［25］崔彦，王砚书．上市公司监事会制度特征与违规相关性的实证研究［J］．生产力研究，2010（9）.

［26］邓杰：公司治理与上市公司绩效关系的实证分析［D］．江西财经大学硕士学位论文，2013.

［27］董佰壹．论我国独立董事与监事会的冲突与协调［J］．河北大学学报（哲学社会科学版），2008（5）：78-81.

［28］高明华，刘金玲．独立董事和监事会的职权冲突及制度选择［J］．中国社会科学院研究生院学报，2006（6）：29-35.

［29］葛萍萍．基于分位数回归的股票价格对公司绩效影响研究［J］．财讯，2017（1）.

［30］耿逢春．我国创业板上市公司治理结构与成长性关系的研究［D］．天津师范大学硕士学位论文，2012.

［31］关月琴．生命周期视角下公司治理对企业效率的影响研究［D］．中国矿业大学硕士学位论文，2015.

［32］郭新磊．内部控制质量、独立董事背景与公司绩效［D］．广西大学硕士学位论文，2018.

［33］郭云川．发挥监事会作用加强国有企业财务监督的探索［J］．中国经贸，2014（15）.

［34］韩瑞铭．独立董事特征与公司绩效研究［D］．山东大学硕士学位论文，2012.

［35］郝臣，刘芯蕊，白丽荷等．公司治理机制及其治理效应研究——基于 2003—2013 年上市公司的公开数据［J］．南京审计大学学报，2016（4）：52-63.

［36］胡齐琪．我国上市公司中监事会与独立董事制度并行存在的问题与完善对策［J］．福建质量管理，2017（18）：1-2.

［37］扈文秀，付强，吴婷婷．股票期权激励与管理层业绩预测披露的操控行为［J］．管理科学，2017，30（6）：142-158.

［38］黄当．独立董事异质性与我国商业银行绩效的实证研究［D］．湘潭大学硕士学位论文，2015.

[39] 黄永兴，顾京宇．企业国际化与经营绩效：基于分位数回归的角度［J］．合肥工业大学学报（社会科学版），2010，24（3）：5-9.

[40] 霍晓萍，邱赛，李华伟．公司治理机制对资本成本的影响研究述评［J］．会计之友，2017（2）：64-69.

[41] 李晋丰．国有上市公司独立董事薪酬与公司绩效实证研究［J］．河北地质大学学报，2017（2）.

[42] 李维安，郝臣．中国上市公司监事会治理评价实证研究［J］．上海财经大学学报，2006（3）：78-84.

[43] 李亚利．学者型独立董事特征与上市公司信息披露质量关系的实证研究［D］．河北大学硕士学位论文，2015.

[44] 李艳．董事会特征对我国上市公司会计信息披露质量的影响研究［D］．西南大学硕士学位论文，2014.

[45] 林思轶．董事会、监事会特征对我国上市公司内部控制有效性的影响研究［D］．东华大学硕士学位论文，2012.

[46] 刘海运．基于行业差异的独立董事制度与公司绩效的实证研究［D］．湖南大学硕士学位论文，2017.

[47] 刘名旭．监事会、公司治理与公司绩效——基于民营上市公司的研究［J］．华东经济管理，2007（10）：95-98.

[48] 刘蓉，燕田子．监事会人力资本、股权性质与公司业绩的关系研究［J］．会计师，2014（4）：7-9.

[49] 卢俊，王汝成．国有企业监事薪酬结构问题研究［J］．产业经济评论，2015（6）：47-56.

[50] 陆旸，刘振艳，丁棠丽．公司治理对企业社会责任的影响研究［J］．商业会计，2018（24）：44-49.

[51] 毛建辉．独立董事声誉能抑制大股东掏空行为吗？——基于中小板的经验数据［J］．南京审计大学学报，2018（15）：66-74.

[52] 庞礴．论我国公司内部监督机制的完善——独立董事制度与监事会制度的协调［J］．法制与社会，2018（17）：43-44，51.

[53] 彭岱冉．独立董事特质与公司绩效的关系［D］．西南财经大学硕士学位论文，2013.

[54] 卿石松．监事会特征与公司绩效关系实证分析［J］．首都经济贸易大学学报，2008（3）：51-55.

[55] 冉光圭．会计专长、独立董事治理与会计信息质量［J］．会计之友，2015（17）：2-13.

[56] 饶丽佳，王飞．论我国上市公司监事会的发展趋势［J］．沿海企业与科技，2005（11）：57-58.

[57] 饶育蕾，王建新．CEO过度自信、董事会结构与公司业绩的实证研究［J］．管理科学，2010，23（5）：2-13.

[58] 沈倩岭．金融市场竞争、公司治理机制与中国民营企业成长：跨层次模型［J］．云南财经大学学报，2018（4）：56-69.

[59] 时明涛．论公司治理中的风险防范——以加强监事会的职能为视角［J］．安徽警官职业学院学报，2016（6）：12-15.

[60] 史金艳，郭思岑，张启望等．高管薪酬、强制性变更与公司绩效［J］．华东经济管理，2019（2）：54-62.

[61] 史原．独立董事与监事会的关系研究［D］．重庆理工大学硕士学位论文，2011.

[62] 宋洪吉，金鑫，吴晓静．监事会与独立董事两种制度间关系的探析［J］．中国市场，2013（5）：27-28，41.

[63] 孙秋枫，孙识濛．高管股票期权激励与研发支出研究——基于国有上市公司的数据［J］．现代经济探讨，2017（7）：37-44.

[64] 田冬丽．医药生物行业上市公司女性高管参与与公司绩效关系研究［D］．西南财经大学硕士学位论文，2014.

[65] 万国强．家族企业公司治理与公司绩效关系研究［D］．沈阳工业大学硕士学位论文，2011.

[66] 万平，陈共荣，杨娅琴．基于分位回归的资本结构与高新技术企业绩效相关性研究［J］．财务与金融，2012（6）：89-95.

[67] 王隆隆．独立董事特征与上市公司现金股利政策的实证研究［D］．西南财经大学硕士学位论文，2014.

[68] 王世权，李维安．监事会治理理论的研究脉络及进展［J］．产业经济评论，2009，8（1）：24-38.

[69] 王世权，刘金岩．控制权市场、独立董事制度与监事会治理——基于比较制度分析的视角［J］．山西财经大学学报，2007，29（4）：71-77.

[70] 王淑慧，童宁，周昭．我国上市公司监事会治理评价实证研究［J］．河北大学学报（哲学社会科学版），2009（4）.

［71］王文兵，张春强，干胜道．新时代上市公司治理：中国情境与国际接轨——兼评《上市公司治理准则》（修订版）［J］．经济体制改革，2019（2）：114-120.

［72］王文莉，王秀萍，张艳．董事会、监事会特征对农村信用社绩效影响的研究——以陕西省的调研数据为例［J］．生产力研究，2017（1）：26-30.

［73］王新利，王凯．智力资本对企业绩效贡献的实证研究——基于分位数回归的两行业对比分析［J］．统计教育，2008（10）：41-44.

［74］王延增，曹雅玮．提高大型商业银行公司治理效率的思考［J］．上海金融，2008（5）：30-33.

［75］王砚书，武侠，于佳欣．上市公司监事会制度与经营绩效关系研究［J］．经济与管理，2009（11）.

［76］王银燕．我国上市公司独立董事制度——基于与监事会职能重叠的研究［J］．商情，2016（30）：89-89.

［77］韦瑞平．财务背景独立董事人口统计特征对股价崩盘风险的影响研究［D］．山东大学硕士学位论文，2018.

［78］吴可夫．我国上市公司内部监督体系亟需重构［J］．求索，2010（2）：141-143.

［79］吴世农，卢贤义．我国上市公司财务困境的预测模型研究［J］．经济研究，2001（6）：46-55，96.

［80］夏宏．我国商业银行公司治理机制分析［J］．商业会计，2018（12）：89-90.

［81］徐虹，林钟高，朱雅萍．风险投资异质性、公司治理机制与企业IPO前盈余管理［J］．财经论丛（浙江财经学院学报），2017（12）：69-78.

［82］徐云燕．我国上市公司董事会特征与公司业绩的实证研究［J］．江苏经贸职业技术学院学报，2016（2）：9-14.

［83］杨凯越．独立董事特征与企业财务风险［D］．吉林大学硕士学位论文，2017.

［84］杨瑞龙，刘诚，党力．职工监事、经济民主与企业内收入分配——央企上市公司的经验证据［J］．中国人民大学学报，2017，31（4）：48-62.

［85］杨之祺，韩朝，奚奇．上市公司股权激励与公司业绩相关性实证研究［J］．商业会计，2014（12）：95-98.

[86] 姚伟峰，鲁桐．监事会建设与企业效率 [J]．南京社会科学，2010 (7).

[87] 殷雪松，黄申，袁显朋．混合模式向选择模式的转变——我国上市公司治理的制度创新 [J]．中国注册会计师，2018 (4)：39-43.

[88] 尹涛．反思我国公司法上的独立董事制度 [J]．湖北经济学院学报 (人文社会科学版)，2012 (7)：97-99.

[89] 袁萍，刘士余，高峰．关于中国上市公司董事会、监事会与公司业绩的研究 [J]．金融研究，2006 (6).

[90] 曾惜．独立董事制度对公司业绩的影响研究 [D]．西南财经大学硕士学位论文，2011.

[91] 张洪辉，夏天，王宗军．公司治理对我国企业创新效率影响实证研究 [J]．研究与发展管理，2010 (3).

[92] 张俊瑞，赵进文，张建．高级管理层激励与上市公司经营绩效相关性的实证分析 [J]．会计研究，2003 (9)：29-34.

[93] 张琳飞．上市公司监事会特征对财务重述的影响研究 [D]．河北经贸大学硕士学位论文，2018.

[94] 张敏．公司治理、内部控制与盈余持续性 [D]．中国矿业大学硕士学位论文，2018.

[95] 张棚．公司监事会、监事及相关问题 [J]．中国石化，2000 (5).

[96] 张旭．从公司治理结构趋同看我国上市公司治理结构的一元化 [J]．生产力研究，2006 (4)：215-216，265.

[97] 张右蒙．论监事会的法律地位 [D]．西南政法大学硕士学位论文，2014.

[98] 张玉臣，杜千卉．科技创业企业创新行为与成长绩效——基于分位数回归法的实证研究 [J]．科技进步与对策，2018 (5).

[99] 赵美辰．国有上市公司监事会监督效果的实证研究 [J]．商业会计，2017 (19)：29-31.

[100] 赵晋琳，刘蓝琦，温燕华．创业板公司独立董事的特征分析 [J]．赤峰学院学报 (自然科学版)，2018 (2).

[101] 郑振刚，徐海涛．外部独立董事对中国跨国公司治理绩效影响分析 [J]．经济师，2008 (12).

[102] 中国上市公司协会．上市公司监事会工作指引 [M]．北京：中国财政经济出版社，2016.

［103］仲帅．我国上市公司内部治理与绩效的相关性研究［D］．山东财经大学硕士学位论文，2015.

［104］周超．高管薪酬、公司治理与公司业绩——基于沪深两市上市公司的研究［J］．经济与管理，2013，27（10）：76-81.

［105］周玲．我国旅游上市公司治理结构与核心竞争力关系的实证研究［D］．南京财经大学硕士学位论文，2014.

［106］周作斌，史卫民．独立董事制度与监事会制度的冲突与协调［J］．当代经济科学，2003（4）：61-63.

［107］朱信贵．股权结构、监事会治理机制与治理绩效研究［D］．华南理工大学博士学位论文，2017.

后 记

首先，非常感谢李扬老师对我的博士论文的精心指导。李老师理论修养深厚、治学精神严谨、平易近人，从论文选题、资料收集直到完稿的每一个关键阶段都给予我极大的帮助，每一次与李老师见面和汇报交流，都有很大收获，先生的言传身教将使我终身受益。

其次，感谢中央政策研究室李连仲教授、李欣欣教授，中国社会科学院剧锦文教授、谭祖谊教授、胡建忠教授、李平教授、郑秉文教授、文学国教授、曲永义教授、闫坤教授、张菀洺教授、周茂清教授、胡志浩教授、曾刚教授、蔡真教授、唐红娟博士、周莉萍博士，北京大学张圣平教授、刘明坤博士、李雁磊博士，北京航空航天大学赵尚梅教授，东北大学王世权教授，北京首都经济贸易大学王竞达教授，上海财经大学赵泽朋博士、耀友福博士，对外经济贸易大学潘晗博士、陈雅娴硕士，中国海洋大学王如峰博士，中国人民大学吴双双硕士、孙文昭硕士，中国上市公司协会李丛，大智慧公司创始人张长虹先生、桂翠玲女士，我的同事侯宁、鲍金辉、徐政、刘丹、邹悦其、李浩威、赵丹等在数据收集、论文开题、论文写作、论文编辑过程中给予的帮助、指导和支持。

再次，感谢在学习和写作期间，同窗好友李姗晏、温增卫、闫沭杉、王磊、韩安民、毛宏、龚立新等博士以及诸多未曾提及名字的老师、同学、朋友等对我的热情帮助，此处一并表示感谢！

特别要感谢我的夫人王燕，她同时也在财政部下属中国财政科学研究院攻读会计学博士，并于 2019 年底顺利毕业。在我们共同求学的日子中，相互鼓励、相互切磋、相互学习、取长补短，她不仅在生活上给我无微不至的关心和照顾，而且在我遇到困难时一直鼓励我，没有她无怨无悔的付出就没有我今天的收获！我要感谢女儿陈奕霏，她在北师大实验中学高二年级转入学校国际部后也在努力学习，同时面临着巨大的挑战，我们父女一起探讨一些学习和生活的事情，缓解了我的学习压力，让我能够快速恢复精力和重新投入写作。祝贺她 2020 年初已被国外知名大学本科录取。

最后，感谢所有帮助和关心我的老师、朋友和亲人，在此恭祝大家永远幸福、快乐！

雄关漫道真如铁，而今迈步从头越。

路漫漫其修远兮，吾将终生学习，努力求索。

陈祥义

2020 年 6 月